戦略コンサルティング・ファームの面接試験 新版

難関突破のための傾向と対策

マーク・コゼンティーノ 著 Marc P. Cosentino　辻谷一美 訳

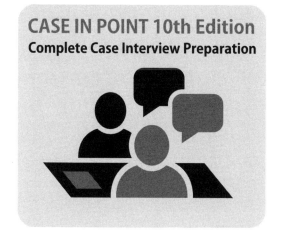

CASE IN POINT 10th Edition

Complete Case Interview Preparation

ダイヤモンド社

CASE IN POINT 10th edition
Complete Case Interview Preparation
by
Marc P. Cosentino

訳者まえがき

「ツタヤがピザハットの買収を計画している。はたして、これは良いアイデアだろうか？」

　仮に、このような問題を出されたとき、あなたは論理的で説得力のある結論を提示することができるだろうか？

　マッキンゼーやボストン・コンサルティング・グループ（BCG）をはじめとする戦略コンサルティング・ファームの採用プロセスでは、「ケース・インタビュー」と呼ばれる面接テストが行われており、上記のような問題が何回も出題される。また、採用の合否を判断する際には、ケース・インタビューの評価がいちばん大きな比重を占める。つまり、ケース・インタビューは、あなたが戦略コンサルタントという憧れの職業に就くために、避けては通れない道なのである。

　本書は、米国で戦略コンサルタントへの就職・転職を目指す人のバイブルとなっている"Case in Point"の邦訳書であり、旧版（原書第5版の邦訳）は2008年9月に出版された。日本でも就職希望先として戦略コンサルティング・ファームの人気が高まったことと、ケース・インタビューの対策本としては類書がほとんど存在しないこともあり、幸いにも旧版は非常に多くの方々が手に取ってくださり、アマゾンの同ジャンル書籍では過去10年以上にわたり売れ筋ランキングで上位を占め続け、読者レビューでもそれなりに高い評価を得てきた。

　一方で、原書はそれ以降も定期的に改訂を続けており、現在では第11版が出版されている。本改訂版は原書第10版の邦訳書となり、一部は旧版と内容が重複している箇所もあるが、本書の肝とも言えるアイビー・ケース・システムがより実践的で使いやすいものに改善されているほか、公的機関・非営利団体を志望する場合のケース対策など、新しい内容も追加されている。面接の現場で大きな力を発揮するアイビー・ケース・システムの紹介や、豊富なケース事例といった旧版の優れた点を生かしながら、より充実した内容となっており、すでに旧版を持っている人も新たに多くのことが学べるはずだ。

本書を存分に活用することで、最難関と言っても過言ではない面接を読者が突破し、晴れて戦略コンサルタントへの道を開くことができれば、訳者としてこれ以上うれしいことはない。

辻谷一美

戦略コンサルティング・ファームの面接試験

目次

面接プロセス

第2章
ケース・インタビュー対策

アイビー・ケース・システム思考法

戦略ケース問答実例集

PART3 ケース問答集······151

人間の思考とは不思議なものである。
人は生まれたときからずっと思考し続けているのに、
ビジネス・ケースに取り組んだ瞬間、その機能が停止してしまう。

はじめに

　クライアントのネットフリックス（Netflix）が、会員向けのDVD宅配レンタルサービスをいつ、どのような方法で終了すべきかについて、アドバイスを求めている。どこから手をつければよいだろうか？

　戦略コンサルタントは、自らの頭脳を売る仕事である。彼らは、今まで扱ったこともないような膨大なデータを片っ端から収集し、その中から有益と思われる情報のみを選別して、クライアント（顧客）から与えられた課題に取り組むためのアプローチを構築する。そして、論理的かつ創造的な仮説を立て、企業内で大きな権限を持つ人々（たとえば、上のケースにおけるネットフリックスの重役など）に対してアドバイスを与えることで収入を得ている。このような職業柄、戦略コンサルティング・ファームは採用にあたって、ケース・インタビューの評価を非常に重要視する。ケース・インタビューを行うことによって、相手が論理的かつ説得力のある結論を導くことができる人物かどうかを判断できるからである。一言で言えば、ケース・インタビューは、戦略コンサルティング業務のロール・プレイなのである。ほとんどのケース・インタビューにおいて、唯一の正解はないということは覚えておくべきだ。ケース・インタビューでは、結論そのものよりも、そこに至るまでの相手との対話のほうがより重要である。また、クライアントの身になって、良い結果を生み出す提案を示すことが求められる。

　ケース・インタビューを克服するためには、出題される問題に対してどのように答えるべきかを知っておく必要がある。本書は、その方法を読者のみなさんに伝授するものだ。まずは、戦略コンサルティング・ファームの採用面接がどのように進むのか、どのような情報を事前に調べておく必要があるのか、どのような資質が求められているのかを解説する。そして、出題されるビジネス・ケースのさまざまな種類と、それらに取り組むための武器となる「アイビー・ケース・システム」（The Ivy Case System™）を紹介する。

私はハーバード大学の就職指導課に18年以上勤務し、米国トップレベルの学生たちが戦略コンサルティング・ファームの面接を受けるための手助けをしてきた。指導した学生の数は延べ1万人以上にのぼるが、この間、私がよく目にしたのは、彼らがいくつものフレームワークをやみくもに記憶した挙げ句、いざビジネス・ケースに取り組む段になって、どのフレームワークを使えばよいのかがわからず四苦八苦している姿である。一方で、戦略コンサルティング・ファームが出題するビジネス・ケースは、年々複雑なものになっている。また、近年は、戦略コンサルティング・ファームのみならず、成長著しい世界的企業がビジネス・ケースを面接に取り入れる例も増えている。過去の代表的なフレームワークは依然として有益ではあるものの、近年の洗練されたケースをこなすには、十分なツールではなくなってしまっているのだ。

　私は、複雑なビジネス・ケースをできる限り単純化して取り組むための方法として、「アイビー・ケース・システム」を考案した。「アイビー・ケース・システム」を用いれば、ケース・インタビューの出だしから気まずい沈黙が流れることもなくなり、幸先よく議論をスタートし、論理的ですっきりとまとまった回答ができるようになるだろう。

「フレームワーク」と「システム」は、似て非なるものである。フレームワークが単なる1つのツールにすぎないのに対して、システムは複数のステップから構成される一連のプロセスであり、そのプロセスの中には関連する複数のツールがすべて組み込まれている。「アイビー・ケース・システム」は、ケース・インタビューを克服するための方法として、最も実用的で応用が利くものなのである。

　ここで、読者のみなさんに1つ覚えておいてほしいことがある。それは、ケース・インタビューの練習を積む過程において、戦略コンサルタントが本当に自分に合った職業なのかどうかが、自然とわかってくるということだ。これが本当に自分のやりたい仕事なのか、自分を成長させていくことができる最適な職業は戦略コンサルタントなのかを、自分自身に問い掛けなければならない。「自分は問題解決を楽しんでいるだろうか？　クライアントの課題に取り組むことを楽しん

でいるだろうか？」戦略コンサルタントを志す人にとっては、ケース・インタビューは楽しいものとなりうるし、また、本来そうでなければならないのである。

　みなさんがこれから本腰を入れて取り組んでいくに際して最も効果的な行動は、以下のとおりである。
　⑴本書を１ページ残らず読み通す。
　⑵戦略コンサルティング・ファームや、大学の就職課が開催するワークショップに参加する。
　⑶就職指導教官、友人、過去に戦略コンサルタントとして働いた経験がある人、戦略コンサルタントとして現在働いている人などと一緒に練習を積む。

　それでは、そろそろ始めるとしよう……。

面接プロセス

まずは力を抜いてリラックスしよう。現実はあなたが思っているよりも、ずっと厳しい。無事書類選考をパスして面接に呼ばれ、面接官の全員が自分のことを気に入ってくれて、7回から10回行われるケース・インタビューを勝ち抜いていくことに賭けるとすれば、それは大学の学費を全額、宝くじに賭けるのと同じようなものだ。

だからと言って、落ち込む必要はない。あなたはトップクラスの学校や会社に入る段階で、もっと厳しい賭けに勝ってきたのだ。インタビューを勝ち抜ける確率のことなど忘れて、自分がやるべきことに集中しよう。もし、知られてしまうと不都合な過去があったとしても、面接官はそれを知る由もないし、あなたが自分から話すこともないだろう。あなたは、まっさらな状態で面接に臨むのだ。

この第1章では、ファースト・ラウンドの面接がどのようなプロセスで進んでいくのかを示すとともに、各段階でどのような準備を行っておくべきかを説明する。戦略コンサルティング・ファームの中には、ファースト・ラウンドで45分程度の面接を、1日に2回連続して行うところがある。この場合には、1人の面接官は、あなたがどんな人間なのかを知るための質問に多くの時間を割き、短めのケースを出題する一方で、もう1人の面接官は、あなた自身に関する質問は短めにして、ケースに多くの時間を割くだろう。

ファースト・ラウンドの面接プロセス

ファースト・ラウンドでは、45分間の面接を2回続けて行うことがよくある。最初の面接官は、あなた自身の人間性に関する質問に25分程度を費やす。主な質問は、あなたがコンサルティング業界を志望する理由、リーダーシップを発揮した体験、自分と意見が異なる相手をうまく説得した体験、失敗した体験、チームワーク精神を発揮した体験などである。これに続いて、短めのケースが出題される。最後に、あなたから会社に対する質問をして締めくくる。

2人目の面接官は、最初の10分程度を軽い話題に費やした後で、長めのケースを出題する。ケースに費やす時間は25分から30分前後であり、図やグ

ラフの分析を含めた問題も頻繁に出題される。そして、最後の数分間をあなたからの質問に充てて面接が終了する。

イントロダクション

　自分の名前が呼ばれたら、緊張の汗で湿った手を差し出して、嘘でもよいから「面接に呼んでいただき、とてもうれしく思います」と言おう。なんということはない。友人から紹介してもらった異性との初デートでも、あなたは同じようなことをしているのだから（デートよりも良い結果が出ることを祈ろう）。

　面接官に良い第一印象を与えるチャンスは、この瞬間しかないことを肝に銘じよう。アイコンタクト、さわやかな笑顔、力強い握手は、非常に重要なポイントである。

あなた自身に関する質問

　面接の第1段階では、「あなたがどんな人間なのか」を知ることに主眼が置かれる。マッキンゼーでは、これを「パーソナル・エクスペリエンス・インタビュー」（Personal Experience Interview）の頭文字を取って、PEIと呼んでいる。面接官は、あなたが周りの人に影響力を及ぼした体験、どのように周囲の人と関係を構築していく人間なのか、どのような目標を自分に課しているか、会議を成功に導いた経験等について、具体例を聞いてくるだろう。また、あなたが履歴書に書いていることに関しても、いくつか聞いてくるはずだ（履歴書に書いてあることは、すべて質問の対象になると思ったほうがよい）。「あなたの人生が新聞の記事になるとしたら、どのような見出しをつけるか？」という質問が来る可能性もある。
　ここで面接官があなたに求めているのは、次のような資質である。

- 自信、洗練された振る舞い、コミュニケーション・スキル──あなたは極度のあがり症ではないか？

- リーダーシップ、周囲を統率する能力——飲み会の幹事をやった経験は当てはまらないことに注意。
- チームワーク精神——周囲の人々とうまく接することができるか？
- やる気、熱意、エネルギー、道徳観、倫理観——あなたはこれらの要素を備えた人間か？

　これらの質問に対しては、深く考え込んだりせずに、スムーズな受け答えをしなければならない。じっくり考え込む時間は、ケースのために十分取っておこう。あなたは面接に臨む前に、自分自身について十分研究しておかなければならない。後段で示す、「戦略コンサルティング・ファームの面接で聞かれる典型的な質問例」を見てほしい。実際の面接では、これとまったく同じ質問が出ることはないかもしれないが、前もってこれらの質問に対する答えを紙に書き出しておくか、箇条書きで簡単にまとめておけば、あなたが何年間も考えていなかった（もしくは今まで一度も考えたことがなかった）ことに関して、おのずと考えざるを得なくなるはずだ。

　また、面接官が1つの質問に対して複数の答えを求めてくることはよくあるので、驚いてはならない。たとえば、「自分と意見が異なる人をうまく説得して、行動に移してもらった体験を話してください」という質問に対して、あなたが1つの例を答えた後で、「わかりました。では、同じ質問でもう1つ別の体験を挙げてください」と言ってくることもある。あなたの実体験を問う質問に対しては、3つの異なるストーリーを用意して、その1つ1つを深掘りしておく必要がある。想定回答は、文章にするよりも、箇条書きで簡単にまとめておくほうが望ましい。文章で覚えようとする人が非常に多いが、台本を読むような話し方では真実味に欠けて、面接官の印象に残らないものだ。

▶面接官は、ありふれた回答よりも、具体的なストーリーに印象づけられる

　あなたは、面接官に自分を強く印象づけなければならない。もしあなたが、イギリス海峡をウィンドサーフィンで横断したことがあるという話をすれば、面接官はすべての面接が終了した後で、受験者のリストを眺めながら、あなたのこと

を「ウィンドサーファー」として思い出すだろう。あなたが面接で話すことすべてが、面接官にあなたという人間の印象を植え付けるのである。面接官が受験者リストに載っているあなたの名前を見て、「この人、誰だったっけ？」と思うようであれば、次のインタビューに呼ばれることはないだろう。

▶戦略コンサルティング・ファームの面接で聞かれる典型的な質問例

面接を受ける前に、以下の質問に対する答えを考えておけば、実際にこれらの質問を聞かれたときに、理路整然と答えることができるだろう。

また、可能であれば友人と模擬面接を行って、受け答えの様子を録画してもらうとよい。姿勢や顔の表情、声のトーン（自信を持って答えているか）、ビジネスにふさわしい言葉遣いができているか、冗長にならず端的に答えられているか、などを厳しくチェックしよう。

- 簡単な自己紹介をしてください。
- 大学（院）／会社でどのようなことをしていますか？
- なぜ戦略コンサルタントになりたいのですか？
- なぜ今の大学（院）／会社を選んだのですか？
- 戦略コンサルタントとはどのような職業だと思っていますか？
- わが社とその仕事内容について、どのようなことを知っていますか？
- ほかにも多くの戦略コンサルティング・ファームがある中で、わが社を志望する理由は何ですか？
- 数字を扱う能力に不安はありませんか？
- 7／63は何パーセントですか？
- あなたのリーダーシップを示す体験を教えてください。
- あなたのチームワーク精神を示す体験を教えてください。
- あなたが周りの人に大きな影響力を及ぼした体験、または周りの人を説得して行動に導いた体験を教えてください。
- あなたが最近直面した困難な状況と、それをどのように克服したかを教えてください。
- 今までに失敗した経験がありますか？

- あなたが率先して始めたことがあれば教えてください。
- どのような仕事をするのがいちばん好きですか？
- わが社のほかに、どのようなコンサルティング・ファームの面接を受けていますか？
- コンサルティング業界以外に、どのような業種の面接を受けていますか？
- 今まででいちばん充実感を得た体験または業績を教えてください。
- あなたがわが社に吹き込むことができる経験やスキルは何ですか？
- なぜ、わが社はあなたを採用すべきだと思いますか？

▶難しい質問に対して、どのように答えるべきか？

最も厄介な質問は、次の3つである。

- 今までに失敗した経験がありますか？
- わが社のほかに、どのようなコンサルティング・ファームの面接を受けていますか？
- コンサルティング業界以外に、どのような業種の面接を受けていますか？

これらの質問に対して、どのように答えるべきだろうか？

質問：今までに失敗した経験がありますか？

まずは、「はい、あります」と答えよう。誰にでも失敗した経験はある。いつの時代であれ、人間は失敗を犯し、また、それによって学ぶ動物なのだ。

□ **良い例**：あなたが失敗した経験と、そこから何を学んだのかを伝えよう。さらに良いのは、あなたがどのような失敗を犯し、そこから何を学び、学んだことを次の成功にどのようにつなげたのかを示すことである。マイケル・ジョーダンがよい例だ。彼は高校1年生の試合で非常に大きなミスを犯したが、そこで屈することなく努力を重ね、ついには伝説のバスケットボール選手となった。あなたも記憶に残るような自分自身のストーリーを持とう。

❏**悪い例**：面接官が気まずくなってしまうような話題は避けよう（たとえば、「私は父が亡くなる前に、父と真剣に向き合うことができなかった」「私が彼女にふられたのは……」「17歳のとき、警察にパトカーで追いかけられて、逃げ切ることができなかった」など）。面接官はそんな話を聞きたいのではない。また、学業に関する失敗談も避けるべきである。もし、あなたが落第したことがあるのであれば、面接官は履歴書を見てそれに気づき、なぜ落第したのかを彼らのほうから尋ねてくるだろう。

質問：わが社のほかに、どのようなコンサルティング・ファームの面接を受けていますか？

　あなたがほかの戦略コンサルティング・ファームの面接も受けていることを伝えるのは、まったくかまわない。内定を獲得するための競争は非常に厳しいものであり、全エネルギーをたった1つの会社に注ぐのは、むしろ愚かなことである。ただし、面接を受けているコンサルティング・ファームがなぜあなたにとって第一志望なのか、ほかのコンサルティング・ファームと比較してどのような点があなたにとって魅力的なのかを、きちんと面接官に伝えることができなければならない。

質問：コンサルティング業界以外に、どのような業種の面接を受けていますか？

　コンサルティング業務と関連が強いと言える職種が3つある。戦略コンサルティング・ファームの面接を受ける一方で、投資銀行、プライベート・エクイティ・ファンド、一般企業の経営企画職も志望していると伝えることは、いっこうにかまわないだろう。これらの職業で要求される資質やスキルは、戦略コンサルタントに求められるものとほぼ同じだからだ。実際、マッキンゼーやボストンコンサルティング グループ（BCG）にとって、採用活動における最大の競合相手はほかの戦略コンサルティング・ファームではなく、ゴールドマン・サックスなのだ。

なぜ、戦略コンサルタントになりたいのか？

「なぜ、戦略コンサルタントになりたいのか？」という質問が来るであろうことは、あなたも重々承知の上だろう。このとき重要なのは、間を置かずにてきぱきと答えなければならないことと、面接官の目をしっかりと見て話さなければならないことである。目線をそらすような仕草は、答えが事前に十分考えられたものではないことを示すものであり、この時点ですでにゲームオーバーと言ってもよい。この質問に対する答えは、面接を受けるずっと前の段階で、十分な時間をかけて考え抜いていなければならない。

　事前準備においては、自分の回答を一言一句丸暗記するのではなく、箇条書き形式で覚えておくことを強く勧める。箇条書きにまとめておくことで、あなたの回答は焦点が定まり、一貫性があり、適度な長さにまとめられたものとなるだろう。焦点が定まらないまま、何でもかんでもしゃべり続けることは、避けなければならない。また、戦略コンサルタントに対する強い志望動機をいくつか用意しておけばそれで十分かというと、そうではないことも知っておいてほしい。あなたが「何を」伝えるのかだけではなく、「どのように」伝えるのかも大切であり、いちばん重要なのは、「面接官がどう感じるか」である。質問に対する受け答えは、あなたの誠実さと熱意が相手に伝わるものでなければならないのだ。

戦略コンサルタントを志望する理由の例
　自分自身の答えがまだはっきりとしていない場合の参考例として、以下に最も典型的な志望動機を13個挙げておく。
　(1)優秀な同僚や上司と共に働き、学ぶことができる。
　(2)レベルが高い職場環境の中で働くことによって、どんな企業でも通用する
　　 幅広いスキルを身につけることができる。
　(3)常に自分が成長し続けることができる。
　(4)クライアント企業のトップに接することで、彼らの考え方、行動様式、課

題への取り組み方を学ぶことができる。

⑸多くの業界に接することができる。

⑹チームの一員として働くことができる。

⑺問題解決に取り組むことができる。

⑻優れた企業や組織づくりに貢献することができる。

⑼複数のプロジェクトに参加することができる。

⑽世界中のいろいろな場所に行くことができる。

⑾トップクラスのビジネススクールに行くチャンスが広がる。

⑿履歴書の見栄えがよくなる。

⒀給料が高い。

計算能力を試す問題

　面接官は、あなたの計算能力を試す問題を出すことがある。これはたとえば、「100÷7は？」とか、「9は72の何パーセントか？」といったような、ちょっとした算数問題だ。これらの問題自体はけっして難しいものではないが、心の準備ができていないと、意表を突かれてあたふたしてしまう可能性もある。自分の計算能力に不安がある人は、算数ドリルを引っ張り出して、練習を積んでおくとよいだろう。

人物評価（面接の第1段階）

　面接の第1段階では、あなたの人間性が評価されている。面接官は、あなたと一緒に仕事をしたいと思うか、一緒に出張に行きたいと思うか、あなたのことをもっと知りたいと思うか、人を引き付ける魅力があるか、ユーモアのセンスがあって楽しいことが大好きか、といったことを自問自答しているのだ。これは、一般的に「エアポート・テスト」として知られているものであり、その名前は次の問いに由来している。「北国の空港で、この人と一緒に雪で9時間閉じ込められたとしたら、私はどのように感じるだろうか？　待ち時間が短く感じられるほど、

多くの話題で盛り上がることができるだろうか？　それとも、この人と話す必要がないように、私は狸寝入りをしなければならないだろうか？」

　面接官はまた、あなたが成熟した人間であるか、落ち着きがあるか、コミュニケーション・スキルが高いか、といった点も評価している。「彼／彼女をクライアントのところへ連れて行ったときに、私は安心して紹介できるだろうか？」といったことを、面接官は考えているのだ。

　この「成熟度テスト」で面接官が重要視しているのは、あなたが言葉を発する前にきちんと頭の中で考えているかという点である。私が模擬面接で「3は17の何パーセントか？」と質問したときに、「80%」と即答した学生がいたが（彼がどうして大学に合格したのか理解に苦しむが……）、この時点で彼の面接は終了だ。もはや何をしても挽回は不可能であり、その場で部屋から退出を告げられてもおかしくはない。答えを間違ってしまったことはともかく、最大の問題は、答えを言う前に頭の中で考えていないことが明らかだからである。面接でこのような過ちを犯す人は、クライアントの前でも同じことをするに違いなく、とても信用が置けない。信用できない人物が採用されることはありえない。

ケース・インタビュー（面接の第2段階）

　面接の第2段階は、ケース・インタビューである。先に述べたとおり、ケース・インタビューに対する評価の比重は非常に大きい。第1段階で落ち着き払って言いたいことを明確に伝え、エアポート・テストを無事クリアできたとしても、ケース・インタビューで失敗すれば万事休すである。半面、いくらケース・インタビューをうまく行っても、コミュニケーション・スキルや社交性に欠けていては、採用はままならないのも事実だ。ケース・インタビュー対策については、第2章で詳細に述べることとする。

あなたからの質問（面接の最終段階）

　面接の最終段階であなたに求められるのは、コンサルティング業界全体と、面接を受ける会社に関する十分な予備調査である。もし、面接官の名前があらかじめわかるようであれば、論文や著書、専門分野について、インターネット検索で調べておくべきである。予備調査を行うにあたっては、後段で示す質問リストに対する答えを探すことから始めるのがよいだろう。あなたが十分な時間をかけて予備調査を行っても答えが見つからなかったことに関する質問が、面接官に対する優れた質問となるはずだ。

　ただし、最初の質問をする前に注意すべきことがある。あなたが非常に重要なポイントだと思いつつも、面接官に伝えることができなかったようなことがあれば、この時間を有効に使わなければならない。この場合、「私から最初の質問をさせていただく前に、ぜひとも知っておいていただきたいことがあります。それは……」と切り出せばよい。重要だと思うことは、面接会場を立ち去る前に、きちんと面接官に伝えよう。それをしなければ、あなたは帰り道の途中ずっと後悔することになるし、さらに悪いことには、きちんと伝えていれば形勢逆転となりえたのかどうか、あなたはずっとわからないままになってしまうのである。

予備調査段階の質問リスト

(1)どのような種類のコンサルティング業務を行っているか？

(2)どのような業界に強みを持っているか？

(3)どのくらいの会社規模か？　国内外にいくつのオフィスがあるか？　何人のコンサルタントが働いているか？

(4)どのようなトレーニング・プログラムがあるか？

(5)新米コンサルタントは、どのような仕事をするのか？

(6)最初の1年間で、何社のクライアントを担当することになるか？

(7)メンター制度があるか？

(8)最初の１年間の睡眠時間はどれくらいか？　典型的な出張スケジュールは
　どのような感じか？

(9)１日のスケジュールはどのような感じか？

(10)プロジェクト・チームはどのように選ばれるのか？

(11)どれくらいの頻度で、上司からのフィードバックを受けるのか？

(12)今年は何人のコンサルタントを採用する予定か？

(13)今年の採用数は、去年と比較してどうか？

(14)OB／OGは、どのような企業に転職しているか？

(15)海外も含めて、ほかのオフィスで働く機会はあるか？

これらの質問に対する情報を集めるには、次の方法がよいだろう。

❑キャリア・フォーラムに参加し、コンサルタントと実際に話す：質問リスト
の中から３つか４つの項目を選んで質問しよう。このとき注意しなければな
らないのは、あなたから一方的に質問するだけではなく、相手と会話のキャ
ッチボールを行うことである。

　最後に、時間を割いてくれたことに対してお礼を述べて、名刺交換をお願
いし、さらに知りたいことがあればeメール等でコンタクトして聞いてもよ
いかどうかを尋ねる。この段階では、あなたがその会社についてどれだけの
ことを調べているかなど誰も評価しないし、そもそも彼らは、自分の会社に
関する情報を広く伝えるために参加しているのだ。

❑会社のホームページにアクセスする：ホームページにアクセスすることによ
って、その会社が自社の現状をどのように認識しているか、そして、将来目
指しているビジョンについて、理解を深めることができるだろう。

❑面接を受ける会社で働いた経験がある人（自分の学校の卒業生など）と話をす
る：学校の就職課では、あなたが志望する業界での勤務経験がある卒業生を
紹介してくれることが多い。過去にコンサルティング業界で働いたことがあ

る人と会って話をすることは、非常に有意義である。彼らの実体験を30分間くことは、2時間のインターネット調査で得られる知識よりも多くのことを教えてくれる。また彼らは、インターネット上のリサーチだけではけっしてわからないようなことも話してくれるだろう。彼らはもはや、その会社をあなたに売り込む必要がないので、非常に客観的な意見を述べてくれるはずだ。

❑ **会社主催の説明会に参加する**：相手があなたの履歴書を見たら、すぐにあなたの顔が浮かんでくるように、相手の正面にスッと立って、名前と顔を覚えてもらおう。ここで会うコンサルタントが、あなたの採用を即決することはないが、あなたを面接へ呼ぶかどうかを決めるくらいの権限は持っているはずだ。トップクラスのコンサルティング・ファームでは、ファースト・ラウンドの面接枠100人前後に対して、400枚以上の履歴書を受け取るのが普通である。あらゆるチャンスを活かして人脈づくりに努めたり、コンサルタントと話したりして、面接の枠を何としても確保しよう。

　また、会社説明会に参加する際の秘訣は、早い時間に会場入りすることである。説明会の開始時間が6時に予定されていれば、遅くとも5時40分までには会場に着こう。ほとんどの学生は、6時ギリギリか、6時を少し過ぎた頃にやってくるが、説明会に参加するコンサルタントは、会場がきちんと準備されているか、食事がテーブルの上に見栄えよく並べられているか、といったことをチェックするために、5時半前後には会場入りしているものである。もし、あなたが早い時間帯に会場入りすれば、コンサルタントにあなたのことを覚えてもらいやすいうえに、少なくとも5分程度は彼らと話す時間を与えてくれるだろう。始めのうちに5分間会話を交わすことができれば、説明会が始まった後でほんの少しだけでもコンサルタントと話すことができないか不安に感じながら、最後まで会場内をブラブラ歩き回るよりも、コンサルタントにずっと強くあなたのことを印象づけることができる。また、始めのうちであれば、コンサルタントが名刺を渡してくれる可能性も高い。彼らから名刺をもらい、フォローアップのeメールを送ることを忘れないようにしよう。

面接に臨む際には、あなたが入手したあらゆる情報に関する質問リストを作成して、面接会場に持参しよう。そうすることによって、あなたが十分な時間をかけて予備調査を行い、この面接を非常に重要なものと考えていることを、相手に示すことができる。また、面接の最中にど忘れしてしまったような場合には、質問リストを目の前に取り出してもまったくかまわない。

なぜ、あなたを採用すべきなのか？

　面接の最終段階では、自分自身を売り込まなければならない。「なぜ、あなたを採用すべきだと思うのか？」という質問に対して、あなたは自分が持っているスキルや資質をズラズラと並べ立てるよりも、もっと単純に「どうしても戦略コンサルタントになりたいからだ！」と答えたいかもしれない。そのような場合には、「なぜ戦略コンサルタントになりたいのか？」という質問に対する答えと同様の熱意を再度、面接官に強くアピールすればよいだろう。

　コンサルティング・ファームは、「リスクが低い人材」を採用したがる傾向がある。リスクが低い人材とは、過去に戦略コンサルタントとして働いた経験があり、もう一度コンサルティング業界で働きたいと思っている人や、戦略コンサルタントとはどのような職業なのかを事前に十分調べて理解している人のことである。コンサルティング・ファームが最も避けたいのは、採用した人物に莫大な時間とコストをかけて一人前の戦略コンサルタントに育て上げた挙げ句、半年後になって彼らが突然、「戦略コンサルタントは自分が思っていたような職業ではなかった」と言い残して、会社を辞めてしまうことだ。あなたがいかに才能あふれる人材であろうと、戦略コンサルタントになりたいというあなたの熱意を面接官が確信しない限り、あなたに内定を与えることはない。

▶内定を獲得する人に共通する4つのポイント

(1)戦略コンサルタントに対する強い熱意を示し、戦略コンサルタントとはどのような職業であるか（業務内容やライフスタイルなど）を十分理解していることを、面接官にはっきりと伝えることができる。

⑵常に成功を目指して行動を起こす人間であることを示すことができる。

⑶ケースに対する回答の中で、優れた分析力を示すことができる（分析力は、戦略コンサルタントに必須のスキルである）。

⑷自分の考えを明確に述べることができる。前向きな姿勢を示すことができる。冷静かつ自然に自己弁護を図ることができる。

　ここまでの説明で、あなたはファースト・ラウンドの面接がどのようなプロセスを経ていくかを理解しただろう。続くセカンド・ラウンド、サード・ラウンドのプロセスも、ファースト・ラウンドとそれほど大差はない。セカンド・ラウンドは会社近くのホテルで行われることが多く、通常2回の面接を受ける。面接の時間は1回60分程度で、ファースト・ラウンドよりもケースに大きな重点が置かれる。サード・ラウンドは相手の会社で行われることが多く、60分の面接を5回受けるのが一般的である。ここでも、ケースの占める割合が非常に大きくなる。どのラウンドにおいても、多数の図表やグラフの分析を行う問題が出される。また、与えられた情報をもとに、自分で図表やグラフを作成して結論を提示することが求められる場合もあるだろう。

　なお、コンサルティング・ファームの中には、ファースト・ラウンドの面接をグループ形式で行うところもある。

グループ面接

　マッキンゼーをはじめ一部のコンサルティング・ファームは、主にMBAを持っていない大学（院）生に対して、ファースト・ラウンドでグループ形式の面接を行っている。グループ面接で評価対象となっているのは、そのグループがどのような結論を出すかということよりも、結論に至るまでにグループ内でどのようにコミュニケーションを図っているかという点である。具体的には、周囲の人とうまく関係を築くことができるか、相手の立場に立って考えることができるか、チームワーク精神を発揮しているか、といったことが評価されている。

グループ内のほかの人たちとは採用を競い合うライバル関係にあるが、グループ面接を行っている間はあくまでもチームメートである。ほかのメンバーに対して攻撃的だったり、会話を1人で仕切ろうとするタイプの人は、真っ先に不採用の対象となる。コンサルタントはチーム単位で仕事をすることを忘れてはならない。チームプレイヤーとしてふさわしくないと判断されたら、次の面接に呼ばれることはないのだ。

　ハーバード・ビジネススクールの講義では、ある学生が発言をしている間、ほかの学生が手を挙げて発言しようとしていても、教授がその学生を指すことはない。教授は、手を挙げている学生に対して、クラスメートの発言を聞こうという姿勢がなく、自分本意の議論しかできない人物だという評価を下す。ビジネススクールでの講義と同様に、グループ面接では、ほかの人の発言に基づいて自分の意見を述べていくことが求められる。チームメートの意見を発展させる形で議論を前に進めることが期待されているのであり、議論を脱線させたり、自分が主張したい点があるからといって議論を振り出しに戻したりするようなことをしてはならない。

ストレス・テスト面接

　ストレス・テスト面接は、次に述べる2つの形式のうち、どちらかの形をとることが多い。1つの形式は、面接官が2人、あなたが1人で面接を行い、面接官はあなたが十分に考える時間もないほどに、次々と質問を浴びせかけてくるというものである。彼らは、あなたの回答に対して常に否定的なコメントを述べて、「素人考えですね」「それは話になりませんね」といった言葉を吐き捨てたりする。時には、横柄な態度をとったり、露骨に不機嫌そうな表情を示したりすることすらある。

　彼らはなぜこんなことをするのだろうか？　実際のところは、このような状況に対して、あなたがどのように振る舞うかを試すためである。感情的に反応せず、落ち着いて自己弁護を図ることができるか、冷静さとプロらしさを保つことがで

きるか、追い詰められた状況で泣き崩れたりせずにうまく対処できるか、といったことを彼らは見ているのだ。

　ストレス・テスト面接の２つめの形式は、面接官が無反応を装うというものである。面接官はニコリともせずに、あなたが話し始めるまで黙って座っている。あなたが質問を投げ掛けても、一言二言で答えを終わらせてしまう。自分からはほとんどしゃべらずに、あなたの発言がどんな単純明快なことでも、その説明を求めてくる。

　このような行動の目的は何だろうか？　面接官が黙り続けていれば、なんとか沈黙を破ろうと関係のないことを口走って、あなたがボロを出すからかもしれないし、クライアントとの打ち合わせで同様の状況に陥ったときに、あなたがどのような反応を示すかを知っておきたいからかもしれない。

　また別の形式として、与えられた選択肢の中からあなたが選んだ回答を、面接官が攻撃してくる場合もある。たとえば、ＡかＢかという選択肢であなたがＡを選んだら、面接官は「あなたの答えは間違っています。なぜなら……」と言う。あなたがＢを選んだとしても、面接官は「あなたの答えは間違っています。なぜなら……」と言ってくる。要するに、あなたがＡかＢのどちらを選ぶかに関係なく、面接官はあなたが間違っている理由をとうとうと述べるのだ。この場合も、面接官が見ているのは、あなたがどのように反応するかであり、怒りで顔が真っ赤になったり、口をとがらせたり、眉がつり上がっていないかに目を光らせている。クライアント企業の社員は、コンサルタントの指摘や提案に対して異論を唱えたり、食ってかかってくるのが常である。面接官は、あなたが他人からの批判的な意見に、適切に対処できる人間かどうかを確かめているのだ。

　あなたの選択が間違っている理由を面接官が話しているとき、その内容に十分な説得力がないと思ったら、「興味深い意見ですが、やや説得力に欠けると思います。やはり、私はＡを選択します」と返せばよい。自分の考えが正しいと思うときは簡単にそれを曲げずにいるべきであり、それこそ面接官があなたに求めて

いることなのだ。ただし、自分の意見を主張する際は、むきになって感情的に反応してはならない。

　一方で、面接官があなたには思いつかなかったポイントを挙げて、あなたもそれが正しいと思った場合は、素直に自分の誤りを認めよう。「とても興味深い意見です。正直申し上げて、私はその点には気づきませんでした。たしかに、Bのほうが正しい選択だと思います」と言えばよい。自分の答えが間違っていたときに、それを認めて正しい考えに改めるのは、恥ずべきことではない。それはむしろ、あなたが客観的な視点を持ち、正しいと思われることを素直に受け入れられる人間であることを示すものだ。クライアント企業が戦略コンサルティング・ファームを起用する大きな理由の1つは、コンサルタントが客観的な立場から新たな発見や助言を提示してくれるからである。自分の意見を客観的な視点で捉えられるようになれば、それはあなたが戦略コンサルタントに一歩近づいたことを意味する。自分が間違っていると面接官から言われたという理由だけで、意見を簡単に変えてしまうようなことは絶対にしてはならない。

　ストレス・テスト面接の鉄則は、以下のとおりである。

- カッとしたり、むきになったりしないこと。
- 動揺しないこと。
- 相手の攻撃を柔軟にかわすこと。
- 自分の発言に細心の注意を払い、その場とは関係のない発言は慎むこと。
- 自信を保つこと。

自信

　面接で発言する際は、たとえ本心は違うとしても、あたかも自信があるように話さなければならない。あなたの言葉に自信のなさが出てしまえば、面接官はありとあらゆる点を細かく突っ込んで聞いてくるだろう。名門大学の教授の特徴を表す言葉として、昔から次のようなことが言われている。

「彼らの発言は間違っていることも多いが、自信満々に話すので、それが間違っているようには聞こえない」

　面接には、これと同じ姿勢で臨もう。心の中では確信が持てなくても、面接官には自信が伝わるように話す必要がある。

中途採用者へのアドバイス

　新卒ではなく中途採用で応募する人には、いくつか知っておくべき点がある。まず、特定の業界で長年の勤務経験があることは、必ずしも有利には働かない。たとえば、あなたがヘルスケア業界で10年以上働いているとしよう。このとき、コンサルティング・ファームの中には、その長年の業界経験ゆえに採用を思いとどまるところもある。彼らが懸念するのは、あなたがヘルスケア業界に対して固まった先入観を持ってしまっており、実際にコンサルタントになってヘルスケア業界のプロジェクトに参加する際に、自分が以前働いていたときと同じアプローチで課題に取り組もうとしてしまうことだ。戦略コンサルティング・ファームが求めているのは、先入観を持たずに、客観性を保って問題解決にあたる人材である。彼らは、あなたが過去の勤務経験から得た知識を、ほかの業界のプロジェクトにうまく活用してくれることを望んでいる。だから、採用後にまったく知見のない業界のプロジェクトを割り当てられても、驚くべきことではない。

　中途採用者に対する面接プロセスは、新卒採用の場合とそれほど大きな差はない。マッキンゼーでは、MBAを取得していない中途採用応募者に対して、ペーパー・テスト形式の問題が出されることがある。ファースト・ラウンドでは、各60分の面接が3回行われることが多く、あなた自身に関する質問やビジネス・ケースが出題される。あなたが働いている業界のケースがたまたま出題される可能性は低いが、仮にそうだったとしても、試されているのはあなたの業界知識ではなく、論理的な思考能力であることを忘れてはならない。

　中途採用者には、新卒の学生よりも強い自信とプロらしい振る舞いが求められる。中途採用後のポジションは、ビジネススクールを卒業したばかりのMBA取

得者と同じであるのが通常だが、上司が自分よりも若い人間となる場合もあることは知っておいてほしい。戦略コンサルティング・ファームは完全実力主義であり、能力さえあれば年齢に関係なくポジションはどんどん上がっていく。ある面から見れば、最初はそれほど高くないポジションからスタートすることで、徐々にコンサルタントの仕事に慣れて、社内での存在感を高めていく時間が与えられる、とも考えられる。

　さて、次はいよいよ……。

第 2 章

ケース・インタビュー対策

ケース・インタビューは本来楽しいものであり、戦略コンサルタントを志す人の能力や適性を多方面から評価することができる、非常に優れた面接手法である。

戦略コンサルティング・ファームが求めている能力

コンサルタントは、非常に多くの時間をクライアント企業の現場で費やすことになる。彼らは数人から構成されるチームで働き、時にはクライアント企業の従業員を率いることもある。また、コンサルタントは混沌とした状況の下で、非常に大きなプレッシャーを感じながら、一見解決の糸口が見えないような課題に取り組まなければならない。したがって、⑴プレッシャーの下でも常に冷静でいられる能力、⑵適度な距離を保ちつつも、クライアントに取り入っていく能力、⑶自分の考えを明確に伝えられる能力、⑷高度な分析力、のすべてが戦略コンサルタントには求められる。

「はじめに」で述べたように、コンサルタントは自らの頭脳を売る仕事であるが、それと同時に、人を引き付ける魅力や、自信にあふれたパーソナリティも要求される。あなたがケースに取り組んでいる間、面接官はあなたが次の資質を備えているかを評価しているのである。

- リラックスしているか？　自信があるか？　思慮深いか？
- 人の言うことをよく聞いているか？
- 高いコミュニケーション能力があるか？
- 人を引き付ける魅力があるか？　熱意があるか？　知的好奇心にあふれているか？
- 社交性があるか？　プレゼンテーション能力があるか？
- 示唆に富んだ質問や、意図が明確な質問を投げ掛けることができるか？
- 何が本当に重要なのかを正しく判断することができるか？
- 情報をうまく整理し、論理的な枠組みを使ってそれを分析することができるか？
- 仮説を立てて考えることができるか？
- ケースを多面的な観点から捉えて議論できるか？
- できる限り、数字を使って答えようとしているか？

- 基本的なビジネス感覚と一般常識を備えているか？
- 創造的な思考ができるか？
- 困難な状況にうまく対処できるか？
- 感情的にならず、落ち着いて自己弁護を図ることができるか？

ケース・インタビューに取り組む前の準備

　十分な準備と練習さえ積めば、ケース・インタビューはあなたが思っているほど難しいものではない。ケース・インタビューと学校のテストを同一視したくはないが、準備をしっかりとすればするほど良い結果が出るという点では、両者は共通している。あなたにも、テスト対策を万全に行った科目では、試験用紙を早く受け取って、さっさと問題に取りかかりたくて仕方ない気持ちになった経験があるだろう。ケース・インタビューも同じである。面接官はあなたの表情を見て、あなたが早くケースに取り組みたくてウズウズしているかどうかを判断しているのだ。彼らは、それをあなたの自信の表れと捉えている。

　私が教えてきた学生の中には、コンサルティング・ファームに採用された後も私を訪れて、新しいケースを出題してほしいと言ってくる者もいる。彼らはケースに取り組むことが心底好きなのだ。彼らにとってみれば、ケース問題はクロスワードパズルを楽しんで解くような感覚なのだろう。知的な課題に挑むことを好み、1つのケースをこなすごとに、新しい何かを学んでいるように見える。

　ケース・インタビュー対策として最も良い方法の1つは、自分でケース問題を作成することである。問題の構成のみならず、面接官が問い掛けてくる質問の内容や、それに対する回答例も考えて、ケース・インタビューでの一連のプロセスをすべて自分の手で作り上げてみるのだ。

面接評価シート

　面接評価シートの形式はコンサルティング・ファームによって異なるが、評価

する内容はほぼ共通している。一般的な評価項目は大きく、分析力（論理的思考、数的処理、データ読解）、コミュニケーション・スキル（アイコンタクト、話す・聞く・質問する・要約する）、人間性（熱意、自信、チームワーク精神、創造力、知的好奇心）に分類される。

　一例として、ベイン・アンド・カンパニーの面接評価シートは、能力的付加価値、人間性、自社への適合性、総合評価の4カテゴリーに大別され、各カテゴリーに細かな評価項目があり、項目ごとに1〜5点のスコア（5点が最高点）をつける仕組みとなっている。

- 能力的付加価値
　このカテゴリーには、次の5つの評価項目がある。論理的思考による問題解決力、ビジネスへの感度、数的処理能力、創造力、能力的付加価値に対する全般的な評価。

- 人間性
　このカテゴリーにも5つの評価項目がある。結果志向、チームワーク精神、コミュニケーション・スキル、リーダーシップ、プロフェッショナリズム。

- 自社への適合性
　このカテゴリーでは、面接官が次の3つの質問に答える形で評価をつける。受験者はベイン・アンド・カンパニーに対して強い関心を持っているか？　自分のプロジェクト・チームにメンバーとして加えたいか？　内定を与えたいか？

- 総合評価
　最後に、すべての要素を総合的に加味した最終評価点をつける。

なお、能力的付加価値と人間性のカテゴリーでは、スコアをつける欄のほかに面接官がコメントを記載する余白が設けられており、「受験者の強みと弱み」「次の面接で確認すべき点」を記入する形になっている。

ここではベインの例を挙げたが、マッキンゼーであれBCGであれ、はたまたアマゾンやグーグルであれ、論理的思考力、自信、コミュニケーション・スキル、創造力の4つは、彼らが共通して志望者に求めている能力である。

ケースのタイプ

　ケースのタイプは、マーケット・サイジング問題、ファクター問題、ビジネス・ケースの3つに大きく分類される。ビジネス・ケースの中にマーケット・サイジング問題が組み込まれている場合も多い。すべてのタイプについて学習しておくことは、ケース・インタビュー対策として非常に重要である。

▶ マーケット・サイジング問題（市場規模の推定）

　マーケット・サイジング問題は、面接プロセスのどの段階でも出題される可能性がある。単独の問題として出されることもあるが、ビジネス・ケースの一部に組み込まれる形で出題されることのほうが圧倒的に多い。マーケット・サイジング問題はさらにいくつかのタイプに細分化されており（人口ベース型、世帯ベース型、奇想天外な型破り型など。詳細は後述）、実際に出題された場合は、どのタイプに当てはまるかを考えることから始めるのがよいだろう。どのタイプが出題されるにせよ、マーケット・サイジング問題では合理的な仮説を設定し、それに基づいて計算を行うことが最大のポイントとなる。

　　＊訳注：原書では問題例が米国のケースとなっているが、本書ではできる限り日本のケースに置き換えている。ただし、日本と米国の消費者行動の相違等から、途中のプロセスが日本における場合の回答例としてはふさわしくなかったり、求められた数値が日本における実際の数値とかけ離れているものがある。しかし、ここで読者のみなさんが学習すべきことは、求められる数値の正確さよりも、結論に至るまでの思考プロセスであるという点を強調しておきたい。また、問題によっては回答例で示されているプロセスが粗雑であり、実際にはもっと緻密な仮説を立てるべきだと思われるものもある。みなさんが本書の問題に取り組む際には、回答例のアプローチにはこだわらずに、自分なりの仮説を立ててみて、求められた答えと実際の数値をインターネット等を使って比較・確認してみることをお勧めする。また、マーケット・サイジング問題に関する日本の参考文献としては、『地頭力を鍛える』（細谷功著、東洋経済新報社）などが挙げられる。

あなたの立てた仮説が実際の数字とは大きく異なっていることもあるだろう。この場合、面接官は正しい仮説に修正することもあるし、そのまま議論を進めさせることもある。面接官は、あなたの仮説が正確かどうかということよりも、あなたの論理構成や思考プロセスに興味があるのだ。

誤った仮説を立ててしまうことに不安を感じるようであれば、「私はこの業界に詳しくないので、もし私の仮説が間違っていたら修正してください」と面接官に言ってみよう。たいていの場合、面接官は、そんなことを気にする必要はないと答えるだろう。そのかわり、あなたが立てる仮説はすべて、面接官からその根拠を問われると思っておいたほうがよい。したがって、どんな仮説を立てるにせよ、合理的な根拠に基づいたものでなければならない。もし、あなたの仮説が単なる思いつきで立てたものにすぎなければ、面接官は仮説の弱点を徹底的に攻めてくるうえに、あなたの能力自体をも疑うことになる。

マーケット・サイジング問題を解いている間は、基本的にあなたからの質問はできない。質問が許されるのは、固有名詞の略称や業界専門用語がわからない場合や、問題の意図を再確認する場合に限られる。問題の意図を再確認することは、基本的に減点の対象とはならない。そもそもマーケット・サイジング問題は、すべての情報を理解していたとしても解くのが難しいものだ。

マーケット・サイジング問題の事前対策として、キーとなる重要な数字はあらかじめ頭に入れておくのがよい。これによって、面接の場で頭の中が真っ白になったり、思いつきの数字で計算に苦労したりすることは避けられるだろう。なお、これらを覚えておく際は、できる限り計算がしやすくなるように、切りのよい数字にしておくことも重要である。以下に、覚えておくべき数字をいくつか挙げる。

> ＊訳注：以下の数字は実際の値とは多少の相違があるが、計算のしやすさも考慮して設定している。多少の誤差が減点対象となることはないので、安心していただきたい。なお、実際の数字もインターネットで調べておくことをお勧めする

- 日本の人口数＝120百万人

- 日本人の平均寿命＝80歳
- 年齢別の人口数＝1.5百万人 ── 120百万人÷80年＝1.5百万人／年で計算。各年齢の人口数は均等に分布していると仮定。
- 世代別の人口数＝30百万人 ── 120百万人÷４世代＝30百万人／世代で計算。青少年期、壮年期、中年期、老年期の４世代で構成されると仮定。
- 日本の世帯数＝60百万世帯 ── １世帯当たりの人数は２人と仮定。

マーケット・サイジング問題が出されたら、まず重要な情報や数字をメモで書きとめておく。そして、問題がどのタイプ（人口ベース型、世帯ベース型、型破り型）に当てはまるのかを考える。問題の中でわからない専門用語がある場合や、問題の意図を再確認したい場合に限り、面接官に質問をする。最後に、答えにたどり着くまでの全体的な道筋を構成し、それに沿って計算を行う。このプロセスを踏めば、途中で計算ミスをした場合でも、最初に構成した道筋に後戻りすることで軌道修正がしやすくなる。仮説は、合理的な根拠に基づくものでなければならない。

マーケット・サイジング問題のポイント

マーケット・サイジング問題では、合理的な仮説を設定し、それに基づいて計算を行うことが最大のポイントとなる。

回答の手順

- 問題をよく聞いて、それが人口ベース型、世帯ベース型、型破り型のどれに該当するかを判断する。
- わからない専門用語がある場合や、問題の意図を再確認したい場合に限り、質問をする。

- 計算をしはじめる前に、答えにたどり着くまでの全体的な道筋を構成し、それに沿って計算を行っていく。

仮説の設定

- 自分の立てた仮説が間違っているかどうかを心配する必要はない。マーケット・サイジング問題で面接官が評価しているのは、仮説が正しいかどうかよりも、あなたの論理構成や思考プロセスである。
- あなたの仮説が実際の数字とは大きく異なっている場合、面接官は正しい仮説に修正することもあるし、そのまま議論を進めさせることもある。
- 仮説は、合理的な根拠に基づいたものでなければならない。あなたの仮説が単なる思いつきにすぎなければ、面接官は仮説の弱点を徹底的に攻めてくる。
- 問題によっては、複数の要素を1つにまとめて仮説を立てると、計算が容易になることもある（例：X、Y、Zの合計が全体の20%を占めると仮定する）。

計算過程におけるポイント

- 切り上げや切り捨てを効果的に行い、常に計算しやすい数字を用いる。
- 計算過程を後で見直せるように、すべての数字をきちんと書きとめておく。

最終回答をする前のチェック

- 最終的な答えを提示する前に、その数字は本当に理にかなっているかをチェックしよう。もし不自然な数字であれば、より合理的な数字となるように見直す必要がある。

▶人口ベース型のマーケット・サイジング問題

　人口ベース型のマーケット・サイジング問題は、世代ごと（20歳以下の青少年期、21〜40歳の壮年期、41〜60歳の中年期、61〜80歳の老年期）の数で考えるとうまくいく場合が多い。各世代の人口数は先に記したように30百万人を使うとよいだろう。さらに細分化すると、各年齢別の人口数は1.5百万人となり、たとえば20代の人口数は15百万人（1.5百万人/年×10年）と計算される。問題のタイプによっては男女別に分ける必要が出てくるが、性別比は50：50と考えればよい。

　　昨年、日本では何台のスマートフォンが販売されたか？

回答の大まかな道筋

- 全体の顧客層を各世代に分けて、世代別の仮説を立てる。
- 世代別の携帯電話（スマートフォン以外も含む）所有台数を試算する。
- 世代別に、携帯電話のうちスマートフォンを使用する割合とその人数を考える。
- 図表を作成して問題を整理することは効果的である。これによって、あなたの論理的思考力を面接官に示すことができるし、面接官もあなたの思考プロセスをたどりやすくなる。
- 最終的な答えを提示する前に、数字が理にかなっているものかをチェックする。もし不自然だと感じるようであれば、面接官に「ちょっと多すぎる／少なすぎると感じる」と伝えて、より合理的な数字となるように見直す。このとき、計算プロセスを最初まで戻ってやり直す必要はない。面接官はすでにあなたの思考プロセスを理解しており、どの仮説でつまずいたのかもわかっているからだ。

回答例

まず、全体の顧客層に関する仮説をいくつか立てる。

- 日本の人口数＝120百万人。
- 日本人の平均寿命＝80歳。
- 総人口を0〜20歳、21〜40歳、41〜60歳、61〜80歳の4つの世代に分類す

る。各年齢の人口数は均等に分布すると仮定し、年齢別の人口数は1.5百万人（120百万人÷80歳）、1世代当たりの人口数は30百万人（1.5百万人×20歳、または120百万人÷4世代）となる。

> ＊訳注：厳密に言えば、0〜20歳の世代は21年齢分となるので、人口数がほかの世代よりも多くなるはずだが、計算のしやすさを考慮した簡便的な考え方として許される範囲だろう。

　次に、世代別の携帯電話所有台数を試算する。最も若い世代（0〜20歳）の中で、中学校へ入る前の12歳以下は携帯電話を持たないと仮定する。13〜20歳の人口数は12百万人（1.5百万人／年齢×8年齢数）で、このうち大多数の10百万人が携帯電話を所有し、さらに携帯電話のうちでスマートフォンを使用する人が半分強の6割程度と考え、6百万人とする。これは、この年齢層は新しもの好きでスマートフォンをより好むであろう、という仮説に基づいている。

　ほかの世代に対しても上記と同様のプロセスを経て、世代別のスマートフォン所有台数をまとめた表が以下となる。

> ＊訳注：各世代についての仮説と試算は、読者自身で考えていただきたい。あなたの立てた仮説が合理的でさえあれば、下の表と数字が異なっていてもまったく問題ない。そもそも、マーケット・サイジング問題には絶対の正解はない。

年齢	人口数	携帯電話 所有台数	スマートフォン 所有台数
0〜20歳	30百万人	10百万台	6百万台
21〜40歳	30百万人	30百万台	24百万台
41〜60歳	30百万人	30百万台	24百万台
61〜80歳	30百万人	20百万台	16百万台
合計	120百万人	90百万台	70百万台

　計算の結果、日本では合計70百万台のスマートフォンが所有されていると推測される。ただし、この問題で問われているのは所有台数ではなく、「昨年に販売された台数」である。携帯電話の平均的な契約期間は2年程度であるが、本体価

格の上昇や、性能面での飛躍的な改善が徐々に限られてきていることを考えると、携帯電話の保有期間は契約期間の2年よりも少し長くなっていると仮定できる。また、近年は最新モデルへの買い替えをせずに、手持ちの携帯電話を修理して使用し続ける人が増えていることも考慮する必要がある。これらを総合的にまとめると、スマートフォン70百万台のうち年間30百万台が買い替えもしくは修理の対象となり、買い替える人の割合が80%と仮定すると、24百万台（30百万台×80%）が既存のスマートフォン・ユーザーが購入する台数となる。

これに加えて、スマートフォン以外の携帯電話20百万台のうち10百万台が買い替えもしくは修理の対象となり、このうち8割の人が買い替えをして、さらに8割の人が現在の携帯電話からスマートフォンへ乗り換えると仮定すると、6百万台（10百万台×80%×80%）がスマートフォンの販売台数に上乗せされる。これらを合計して、**30百万台**（24百万台＋6百万台）が、日本における昨年のスマートフォン販売台数だと推測される。

読者のみなさんが自分で計算した結果は上の数字とは異なるかもしれないが、答えにたどり着くまでの思考プロセスを理解しさえすれば、それで十分である。

▶ 世帯ベース型のマーケット・サイジング問題

世帯ベース型のマーケット・サイジング問題では、約60百万世帯を所得水準別に分類するとうまくいく場合がある。2019年に発表された総務省の調査によると、全世帯のうち約30%が低所得層（年間所得3百万円以下）、約10%が高所得層（年間所得10百万円以上）、残りの約60%が中間所得層という結果になっている。

＊訳注：参考までに、全世帯の平均所得は552万円と発表されている。

日本には何台のテレビがあるか？

回答の大まかな道筋

● 図表を作成しながら数字を埋めていく（詳細は後述）。

- 全世帯を所得水準で分類する。
- 所得水準ごとの世帯数を計算する。
- 所得水準ごとのテレビ保有台数に対する仮説を立てる。
- 各所得水準世帯のテレビ保有台数を合計する。
- 世帯（家庭）では保有されていないテレビ台数を加算する。

　まず、日本の全世帯数を60百万世帯として、所得水準別に分類する。高所得層は全体の約10%に当たる6百万世帯存在し、各世帯で約3台のテレビを保有していると仮定する。その結果、高所得層の世帯が保有しているテレビの台数は合計で約20百万台と試算される。

> ＊訳注：単純計算だと18百万台となるが、切り上げや切り捨てを行って計算しやすい数字に丸めるのがマーケット・サイジング問題のコツである。

　次に、低所得層は全体の約30%に当たる18百万世帯存在し、各世帯で約1台のテレビを保有していると仮定すると、テレビの総保有台数は約20百万台となる。残りの中間所得層は36百万世帯で、世帯当たり約2台のテレビを保有していると仮定すると、総保有台数は約70百万台となる。以上をまとめたのが下の表である。

所得層	世帯数	各世帯の TV保有台数	TV保有台数計
高所得	6百万世帯	3台	20百万台
中間所得	36百万世帯	2台	70百万台
低所得	18百万世帯	1台	20百万台
合計	60百万世帯		110百万台

　表のとおり、日本の全世帯で保有されているテレビの台数は約110百万台と試算される。これに加えて、家庭以外で保有されているテレビの台数も考慮する必要がある。たとえば、学校、空港、ホテル、病院、レストランなどが保有しているものが挙げられる。これらを1つ1つ計算することは非常に困難であり、ここでは全世帯の保有台数の約20%に当たる約20百万台が家庭以外で保有されている

ものと仮定する。この結果、日本には**約130百万台**のテレビがあるというのが回答となる。

　読者は、最後に加算した約20百万台はどのように計算したのかと聞きたくなるだろう。実際のところ、この数字には確固たる根拠はない。しかし、家庭以外の場所でもテレビが置かれていることをきちんと考慮に入れている点だけでも、評価に値するものと私は考える。また、回答例の数字に対して、実際のテレビ台数はもっと多いのではないかという指摘があるかもしれないが、近年はテレビ番組をパソコンや携帯電話で見る人が増えていることは、頭に入れておくべきだろう。

　　昨年、日本では何本の水撒きホースが販売されたか？

回答の大まかな道筋

- 日本の人口と世帯数を推定する。
- 全世帯を都市部と郊外の地域別に分類する。
- 各地域別で水撒きホースを必要とする一戸建て（マンションやアパート以外）の世帯数を計算する。
- 家庭以外の場所で使用されている水撒きホースの本数を加算する。
- 水撒きホースの耐用年数を推定する。

回答例

　日本の人口を120百万人、1世帯当たりの人数を2人と仮定すると、日本の全世帯数は60百万世帯となる。

　ここで、水撒きホースの需要がほとんどないと考えられる都市部以外の、郊外地域と農村地域における世帯分布が全体の50%だと仮定すると、その数は30百万世帯となり、さらに、この地域におけるマンションやアパートなど集合住宅の世帯比率を20%と仮定すると、水撒きホースを利用する一戸建ての世帯数は、24百万世帯（30百万世帯×80%）となる。水撒きホースはそれほど高価なものではな

いので、各戸建て世帯は表玄関用と裏庭用に1本ずつ、計2本のホースを持っていると仮定すれば、全世帯で48百万本（24百万世帯×2本）のホースを持っていることになる。また、家庭以外に、園芸店、動物園、公園などの野外施設でも水撒きホースは利用されるので、これらの場所で計6百万本のホースが使われていると仮定する。

　以上より、日本に存在する水撒きホースの本数は合計で54百万本となる。水撒きホースは毎年買い替えられるようなものではなく、破損して買い替える必要があるまでの期間を約3年と仮定すると、日本における水撒きホースの年間販売本数は、**18百万本**（54百万本÷3年）と推測される。

▶ 全世界規模のマーケット・サイジング問題

　世界規模レベルでのマーケット・サイジング問題が出題された場合は、全人口の80億人から考えるのではなく、まずは自分の国における仮説を立てて計算を行い、そこから全世界規模の数を推定するのがよい。

> 車両用防弾ガラスの世界市場規模はどれくらいか？

回答の大まかな道筋

- 防弾ガラス車両の主な顧客層を考える（軍隊、政府、大企業など）。
- まずは日本の市場規模を推定して、それをもとに全世界の市場規模を試算する（たとえば、人口の比率をもとに、日本の市場規模は世界市場規模の約1％と仮定するなど）。
- 全車両のうち、防弾ガラスを搭載している車両の割合に対する仮定を設定する（ここでは簡便的に、全車両の2％が防弾ガラスを搭載していると仮定する）。
- 日本の防弾ガラス搭載車両の台数を以下の手順で計算する。
  - 全世帯を所得層別に分類する。
  - 所得層ごとの車両所有台数に対する仮説を立てる。
  - 家庭で所有されていない車両の台数を加算する。

回答例

　まずは、防弾車以外も含めた車両の日本における市場規模を、世帯別・所得層別に分類して試算すると、以下の表のようにまとめられる。

所得層	世帯数	各世帯の車両所有台数	車両保有台数計
高所得	6百万世帯	約2台	約10百万台
中間所得	36百万世帯	約1台	約40百万台
低所得	18百万世帯	約0.5台	約10百万台
合計	60百万世帯		60百万台

　計算の結果、日本の全車両台数は60百万台と試算される。これに、家庭以外で所有されている車両の台数を10百万台と仮定して加算する（この10百万台という数字は確固たる根拠に基づいてはじいたものではないが、この数字自体はそれほど重要ではなく、家庭以外でも所有されている車両があることをきちんと考慮に入れておくことを示せれば十分である。具体的には、政府、自衛隊、タクシー会社、輸送業者、レンタカー会社などが保有している車両がこれに該当する）。両者を足し合わせると、全部で70百万台の車両が日本に存在していることとなる。このうち、50台に1台、すなわち全体の2％が防弾ガラスを搭載している車両と仮定すると、日本における防弾ガラス搭載車両は約1.5百万台（≒70百万台×2％）となる。日本の人口規模は世界人口の1％強だが、日本は経済先進国であることを考慮して全世界の防弾車両に占める割合がもう少し高い3％と仮定すると、全世界の防弾ガラス車両台数、すなわち車両用防弾ガラスの世界市場規模は**50百万台**（1.5百万台÷3％）と推測される。

▶型破り型のマーケット・サイジング問題

　型破り型のマーケット・サイジング問題は、ほかの問題に組み込まれることはほとんどなく、単独形式で出題されるのが通常である。このタイプの問題では、基本的な計算スキルに加えて、一見すると解決の糸口が見つからない問題に対して、どのように対処するかが試されている。

　この問題に対する私からのアドバイスは、冷静さを失わずに、手をつけられる

ところから１つずつ自分のベストを尽くすことと、とにかく問題を楽しむことだ。戦略コンサルティング・ファームは、問題解決に楽しんで取り組める人材を求めている。ユーモアの精神も保ちながら、論理的思考を活かして取り組んでほしい。以下に例題をいくつか挙げておこう。

- ピサの斜塔にはいくつのドーナッツが納まるか？
- 地面から月にたどり着くには、何枚のピザを積み重ねる必要があるか？
- ジャンボジェット機の重さはどれくらいか？

しかしながら、私の経験に基づけば、このタイプの問題が戦略コンサルティング・ファームの面接で出題される可能性はかなり低い。これらの問題は、ケース問題を出題することに慣れていない企業で用いられていることが多い。このような問題の出来不出来で内定の合否が決まってしまうのは、少々怖い気もする。

▶ ファクター問題

ファクター問題は、「どのような要因が影響を与えるか？」「どのような要素を考慮する必要があるか？」という形で問われる問題である。このタイプの問題は、ジョンソン＆ジョンソンやアマゾンなど、戦略コンサルティング・ファーム以外の一般企業で、財務、マーケティング、サプライチェーン分析の知識を問う目的で出題されるケースが増えてきている。

ファクター問題は、面接の時間が限られていてケース全体を詳細に議論することはできないが、与えられた課題に対して適切な分析を大まかに行えるかどうかを試すために、出題されることが多い。また、戦略コンサルティング・ファームのファースト・ラウンド面接で、マーケット・サイジング問題の代わりに出題されることもある。

通常のケース問題では40分前後の時間が費やされるのに対して、ファクター問題の所要時間は10分から15分程度である。ケース問題に比べて多少くだけた内容ではあるものの、この問題で戦略コンサルティング・ファームが受験者を評価している点はケース問題と何ら変わらず、論理的思考力、自信、コミュニケーショ

ン・スキル、創造力が試されている。

　問題によっては、影響を与える要因を示すだけでなく、クライアントがとるべき行動や、その際に留意すべきリスク、その次にとるべき行動までをも回答で求めることもある。以下に、実際の企業面接で出題された問題を挙げておこう。

- **ジョンソン＆ジョンソン**：新しい薬を開発する際に、どのような要素を考慮する必要があるか？
- **タコベル**：マーケティング部がフライドポテトをメニューに加えるべきだと提言している。可否を判断するに際して、どのような要素を考慮する必要があるか？
- **アマゾン**：日本国内で新しい物流センターをつくることを検討している。どこに、どのような理由で建設すべきか？

ファクター問題のポイント

- 問題の細部に立ち入りすぎず、大まかな視点で考える。
- 最初に問題の要点を確認する質問をいくつかしてから、仮説を立てる。
- 問題の全体像を捉えてから、答えを導くまでのプロセスを示す。頭に浮かんだことをすぐに口にする前に、まずは結論までの道筋を考えなければならない。
- 成功に結び付く重要な指標や要素を突き止める。
- 面接官はあなたからの質問に対して、質問で返してくる場合もある。
- ありふれた回答ではなく、可能な限り創造力を働かせる。
- 影響を与える要因のみならず、クライアントがとるべき行動までも答える場合は、その際に留意すべきリスクや、その次にとるべき行動も示す。

ペーパーテスト形式／グループ形式のケース

　近年、特にセカンド・ラウンドかサード・ラウンドでペーパーテスト形式のケースを出題する戦略コンサルティング・ファームが増えている。ペーパーテスト形式のケースを最初に出題したのはモニター・グループ（Monitor Group）であるが、それ以降も彼らは面接のプロセスに新しい方法を取り入れてきた。この形式の面接は、次のように進められることがある。

形式1

　あなたが面接会場に着くと、紙に書かれたケースを手渡される（ケースは5ページ前後で、そのうち3ページが文章、2ページが図表やグラフとなっていることが多い）。まず、問題を読んでメモを取るための時間が20〜30分間与えられ、この時間が終了するとコンサルタントが入ってきて、MBAでの授業と同じように、あなたにケースのプレゼンテーションを行うよう要求する。あなたからのプレゼンテーションは、次第にコンサルタントとの議論のやり取りへと発展していき、そこから先は、口頭でのケース・インタビューと同じ要領で面接を進めていくことになる。

形式2

　面接会場で3ページ程度の紙面ケースを渡され、内容を読み、メモを取り、3枚のプレゼンテーション・スライドを作成するための時間が30分与えられる。3枚のスライドのうち、1枚は図表やグラフを作成することが求められる。計算機やPCは利用できないので、まっさらな3枚の紙に自分の手でスライドを作らなければならない。制限時間後にコンサルタントが入ってきて、あなたはクライアントにするのと同じように、コンサルタントに対してケースのプレゼンテーションを行う。

形式3

　面接会場で待っているとコンサルタントが入ってきて、あなたに80ページもの

資料を渡し、30分間で資料を読んで、ケースのプレゼンテーションを行うことを求める。このタイプの問題に取り組む際は、まず冒頭のエグゼクティブ・サマリー（問題の要旨がまとめられている部分）を読んでから、問題に添付されている図表やグラフを分析する手順で進めるのがよい。文章で書かれている部分よりも、図表やグラフからのほうがずっと有益な洞察を得られることが多い。エグゼクティブ・サマリーは通常冒頭部分に書かれているが、ケースによっては異なる箇所にある場合もあるので注意したい。

グループ形式での面接も年々増加している。

形式4

あなたはほかの3人の受験者とグループを組み、ケースに取り組むことを求められる。この形式で面接官が最も見ている点は、あなたがほかの受験者とどのように接しているかだ。面接官が期待しているのは、仲間とうまくコミュニケーションを取って問題に取り組もうとする姿勢であり、相手を蹴落とそうとしたり、自分の主張を無理やり押し通そうとしたりすれば、マイナスポイントになる。内定獲得を争う点ではほかの受験者はライバルであるが、少なくともこの面接の間は問題解決に向けて共に協力するチームメートであり、敬意を持って接しなければならない。ほかの人の発言に圧倒されているだけというのもダメだ。自分の主張は明確に伝える必要がある。相手の主張が誤っていると思った場合は、真っ向から否定することはせず、まずは紳士的に受け止めて、ほかの視点から問題を捉えて軌道修正を図るように働きかけよう。ほかの受験者を非難したり、恥をかかせたりしてはならない。グループ面接では、周囲の人との親和性、コミュニケーション・スキル、相手への敬意、共感性、チームワークが求められるのだ。

形式5

面接会場に着くと、ほかの3人の受験者と一緒に会議室に通される。ケース資料が配付されて、60分以内にグループでプレゼンテーション資料を作成するように指示される。会議室にはパワーポイントソフトのみが搭載されたPCが1台置かれている。60分の間、面接官は会議室の隅に座り、各受験者がグループの中で

どのように振る舞うかを見ている。具体的には、リーダー的な役割を果たしているのは誰で、その役割はどのようにして決められたか、数字を扱う能力が高いメンバーは誰か、プレゼンテーション・スライドを作成しているのは誰か、グループ間での議論はお互いの意見を尊重しながら効果的に行われているか、各人が自分の主張を譲らず険悪な雰囲気になっていないか、といった点である。制限時間が過ぎると、ほかのコンサルタントが2人加わり、彼らに対してプレゼンテーションを行う。プレゼンテーションはチームとして行うが、すべての受験者が1人5分ずつ発表しなければならない。

グループ面接で次のラウンドに呼ばれるのはチームの中から1人か2人かもしれないし、全員が呼ばれることもありうる。プレゼンテーションの間、あなたはチームの一員として振る舞わなくてはならないが、一方で個々の受験者として評価されているのである。

グループ面接においてリーダー的なポジションを担うためには、どうすればよいだろうか？ 最も自然で良い方法は、最初に各メンバーの役割を割り当てる行動をとることだ。たとえば、「ファイナンスに強い人はいる？」「パワーポイントが得意な人は？」などとほかの受験者に問い掛けながら、各人の強みに応じて役割を決めていく立場を取るのである。役割分担には、誰が最初にプレゼンテーションを始めて、誰が締めくくり、誰が時間を管理するかといったものも含まれる。この方法をとると、自分が担当する作業はほかの人へ先に割り当てたものの残りになってしまうという弱点はあるが、面接官は一連のプロセスをきちんと見ているので、心配しすぎる必要はない。リーダー的な役割を演じることに対して、面接官は大きなプラス評価を与えるだろう。

▶ マッキンゼーのペーパー・テスト

マッキンゼーも、一部の受験者に対してペーパー・テスト形式のケースを出題している。「このテストは、受験者の問題解決能力を、ペーパー形式で試すためのものです。受験者は、単純な計算問題が非常に少ないことにビックリするでしょう。このテストは、GRE*で出題される計算問題とはまったく異なるものなの

です」と、マッキンゼーのシニア・リクルーターは話している。

＊訳注：米国の大学院進学希望者が受ける一般的な共通テスト。このGREと同様に、ビジネススクールへの進学希望者はGMAT、ロースクールへの進学希望者はLSATを受験する。大学進学希望者が受ける共通テストはSATである。

「出題される問題の大半は、ケースの中で与えられる情報に基づいて意思決定を下したり、問題の解決策を示すことを求めるものです。内容的には通常のケース・インタビューと同様ですが、選択肢形式での回答になっています」

　過去にマッキンゼーが出題したペーパー・テストは、計26問の問題を１時間で答えるというものだった。各問題には、クライアントが行っている事業に関する情報、外部環境に関する情報、クライアントが直面している課題が与えられ、受験者はそれらの情報をもとに自分の答えを選ぶことを求められる。

　なお、受験者は電卓や計算用紙を持ち込むことはできない。このテストは外部の専門業者の意見も取り入れながら、マッキンゼーが自社で開発したものだ。実際に受験したハーバードの大学院生は、このテストについて次のように振り返っている。「就職活動が終わった今となれば、あれは面白いテストだったと言うことができます。比率を求める問題がいくつかあり、数学の公式を用いて計算する問題も２つか３つありましたが、どれもそれほど難しいものではありませんでした。また、ケースに関する情報を示す図表を分析する問題もありましたが、これも私が思うに、非常に基本的なものでした」

　マッキンゼーのあるリクルーターは、次のように語っている。「比率を求める計算、基本的な方程式、複数のデータ間の相関関係を分析する問題などを無難にこなす能力が要求されますが、どれもそれほど高度なものではありません」

　米国以外のマッキンゼーでは、単純な計算問題のセクションを設けているところもある。問題の内容はGREよりもGMATに近く、30分で18題が出題されたようだ。「簡単な確率の計算から始まって、徐々に問題が難しくなっていきまし

た」と、ハーバードの大学院生は振り返っている。

前出のマッキンゼーのリクルーターは、次のようにも述べている。「ペーパー・テストの結果は、ケース・インタビューを行った面接官が受験者の問題解決能力に少し不安を感じていたり、面接官同士の評価が分かれているときなどに参考とする、1つの目安として使われています。ペーパー・テストには、これ以上取ったら内定確定といったような点数や、足切りの点数はありません。また、私たちはペーパー・テストの結果よりも、面接官とのケース・インタビューの評価のほうをずっと重視しています」

▶ 図表・グラフの分析

戦略コンサルティング・ファームのケース面接における近年の大きな変化の1つは、図表やグラフを用いる問題が増えていることだ。図表はケースの最初から与えられていることもあれば、面接官との議論の途中で提示されることもある。図表の分析は素早く行い、そこから読み取れる最も重要な情報を見つけ出して、最終的な結論に結び付けることが求められる。この作業に慣れていないと、面接の場ですぐに窮地に追い込まれてしまうだろう。図表やグラフの形は全部で11種類あり、このすべてに慣れ親しんでおく必要がある。

図表やグラフの分析力を伸ばすための方法がある。まず、新聞やビジネス誌に掲載されている図表・グラフを見て、記事を読む前に自分なりの結論を頭の中で考えてみる。その後に記事を読んで、あなた自身の考えと、記事に書かれている主な論点とを比較して、大きくはずれていないかを確認するのだ。

プレゼンテーション・スライドやグラフの作成

受験者にプレゼンテーションのスライドやグラフを作成させる出題形式もある。面接官から数ページのデータを与えられ、それをもとにパワーポイントで作成するようなスライドを手書きで3〜4枚作成し、そのうち1枚にはグラフを描くように指示される。そして、実際のクライアントに対して行うように、面接官に対してプレゼンテーションを行うというものだ。

▶沈黙

　私が学生からよく質問を受けることの1つは、沈黙についてである。「面接中に沈黙の時間が流れてもよいでしょうか？」ということだが、これに対する答えはYesでもあり、Noでもある。たとえば、計算を行っているとき、重要な情報をメモに書き出しているとき、図表やグラフを作成しているときなどは、沈黙が許される時間だ。とは言っても、これらの作業を行っている間ずっと黙ったままでは気まずい空気になってしまい、面接官も次第にいらついてくるので、沈黙は最長でも1分以内に抑えておくべきである。

　一方で、単に発言の内容が思いつかず、窓の外や自分の足元を見たりしているだけの沈黙は許されない。特に、ケースが始まってからすぐの沈黙は致命的だ。面接官がケースを出題した後も、あなたが押し黙ったままで議論がまったく進まなければ、万事休すである。

行き詰まったときの対処法

　あなたがケースの途中で行き詰まってしまい、面接官のほうから助け舟を出してくれないような場合、いくつかの対処法がある。まずは、少し時間を取って、ここまでの議論を振り返ってみよう。おそらく、あなたは細かいポイントに入り込みすぎたか、どこかで議論を脇道にそらしてしまったかの、どちらかである。議論を振り返ることによって泥沼の状態から抜け出し、正しい方向へ軌道修正を図れる可能性が出てくる。ケースに取り組む際は、マクロな視点で全体を俯瞰する姿勢が重要だ。たいていの場合、議論を振り返ってみれば、自分がどこで脇道にそれてしまったかがわかるだろう。

　次に、ケースの議論を行う中で得た情報を、もう一度見直してみる。最初はあまりたいしたものではないように見えた情報が、ケースが進むにつれて実は重要な意味を持っていたと気づく、というのはよくあることだ。

第三の方法は、頭の中で「5C分析」を行って、議論から抜け落ちてしまっている視点がないかを調べてみる。5Cとは、Customer（顧客/市場）、Company（自社）、Competitor（競合）、Cost（コスト構造）、Channel（流通チャネル/サプライチェーン）の5つだ。

> ＊訳注：ここでは原書に従って訳出したが、一般的にはCostとChannelの代わりに、Collaborator（自社への協力者）とContext（ビジネスを取り巻く背景・環境）が挙げられている場合が多い。

　最後に、上の4つの方法をとってもまだ行き詰まっているのであれば、面接官に助けを求めよう。困った状況で相手に助けを求めることは、けっして恥ずべきことではない。実際のコンサルティング業務で同じプロジェクト・チームのメンバーとして働くことを考えた場合、あなたが1人で壁に向かって頭を抱えながら時間を浪費しているよりも、素直に助言を求めてくるほうがずっとよい。ただし、面接官に助けを求めることができるのは、1回限りだと思っておこう。

計算問題への対処法

　計算問題が出題されることはあるが、今まで見たこともないような数式が出ることはない。ケース面接でよく出されるのは、比率、ROI（投下資本利益率、Return on Investment）、損益分岐点、加重平均、NPV（正味現在価値、Net Present Value）、桁数が多い掛け算・割り算といった計算である。これらの計算を行うときに電卓は使えない。面接官が電卓を使わせない理由は、あなたがどのような考え方で計算をしているか、答えを出す前にきちんと再確認を行っているかを見ているからだ。

どのように考えるか？

　私が見てきた教え子の中でも、計算をどのように行うかは人によってさまざまだ。指数を駆使する学生もいれば、何でも分数で考える学生もいた。面接官は、受験者がどのような方法で問題を解いているかに興味があり、効率的に計算するような工夫をしているかを見ている。

たとえば、「昨年の欧州のペット市場規模は300億ユーロだった。毎年５％市場が成長していくと仮定した場合、５年後の市場規模はどれくらいか？」という問題が出されたとしよう。この問題に対して、多くの学生は、まず300億×1.05を計算して１年後の市場規模を計算し、その数字にまた1.05を掛けて２年後の市場規模を計算し、同様の計算を５年後まで繰り返すという方法をとる。しかし、これはあまり良くないやり方だ。誰だって、人が同じ計算を３〜４回繰り返しているのを見て面白いわけがない。この問題に対するもっと良い対処法は、次のようなものだ。「毎年５％の成長が５年間続けば、５％×５年の25％となります。ただ、この数字は複利の効果が含まれていないので、実際の５年間の成長率は25％よりも大きく、30％まではいかない数字となります。つまり、28％前後が複利効果も含めた５年間の成長率だと推測できます。すると、５年後の市場規模は300億×1.28を計算して384億ユーロと試算されます」

答えを出す前の再確認

　たとえ大学で数学を専攻している学生であっても、桁数が多い数字の計算は苦手としている人が大部分だ。ケースの中で掛け算を行う必要があり、その正しい答えは3.2億であるにもかかわらず、あなたが32億と計算してしまったとしよう。このとき、問題の文脈からして32億という数字があまりに不自然なものであれば、面接官はあなたの答えに対して眉をひそめるだろう。その理由は、あなたが計算ミスをしてしまったからではなく、答えを出す前に、数字に違和感がないかをきちんと再確認していないことがわかるからである。

　採用面接などの大事な場でこのようなミスを犯す人は、クライアントの前でも同じミスを犯すだろう。面接官はそんな人間を信頼できないし、当然、採用もしない。ケースの中で計算を行う必要があるときは、必ず「この数字は妥当だろうか？　不自然な数字ではないだろうか？」と再確認する癖をつけよう。再確認の結果、妥当であると判断すればそのまま答えればよいし、不自然な数字だと思うのであれば計算し直す必要がある。桁数の多い数字の計算でなるべくミスを犯さないように、例示のような掛け算表を活用して学習しておくことをお勧めする。

[掛け算表]

	10	100	1,000	10,000	100,000
10	100	1,000	10,000	100,000	1,000,000
100	1,000	10,000	100,000	1,000,000	10,000,000
1,000	10,000	100,000	1,000,000	10,000,000	100,000,000
10,000	100,000	1,000,000	10,000,000	100,000,000	1,000,000,000
100,000	1,000,000	10,000,000	100,000,000	1,000,000,000	10,000,000,000

出所：この表は、ハーバードMPP2001年卒業生のマリア・テレサ・ピーターソンが作成したものである。

　面接の場で計算を行うことは、私生活の中で計算を行う場合とは状況が異なる。通常の私生活では、自分の部屋などで電卓を使って計算すれば、それでおしまいだ。これに対して、面接の場では電卓が使えず、自分の目の前に面接官が座って、あなたの計算作業を逐一見ている。ケース面接では、あなたがどのような考え方やプロセスで答えを求めていくかを、面接官に伝えながら計算するようにしたほうがよい。こうすれば、あなたが途中でミスを犯したとき、面接官はすぐに誤りを指摘してくれるだろう。これをせずに、黙々と計算して誤った答えの結果のみを伝えれば、面接官は「それは間違ってます」と言うだけだ。あなたはどこでミスをしてしまったのかがわからず、最初から計算をやり直さなければならなくなるし、面接官にとっても時間の無駄となる。

　以下にいくつか計算問題を挙げておく。すべて電卓は使わず、頭の中で暗算してほしい。

(1)ある商品の市場規模が170億円であり、自社の売上高が30億円だとすると、自社のマーケットシェアは何%になるか？

(2)年間の製造コストが20億円であり、生産個数は39,379個だとすると、1個当たりの製造コストはおよそいくらになるか？

(3)総費用が750万円であり、そのうち25%が人件費だとすると、人件費はいくらになるか？

(4)1株3,600円で購入した株の価格が、現時点で6％上昇しているとすると、現在の株価はいくらか？

(5)資本金が350百万円の企業を設立し、あなたの出資比率が2.5%だとすると、あなたはいくらを出資したことになるか?

(6)7×45はいくつか?

(7)ある会社の発行済株式数は41,084,000株であり、そのうち機関投資家が25,171,000株を保有していたとすると、機関投資家の株式保有比率は、およそ何%になるか?

(8)以下の表の、「変化率(%)」の欄を埋めよ。

元の価格	価格変化	変化率(%)
2,700円	54円	(a)
3,100円	62円	(b)
4,000円	100円	(c)
7,500円	300円	(d)
1,000円	170円	(e)
5,000円	250円	(f)

(9)あるグループ企業全体の売上高160億ドルのうち、A社の売上高が14%を占めている。このとき、A社の売上高はいくらになるか?

(10)現在のヨーロッパの人口は約740百万人であるが、2020年までには700百万人まで減ると予想されている。これを変化率で表すと、何%の増減になるか?

　次の問題をまずは頭の中で暗算して、その後、紙に書いて計算してみよう(電卓は使わないこと)。実際のケース面接では、適宜切り上げや切り捨てを行って、切りのいい数字で答えるようにするとよい。ちなみに、これらの問題は小学5年生レベルの算数である。

(11) 70の60%は?　(12) 124の25%は?　(13) 68の68%は?　(14) 83の12%は?

(15) 60の23%は?　(16) 54の27%は?

解答

(1) 約18%　(2) 約5万円　(3) 187.5万円　(4) 3,816円　(5) 875万円　(6) 315

(7) 約60%　(8) (a) 2%　(b) 2%　(c) 2.5%　(d) 4%　(e) 17%　(f) 5%

(9) 22.4億ドル　(10) 約－5％　(11) 42　(12) 31　(13) 46　(14) 10　(15) 14　(16) 15

　次のビジネス用語は、計算式のみならず、その内容も含めて理解しておくべきだ。

- 利益＝収益（売上高）－費用
- 損益分岐点数量＝固定費／（単位当たり売上高－単位当たり変動費）
- 損益分岐点価格＝（総固定費／総数量）＋単位当たり変動費
- 損益分岐点売上高＝固定費／（1－［変動費／売上高］）
- 限界利益＝売上高－変動費
- 利益率＝利益／売上高
- ROI（投下資本利益率）＝投資から得られる利益／投資額
- 年間成長率＝（X年度の数値／初年度の数値）＾（1／［X年－初年］）－1

メモの取り方

　ケース面接に取り組んでいる間は、メモを取ったほうがよい。メモの取り方にこれといった決まりはないが、紙は横長形式で使うことをお勧めする。1枚目の紙は、スペースを左1/3と右2/3に分けて、左側には問題の内容を書きとめる。

　たとえば、「あるビール会社がミネラルウォーター市場への新規参入を検討している。これは良い案だろうか？」という問題が出されたとしよう。まず、メモ用紙にスペースを分ける線を引く。左側のスペースに問題の内容を書き、右側のスペースには考えるべき論点の構造をまとめる。次ページのような感じだ。

　メモを取るためのノートは無地のものでもかまわないが、以下の理由から、方眼紙を使うことをお勧めする。

- 方眼紙のほうがメモをきれいに書きやすい。
  - テキストボックス、グラフ、矢印、樹形図、バリューチェーン、フローチャー

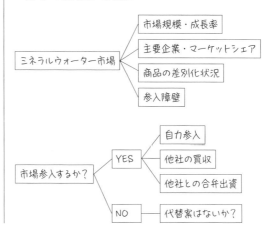

〈問題〉
ビール会社のミネラルウォーター
市場新規参入
参入すべきか否か？

〈自社〉
● 参入の目的
● 市場規模・成長率
● 商品戦略
● 生産体制
● ブランド戦略
● 流通チャネル
● ターゲット顧客
● 成功の判断指標・目標値

ミネラルウォーター市場
- 市場規模・成長率
- 主要企業・マーケットシェア
- 商品の差別化状況
- 参入障壁

市場参入するか？
- YES
  - 自力参入
  - 他社の買収
  - 他社との合弁出資
- NO
  - 代替案はないか？

トなどをきれいに書くことができる。

- 可能であれば、自分が書いたメモを面接官に見せながら、自分の思考プロセスを伝えるのがよい。このような行動は、あなたが面接受験者ではなく、あたかもプロジェクトのチームメンバーであるような印象を面接官に与えるだろう。これは非常に重要なアドバイスであり、できる限り実行すべきだ。

- 方眼紙のほうが単純な計算ミスを防げる。ケースの途中で計算を行うことは多いが、先に述べたように電卓は使えない。特に、大きな数字を扱う場合は桁数を間違えてしまう人が多いが、方眼紙であれば数字が横一列にきれいに並ぶので、どこかでミスをしていないかをチェックしやすい。

- 方眼紙に書いたメモは整然とまとめられ、面接官があなたの思考プロセスをたどりやすくなる。あなたがメモを取っている間、面接官はそれをつぶさに見ている。時には、面接官があなたのメモを手に取って、何を書いているか、どのように思

考をまとめているか、計算をどのように行っているか、読みやすい字で書かれて
いるかをチェックすることも十分ありうる。

　ケース面接が始まったら、メモ用紙を５枚取り出して、ページ番号を書く（こ
れは面接前にやっておくほうがよい。時間の節約になるし、きちんと準備していると
う印象を与えることができる）。一通りメモを書き終わった後にこの５枚の紙を見
れば、ケースの全体像をつかむことができる。特に最初のページには重要な情報
が書かれていることが多いので、ケースの途中で何度か見返すことになるだろう。
ケースで与えられる情報の中には、最初の時点から重要な意味を持つものもあれ
ば、重要に見えながら実はあまりたいした意味がないものや、ケースが進んだ後
半段階になって重要な意味を持つものもある。

　計算用の紙を別に分けるというのも１つの案だ。こうすれば、メインで使用す
るメモ書きが整然として見やすいものになる。ただし、計算用の紙を分けて使う
場合は、番号を振るなりして、メインとなるメモ書きのどこに対応する計算なの
かが分かるようにしておく必要がある。そうしておかないと、計算を見直すとき
にどこを見ればよいのかがすぐにわからず、多くの数式の中から探し出さなけれ
ばならなくなってしまう。

　また、ケース面接では、面接官が途中で図表やグラフを提示してくることがし
ばしばある。もしも、あなたが渡された図表やグラフの資料にメモを書きたい場
合は、必ず面接官の許可を得よう。面接官はその資料を１枚しか持っていない可
能性もあるからだ。

▶ アイデア・ボックス

　ケースが出題された直後に、回答案や解決法が直感的に頭の中に浮かんでくる
ことはよくある。しかし、そのまますぐに答えてしまうと、面接官からは十分な
分析を行わずに思いつきで発言していると見られてしまうので、その場での発言
は差し控えることになるだろう。問題は、実際にその直感が当たっていたにもか
かわらず、ケースの議論が進むにつれて、受験者の頭の中から最初の考えがすっ

ぽり抜け落ちてしまうことだ。このようなミスを防ぐために、私は学生たちに、メモの1枚目に「アイデア・ボックス」を作ることを勧めている。ケースが出題されたときに頭の中に浮かんできたアイデアを、ここに書きとめておくのだ。前述のとおり、1枚目のメモはケースの途中で何度か見直すことになる。そこにはアイデア・ボックスも書かれているので、自ずと目に入り、ケースの後段になって最初の考えをすっかり忘れてしまうようなことはなくなるだろう。

結論の述べ方

　ほとんどの場合、ケースの最後にはあなた自身の結論（クライアントがとるべき行動の案）を提示するか、ケースの要点を整理してまとめることが求められる。結論を求められた場合は、まず、最終確認を行うための時間を数十秒もらうことを面接官に断る。その後に結論を提示するのだが、結論はYesかNoかをはっきりと述べる必要がある。先ほどの新規参入の問題を例に取れば、「クライアントはミネラルウォーター市場に新規参入すべきです」と言うのが正しい。「～だと思います」という言い方ではダメだ。もしも、あなたの結論がNoであれば、それだけでは済ませずに、クライアントの目的を達成できるような代替案を述べることが望ましい。どのような結論にせよ、自信を持って答えることは必須だ。

　あなたが結論を提示した後、面接官はその根拠を聞いてくるだろう。大事なポイントは、潜在的なリスク要因とその可能性、結論がクライアントの経営に与える影響度の大きさを示すことだ。クライアントが短期的にとるべき行動と、長期的にとるべき行動に分けて提示することも大切である。結論を述べた後で、「私には、これらの行動を実行するための手助けができます」と一言付け加えるのも良い方法だ。戦略コンサルタントは常に新しい仕事を求めている。この一言を加えることによって、彼らの仕事がどのように成り立っているかを、あなたが理解していることを示すことができる。また、実行の手助けを自分自身で行うのであれば、クライアントが成功する可能性はより高まるという印象を、面接官に伝えることができるだろう。

結論の中では、比較的短期間（1～2年以内）で実行可能な案を提示する必要がある。このときに考慮すべき点は、必要な出費が合理的な金額に収まることと、クライアントの経営に大きな変化をもたらす可能性があることだ。たとえば、あなたの案によって、クライアントの利益は10億円増加することが見込まれるとしよう。このとき、クライアントの現在の利益額が50億円だとすれば、あなたの案は非常に魅力的なものとなる。しかし、現在の利益が1,000億円だとすれば、たいして意味のない案となってしまう。常に問題の全体像を見失わないように心がけよう。

　最も重要な点は、あなたの案を強く売り込むことだ。1時間弱ケースに取り組んで導き出した大事な結論である。ここで面接官の心をつかむことができなければ、次のラウンドに呼ばれる可能性はかなり低くなるだろう。

　ケースの最後で、要点を整理してまとめるように求められることもよくある。この場合、途中で議論した内容をすべて取り上げて長々と話すのではなく、最も重要なポイントを2～3個と、あなたの結論を短くまとめて話す必要がある。時間にすれば30秒から1分程度で、長くても1分半は超えないようにしよう。

　主に定量的なデータを扱うケースや、複数の異なる戦略が経営指標に与える結果を比較するようなケースが出題された場合は、ケースが始まった時点で、最終的な回答のもととなる図表のブランクフォームを作成するとよい。面接でこれをやる人は非常に少ないので、うまくやれば大きなプラス点を稼げるだろう。具体的な方法は以下のとおりだ。

　図表作成用のメモ用紙を使って、複数の選択肢（戦略、製品、市場など）と、比較の基準となる項目（売上高や利益など）を横軸と縦軸に並べる。計算を行うに従って、該当する数字をどんどん図表に書き込んでいく。こうすれば、すべての情報が1枚の図表にまとめられて、面接官にとっても、あなたの思考プロセスを追いやすくなる。数字をすべて埋めた後に完成した図表を面接官に見せて、要点を説明する。この図表は、最もわかりやすい形でケースの要点をまとめたもの

となり、戦略コンサルタントがクライアントへのプレゼンテーションで最後のスライドとして使うものに等しい。以下に、図表の例を示そう。

	戦略A X1年	戦略A X2年	クライアント の目標	戦略A X1-2年計
売上高	90	140	220	230
費用	97	127		
利益	−7	13	黒字	6

ケース・ノートの作成

　私がかつて指導した教え子の中に、ビジネスの経験も知識もないが戦略コンサルタントになりたいという学生がいた。彼女と最初に行った模擬ケース面接は、それはひどい内容だった。その日から、彼女は「ケース・ノート」を作成しはじめ、私や友人と行った模擬ケース（全部で約30回）と、本や資料で読んだケース（全部で約80個）の内容、回答案、自分が思いつかなかったポイント（これが最も重要である）をすべて書きとめていった。彼女がこのノートを何度も読み返すにつれて、最初のうちはまったく思いつかなかったようなポイントが、自然と頭の中に浮かんでくるようになっていった。このノートには、問題解決までの論理構造、ビジネス用語、いろいろなタイプの戦略がビッシリと書き込まれており、彼女はちょっとした時間さえあればノートに目を通していた。また、新聞やビジネス誌で興味深い記事を見つけると、それらもノートに書きとめた。文字どおり、彼女はこのノートを肌身離さず持ち歩いていた。

　最終的に彼女はトップクラスの戦略コンサルティング・ファームから内定をもらったが、入社後も彼女はケース・ノートを使い続けた。参加したプロジェクトで新しい知識を得るとそれをノートに書きとめ、同僚と行うブレインストーミングではノートをめくりながらいろいろなアイデアを提示し、時にはそれが解決法につながることもあった。

彼女が卒業してから5年後に会う機会があったが、そのときも彼女はこのノートを持っていた。ノートはもはやボロボロになっていたが、彼女にとっては何物にも代えがたい宝物だ。彼女は新しい仕事に挑戦するため転居する予定であり、最初に荷造りするのはこのノートだと笑いながら言っていた。

　この経験以来、私は教え子たちに、自分自身のケース・ノートを作成することを勧めている。あらゆる情報が凝縮されているこの1冊は、ケース面接対策できわめて役立つ教材となるはずだ。戦略コンサルタントを本気で目指すのであれば、面接が始まる時期の前には、ノートを毎日何度も読み返すべきである。真剣に取り組めば、最終的に良い結果が待っているだろう。

アイビー・ケース・システム
思考法

アイビー・ケース・システムの概要

　何年間も学生たちにケース・インタビュー対策を指導してきたなかで、私は多くの学生が、「どのようにケースの議論を始めればよいのか？」という単純なことですらわかっていないことに気づいた。その理由はさまざまだ。ケース問題に圧倒されてしまったり、緊張してしまったり、ただ単に、問題解決の手掛かりがまったくつかめないという場合もある。そこで私が考案したのが、本章で紹介する「アイビー・ケース・システム」である。

　「フレームワーク」という言葉を耳にしたことはあるだろう。フレームワークは、自分の考えをまとめて、ケースを論理的に分析するための枠組みとして、確かに役立つものである。しかし、たった１つのビジネス・ケースに答える場合でも、多くのフレームワークの中から部分的に役立つものを抜き出して、それらを切り貼りするような作業をしなければならないことが多い。「はじめに」で述べたように、フレームワークは単なる１つのツールにすぎないが、システムは複数の段階で構成される一連のプロセスであり、その点において両者は異なる。私がこれからみなさんに紹介するのは、いくつものフレームワークを１つ１つ記憶して、どのフレームワークをどのケースに当てはめるかというような方法ではなく、関連する複数のツールが１つのものとして組み合わされている、システムを習得する方法である。

　アイビー・ケース・システムは、「５つのステップ」と、「４つの頻出ケース・シナリオ」の２つの部分から構成されている。４つの頻出ケース・シナリオには、その１つ１つに対して、あなたが面接官とケースの議論を進めていく際に役立つ数多くの思考法や、相手に問い掛けるべき質問の例が示されている。それぞれのシナリオに対して示されているアウトラインに沿って議論を進めていけば、あなたの回答は論理的かつ一貫性のあるものとなるだろう。このシステムを習得するうえで必要となるのは、基本的なビジネス感覚と一般常識のみであり、あなたがまったく知らないような知識はないはずだ。ケース対策のために、これらの一般

知識を少しばかり工夫して体系化しているのが、アイビー・ケース・システムなのである。

「5つのステップ」を踏むことによって、ケースに取り組む直後に起こりがちな、気まずい沈黙の時間が生じることはなくなり、あなたは幸先よく議論をスタートできる。最初の5分間で、面接官との議論のやり取りに徐々に弾みをつけていき、問題解決を図るためには、4つの頻出ケース・シナリオの中でどのシナリオ（または、どれとどれのシナリオの組み合わせ）を当てはめるのが最も適切なのかを判断するための、十分な情報を得ることができるだろう。

　本章でアイビー・ケース・システムについての説明を読み終えた後は、第5章に記されている1つか2つのケースに取り組んでみて、このシステムがどのように効果を発揮するかを確かめてみよう。それからもう一度、本章の説明を読み直して、さらに理解を深めていけばいいだろう。

　さあ、あなたの目の前にケース問題が与えられたところだ。このケースにどこから取り組み始めればよいかを知りたければ、先に進もう。

5つのステップ

▶ステップ1. 問題の要点をまとめる

　ケース問題は、「大学構内にある書店の売上高を増やすためにはどうすればよいか？」といった短いものもあれば、出題文が長く、大量のデータが与えられるようなものもある。すべての情報をメモ用紙に書き込むことはできないので、ケースが出題されたらまず行うのは、問題の要点をまとめることだ。これを行うことによって、もしもあなたが重要な情報を見落としていたり、問題を読み違えたりしている場合に、面接官はそれを指摘して、あなたがそのまま議論を進めないように正してくれるだろう。ケースに取り組む最初の時点で、面接官と理解が一致していることを確認すれば、間違った方向へ行ってしまうことを避けられる。

最初に要点をまとめることは、あなたが注意深く問題を聞いていることを面接官に示すと同時に、出題直後に陥りがちな沈黙の時間を埋めてくれる効果もある。要点をまとめる際は、問題文を一言一句繰り返すのではなく、重要なポイントを抽出して簡潔に行う必要がある。また、問題文の中に数字のデータが含まれていたら、必ずそれに触れるようにする。まだこの時点では、そのデータが問題解決に直接結び付くものなのかはわからないが、面接官の反応を見ることで、少なくとも無関係なデータかどうかは確認できるだろう。

　さらに、数字について述べる場合は、できるだけ比率を使って表現する習慣をつけておくとよい。たとえば問題文で、ある会社の株価が1,500円から1,800円に上がった、という情報が書いてある場合、まとめの際には「株価が1,500円から1,800円に上がった」とか、「株価が300円上がった」と言うのではなく、「株価が20%上昇した」と言うべきだ。このように考えるのがプロの戦略コンサルタントであり、面接官はあなたが同様の考え方をしてくれることを望んでいる。

▶ ステップ2. クライアントの目的・目標を確認する

　プロの戦略コンサルタントは、クライアントとの最初の会議で、必ず彼らの目的や目標を確認する。クライアントが達成したいことは何か？　それは現実的なものか？　どんな基準で成功か否かを判断するのか？　クライアントの目的が明白に思える場合でも、その背後に隠された真の目的がある可能性は常に考えられる。このような場合には、「目的の1つは利益を増やすことですね。このほかにも、私が頭に入れておくべきクライアントの目的や達成目標はありますか？」と面接官に確認してみよう。もし面接官が、「いいえ。利益の増加が唯一の目的です」と答えれば、議論はそれに集中すればよい。仮に、クライアントにはもう1つ別の目的もあるとすれば、議論を2つのパートに分けて、1つずつ取り組んでいく必要がある。クライアントの目的が複数あるにもかかわらず、それを確認せずに議論を進めれば、途中で面接官はあなたが見落としている目的を提示する必要があり、あなたにはマイナス点がつけられてしまう。事前にクライアントの目的や目標を確認しておくことで、問題解決のカギとなる重要な情報を見落とさず、正しいプロセスを経て問題に取り組むことができるだろう。

▶ステップ3. 問題の内容をより明確化するための質問をする

　この質問は、あなたが問題の中でわからない用語があったり、問題解決への道筋を考える際に追加で必要となる情報があったりする場合にのみ行うものである。たとえば、新規市場への参入に関するケースであれば、「なぜ、クライアントはその市場へ参入したいのでしょうか？」という質問が考えられるし、クライアントの売上高を10％増やすことが目的のケースであれば、「過去３年間の売上高の推移を教えてください」という質問が、適切な例として挙げられる。また、問題文にあなたが知らない業界専門用語や略称が出てくる場合は、面接官に質問しよう。知らない用語を確認するための質問をすることでマイナス点をつけらることはない。

▶ステップ4. 結論（問題解決策）への大まかな道筋・論理構造を示す

　ケースに取り組む場面で最も難しいのが、このステップである。ここでは一呼吸おいて、問題解決に至るまでの論理構造をじっくりと考える必要がある。たとえ、ここで30秒間くらい沈黙の時間が生じてしまうにせよ、あらかじめ大まかな道筋を立てないまま議論を進めていき、あとになって時間を浪費することになるよりも、ずっと良い結果につながる。

　ここまでの３つのステップで、あなたは与えられたケースがどのシナリオに当てはまるかを判断し、論理的に議論を進めていくために必要な情報を得ているはずだ。後段で説明する４つのケース・シナリオを学習すれば、あなたの頭の中には重要なポイントが箇条書き形式でパッと浮かんできて、どのポイントが与えられたケースに最も関連するものなのかを素早く判断することができるようになる。あとは、面接官に対して、あなたがどのようにケースの議論を進めていくかを示せばよい。

　ただし、あなたがここで示す問題解決への道筋は、不変なものではないということに注意が必要だ。議論の途中で新しい情報が追加されたり、問題の内容が突然変えられたりすることはよくある。このような場合、あなたが最初に示した論

理構造は、そのまま有効であり続けることもあれば、もはや使いものにならないということもある。この段階で提示する論理構造は、その時点で入手可能な限られた情報に基づいて、あなたがどのような分析を、どのような順序で行い、どのように問題を解決するつもりなのかを、面接官へ伝えるものにすぎない。

　問題解決へつなげるための論理構造は、MECE（ミーシー、Mutually Exclusive and Collectively Exhaustive）でなくてはならない。MECEは戦略コンサルタントが頻繁に使う用語で、その意味するところは「漏れなく、ダブりなく」ということだ。たとえば、新規市場への参入に関するケースでは、問題解決への論理構造を、(1)自社の分析、(2)市場の分析、(3)市場への参入方法、という３つの要素に分解することが定石となっている。これら３つの要素は、それぞれがお互いに重複しておらず、全体として漏れがないMECEの条件を満たしている。

　問題解決策までの論理構造を考えてメモ用紙に図式化したら、それを面接官に見せながら、あなたの思考プロセスを説明しよう。そうすることで、面接官はあなたとのやり取りを採用面接というよりも、実際の現場でクライアントと行う議論のように感じるだろう。説明の際は、分解した各要素の見出し項目を最初に挙げ（自社の分析、市場の分析、市場への参入方法の３つとなる）、その次に各項目で検討すべきポイントを述べるようにするとよい。

▶ステップ5. 仮説を述べる

　戦略コンサルタントは、仮説を用いることをきわめて重要視している。したがって、ケース面接においても、問題が出題されてから数分の間にあなたが問題解決に関する仮説を述べることを、面接官は期待している。仮説を述べるタイミングは、ステップ４で問題解決までの論理構造を示した後がよいだろう。

　すべての情報をそろえる前の段階で問題の解決法を先に考えることは、バカげているように思うかもしれない。しかし、戦略コンサルタントが仮説を重視することには、きちんとした理由がある。戦略コンサルタントがクライアント企業からの依頼を受けて現場に入った段階では、実際に何が問題なのかがわかっていな

いことが多いのだ。そこで、戦略コンサルタントはまずいくつかの仮説を立ててから、それが正しいかどうかを調べていくというプロセスを踏む。プロジェクトの初期段階で立てた仮説は、最初の5つくらいまで成立しないことがほとんどだが、仮説を1つ1つつぶしていくことによって、問題の焦点が徐々に絞られていくのである。

たとえば、後段で紹介する「利益増加シナリオ」の問題であれば、「クライアントの利益が減少しているのは、コストが増えているためと仮定します」といった仮説の立て方が考えられる。そして、面接官と議論を進めながら、その仮説が正しいのかどうかを検証する手順を踏んでいく。もし、最初に立てた仮説が正しくないとわかれば、別の仮説を立てて同様のプロセスを経る必要がある。

初期の段階で仮説を立てておくことの利点は多い。仮説を立てることで、意図が明確な質問をしやすくなるし、問題の分析が論理的で筋道立ったものとなり、仮説が成り立つか否かという点に焦点を絞り込んで、議論を進めやすくなる。また、どのような論理構造を用いて、どこから議論を始めればよいかもわかりやすくなる。

実際のところ、ケース面接で仮説をまったく述べずに内定を獲得した学生も多数いる。仮説を用いることは、ケース面接でボーナス・ポイントを獲得するための方法だと思えばよいだろう。もしあなたが1つでも仮説を立てて、それに基づく議論を行えば、面接官に好印象を与えることができる。一方で、たとえ仮説を述べることができなかったとしても、致命的なミスまでにはならない。しかし、内定獲得の競争が非常に厳しいことを考えると、少しでもポイントを稼いで有利に立っておくにこしたことはない。

ケース面接の練習をする際に、仮説を立てることを忘れないようにするためのコツがある。それは、メモ用紙の1枚目に、「仮」という字を書いて○で囲っておくというものだ。こうしておけば、ステップ4で問題解決への論理構造を作成している間でも「仮」の字が自然と目に入り、ステップ5で仮説を述べることを

忘れなくなる。この練習を積んで習慣化しておけば、本番のケース面接でも自然と仮説を立てられるようになるだろう。

　実際のプロジェクトでは、戦略コンサルタントは仮説の設定に2日間もの時間をかけることがあるが、あなたがケース面接で仮説を立てるまでに与えられる時間は、せいぜい5分程度だ。だから、たとえあなたの仮説が間違っていたとしても、まったく気にする必要はない。最初の仮説が間違っていれば、それは1つの可能性が消えたということにすぎず、また新しい仮説を立てて、問題を別の角度から分析していけばよい。仮説を立てて、それを検証していく作業は、選択肢を徐々に消去して絞り込んでいくためのプロセスとでも考えればよいだろう。

ケース面接の必須知識（自社分析・市場分析）

　ケース面接では、自社（クライアント企業）に関する分析や、市場・業界に関する分析が必要となることが非常に多い。以下では、自社と市場・業界の分析において考慮すべき点や質問すべき点を、リスト形式でまとめている。このリストは、夢の中でもスラスラと書けるようになるくらい頭に叩き込んでほしい。これを習得すれば、問題を構造化するスピードが格段に上がり、重要な論点を漏らしてしまうこともなくなるだろう。ケースの内容によっては、リストに新しい論点を付け加える必要があったり、逆にリストから省く論点もある。いずれにせよ、このリストを何度も使い込んで練習することで、自社分析や市場・業界分析はあなたにとってお手のものとなり、自信もつく。

▶ 自社に関する分析

- 会社の規模感や経営状況を把握するために、売上高と利益の推移を知る必要がある。場合によっては、上場企業か非上場企業のどちらなのかも知っておいたほうがよいこともある。
- 顧客セグメントの把握はきわめて重要だ。誰が顧客なのかを知り、その性質に応じた効果的な戦略をとる必要がある。具体的には、顧客セグメントの属性はどうなっているか？　顧客ニーズが変化しているセグメントはないか？　顧客セグメ

ント別の利益率はどうなっているか？　といった点が考慮すべきポイントとなる。

- 商品（製品・サービス）構成を把握する。どのような商品を提供しているか？　各商品のコスト構造と利益率はどうなっているか？　最近、商品構成に変化はなかったか？　商品の差別化要因は何か？　各商品のマーケットシェアはどうなっているか？

- 商品の生産能力と稼働率について把握する。生産能力を拡大するための経営資源（ヒト・カネ）はあるか？　現在の稼働率はどうなっているか？　フル稼働か？　フル稼働でなければ、その理由は何か？

- ブランド戦略を検討する。商品にブランド力はあるか？　市場で強固なブランド・イメージを持っているか？　ブランド力が低下していないか？　実在しない架空のクライアントを想定しているケースも多いので、その場合は質問で確認する必要がある。

- 流通チャネルについて把握する。製品やサービスは、現在どのような経路で提供されているか？　流通チャネルを拡大するためにはどうすればよいか？

- 成功か否かを判断するための指標を確認する。何をもって成功と判断するか？　これは、目的とは異なるということを理解しておく必要がある。新規市場への参入を例に取れば、目的はその市場へ参入するか否かを決めることであるのに対して、成功の判断指標は、たとえば、「3年以内にマーケットシェア10%以上」というものになる。クライアントにとって何が成功を意味し、どのような指標を使ってそれを判断するかを知っておくことは、非常に重要である。

自社に関する分析：考慮すべき・質問すべきポイント

- 過去3年間の売上高と利益はどうなっているか？
- 顧客セグメントはどうなっているか？
  - 各セグメントの属性は？
  - 顧客ニーズが変化しているセグメントはないか？
  - 各セグメントの利益率は？
- 商品（製品・サービス）構成はどうなっているか？
  - 各商品のコスト構造と利益率は？

- 商品の差別化要因は？
- 各商品のマーケットシェアは？
- 商品の生産能力と稼働率はどうなっているか？ 生産能力の拡大余地は？
- ブランド力はどうか？
- 流通チャネルはどうなっているか？
- 成功か否かを判断する基準は？ どのような指標を用いるのか？

▶ 市場・業界に関する分析

- 市場規模、成長率、トレンドについて把握する。過去3年間のデータを質問で確認するとよい。市場全体は伸びているか？ 市場全体の成長と比較して、自社の成長率はどうなっているか？

- 市場はライフサイクルのどの段階にあるか？（導入期か？ 成長期か？ 成熟期か？ 衰退期か？）

- 市場における重要な成功要因は何か？（ブランド力、クチコミ、価格、提供コンテンツ、商品のサイズ、規模の経済、技術力、立地条件、買い手側の交渉力、売り手側の交渉力、流通チャネルなど）

- 顧客セグメントについて把握する。たいていの場合、1つの市場には複数の顧客セグメントが存在する。自社がターゲットとしている顧客セグメントはどこか？ 各顧客セグメントの規模はどうなっているか？ 各顧客セグメントの利益率はどうなっているか？

- 利益率の水準について把握する。業界における一般的な利益率はどの程度か？

- 業界内における変化を把握する。M&A（合併・買収）、新しい企業の参入、技術革新、規制の変更（規制強化・規制緩和）による大きな変化が見られないか？

- 流通チャネルについて把握する。業界における一般的な流通チャネルはどうなっているか？（一例として、あなたが映画を観るときに、どのような方法があるかを考えてみよう）

- 業界内の主力企業とマーケットシェアを把握する。主力企業はどこで、各社のマーケットシェアはどうなっているか？ 多数の企業が小さいシェアを奪い合って

いるのか、少数の有力企業によってシェアの大部分が占められているのか？

- 製品・サービスの差別化要因について把握する。これは、上のポイントと関係してくる場合が多い。競合はどのように製品・サービスを他社と差別化しているか？それがマーケットシェアの大小に表れているか？

- 市場の参入障壁・撤退障壁を把握する。参入障壁となりうるのは、必要資金、流通チャネル、原材料の調達、技術的要因（特許など）、経営者の能力、政府規制による保護、顧客ロイヤルティ、顧客の囲い込み（他社商品への切り替えを困難とする要因）、限られた数社の大手企業による独占・寡占状態などが考えられる。一方、市場からの撤退障壁としては、投下済みの巨額資金、移設不可能な固定資産、仕入先・販売先との契約条件、政府との契約条件（たとえば、一定数以上の従業員を雇用することの見返りとして多額の税金免除を受けている）などが挙げられる。また、撤退時に必要となる費用がそのまま市場に居続けるよりも高い場合や、従業員の多くが現在の営業地域にマイホームを建てており、他地域への移動が困難な場合なども、撤退障壁となりうる。

市場・業界に関する分析：考慮すべき・質問すべきポイント

- 過去3年間の市場規模、成長率、トレンドはどうなっているか？
- ライフサイクルはどの段階か？（導入期？　成長期？　成熟期？　衰退期？）
- 市場における成功要因は何か？
- 顧客セグメントはどうなっているか？（自社のターゲット顧客、各セグメントの規模・利益率）
- 業界の一般的な利益率はどの程度か？
- 業界内で大きな変化が見られないか？
  - M&A
  - 新規企業の参入
  - 技術革新
  - 規制の変更
- 流通チャネルはどうなっているか？

- 業界内の主力企業とマーケットシェアはどうなっているか？
- 製品・サービスの差別化要因は何か？
- 市場の参入障壁・撤退障壁は何か？

４つの頻出ケース・シナリオ

　ケース面接で出題される内容は多岐にわたっているが、以下に記す４つのシナリオがケースの一部に組み込まれていることが多い。実際の問題では、これら４つのシナリオのうち１つがピッタリと当てはまることはほぼなく、１つのケースの中で複数のシナリオが部分的に関係してくるのが一般的である。

　これら４つのシナリオは、あなたがケースに取り組むにあたって考えるべきポイントを整理するための基盤となり、適切な質問を面接官に投げ掛け、筋の通った議論を展開していくことに役立ってくれる。ただし、これらのシナリオはどんな場合でも、そっくりそのままの内容で用いるものではなく、出題されるケースに応じて柔軟にアレンジしながら用いる必要がある、ということは頭に入れておくべきだ。

　１つのフレームワークがすべてのケースに当てはまるような宣伝をしている書物には、気をつけなければならない。そんな万能で都合の良いフレームワークなど、ありえないのだ。内容がまったく異なる２つのケースを私があなたに出題して、あなたが２つともまったく同じ論理展開を用いて回答したとすれば、私はあなたに部屋から退出して勉強しなおすように伝える。１つの型にはめられたアプローチは、あなた独自の創造的思考を妨げ、往々にして戦略的な面白味のない平凡な回答にたどり着く結果となり、ほかの受験者から自分を際立たせることが難しくなる。創造力や知的好奇心に欠ける人物として、あなたはマイナス評価を受けてしまうだろう。左脳で論理的思考を、右脳で創造力を働かせながら、脳をフル活用して取り組むことが、理想的なケースへの対処法である。

本章で紹介するケースの頻出シナリオは、以下の4つだ。

1. 利益増加シナリオ
2. 新規市場参入シナリオ
3. 価格戦略シナリオ
4. 成長戦略シナリオ（売上増加シナリオ）

▶ 1. 利益増加シナリオ

❏ 例題：われわれのクライアントは、高価格帯の運動靴メーカーである。近年、売上高は増加している一方で、利益が減少している。この原因と対応策を考えてほしい。

利益増加シナリオの問題は、過去のケース面接で最も頻繁に出題されている。問題の中で、「利益」「費用」「売上高・収益」といった用語が出てきたら、即座に「利益＝売上高−費用」「売上高＝販売単価×販売数量」「費用＝（単位当たり変動費×販売数量）＋固定費」の数式が頭に浮かぶようにしておく必要がある。

ここで、私は上の数式に変化を加えて、「E（P＝R−C）M」という式を使うことを勧めたい。この式において、EはEconomy（経済動向）やEnvironment（環境）、PはProfit（利益）、RはRevenue（収益、売上高）、CはCost（費用）、MはMarket（市場・業界）をそれぞれ指す。クライアントの経営状況を分析する際は、まず外部要因（EとM）がどうなっているかを考える必要がある。これによって、クライアントが現在抱えている問題や課題が、自社特有のものなのか、業界全体に共通するものなのかを知ることができる。

利益増加シナリオの問題が出題されたときに投げ掛けるべき適切な質問は、「クライアントの競合企業も同様に利益が減少しているのか？」である。回答がYesであれば、利益の低下は業界全体に共通している問題であり、たとえば自然災害や金利の上昇、新しいプレイヤーの参入といった外部要因に目を向ける必要があるかもしれない。回答がNoであれば、利益減少はクライアント固有の問題

であり、たとえばコストの上昇、販売単価や販売数量の減少、商品の陳腐化といった自社の内部要因を、より深く分析する必要があるだろう。また、上の問いに加えて、「利益はどれくらい減少しているのか？」も知っておく必要がある。

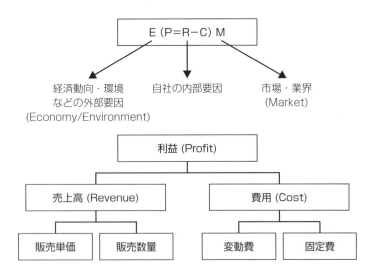

　問題の原因が外部要因にあると考えた場合は、自社にとって重要な影響を与えうる２つか３つの外部要因を書き出すことから始める。たとえば、クライアントが小売企業であれば、消費者の購買意欲、給与所得水準、失業率の動向などが考えられるし、メーカーであれば、為替（円高・円安）、金利、原材料商品市況の動向などが考えられるだろう。

　外部要因の分析は必ず行うべきだ。これを行わずに、自社の内部要因のみを調べては片手落ちとなる。また、外部要因に関する質問をすることは、あなたがクライアントの経営に与えうる要因を漏らさずに考えようとしている姿勢を、面接官に示すことになる。ケース面接に臨む際は、失業率、国民の所得水準、消費動向調査、金利、為替レート、主な商品（原油など）の市況など、重要な経済指標を頭に入れておく必要がある。これらの外部要因は、ケースで出題される題材によって、良い影響も悪い影響も与えうる要素となる。

また、EはEnvironmentでもあり、外部要因の分析では環境に関する検討も必要だ。たとえば、2017年に米国は大規模な台風、竜巻、土砂崩れ、山火事の発生で甚大な被害を被った。これらの自然災害によって利益が大きく落ち込んだ企業もあれば、逆に災害特需で利益を大幅に伸ばした企業もあった。環境に関する分析はほとんどの学生が見落としがちだが、クライアントの経営に影響する要因は、つぶさに漏らさず分析する必要がある。

　式中のMは市場や業界を表す。当然のことだが、あらゆる業界の動向について事前に知っておく必要はない。必要な情報は面接官が手元に持っている。しかし、あなたから質問をしない限り、面接官がその情報を与えてくれることはない、と思っておいたほうがよい。ここでは、最近における業界の傾向、競合もクライアントと同様の問題に直面しているのか、クライアントの業績は競合と比較してどうなのかといったことが、問い掛けるべきポイントとなる。本章の「市場・業界に関する分析」をしっかり学習して頭に叩き込んでおけば、これらの質問はケース本番でも自然と出てくるようになり、あなたの自信が面接官にも伝わるだろう。

　式中のカッコでくくった部分（P＝R−C）は、自社の内部要因と関係してくるので、本章の「自社に関する分析」で挙げたポイントを頭に入れながら質問するとよい。ここでの例題であれば、以下のような問い掛けが考えられる。

- 過去3年間の売上高と利益の推移はどうなっているか？
- 市場における位置づけはどうなっているか？（業界順位、マーケットシェアなど）
- クライアントの商品（製品・サービス）構成はどうなっているか？　商品ごとの売上高や利益の傾向はどうなっているか？
- 顧客セグメントはどうなっているか？
- 成功するか否かを判断するための指標は何か？　どのような経営指標を用いるのか？

　まずは収益構造を把握する必要がある。たとえ、あなたの仮説がコスト面で問題があるものだとしても、コスト削減策について分析する前に、売上高の構成がどうなっているかを知っておかなくてはならない。最初に投げ掛けるべき質問は、

「クライアントの主力商品の構成はどうなっており、各商品の過去3年間の売上高はどのように推移しているか?」であり、その次に、「クライアントの変動費と固定費の主な項目にはどのようなものがあり、過去3年間の金額はそれぞれどのように推移しているか?」という順序で行うことが適切である。また、この質問例からもわかるように、現在の数字だけではなく、過去からの推移も調べることを忘れてはならない。これは、戦略コンサルタントであれば誰もが行うことであり、あなたも同様の分析をすることが求められている。

　売上高は、販売単価と販売数量の各要素に分解される。これら2つの要素は、互いに影響を受け合う関係にあり、片方の要素を変化させればもう片方の要素も変わるので、売上高や利益が最大となる最適な組み合わせを考える必要がある。販売数量を伸ばすために値下げを行えば、来年の利益はどうなるのか?　利益は増えるのか、減るのか?　最適解がどこかにあるはずだ。なお、最適な組み合わせを決めるにあたっての論理的根拠は、筋の通ったものでなければならない。

　クライアントの外部要因と内部要因に対する理解を深めた後は、問題解決の主目的である、利益を増やすための策を考える必要がある。ここで最初に行うべきは、自分の考えを整理してまとめるための時間をもらうことだ。メモ用紙に、「売上ベースの戦略」と「コストベースの戦略」という2つの見出し項目を書きとめよう。これには、いくつかの利点がある。まず、いきなり回答を述べるのではなく、問題を構造化したうえで考えを整理しながら回答しようとする姿勢を、面接官に示すことができる。また、見出しの各項目に焦点を当てた問題解決策の案を出しやすくなるし、項目を2つに分けておくことで解決策を混同するミスも防げる。

　利益を増加させるまでの時間的な制約が課せられているような場合は、短期的な戦略と長期的な戦略に分けて解決策を提示すると、より望ましい。また、解決策を示すときは、まず売上ベースの戦略で考えられる案を述べてから、次にコストベースの戦略に言及するのがよい。可能であれば、コストベースの戦略は、生産面、労働面、財務面の観点に分けて、それぞれの解決案を提示できると良い回

答になるだろう。

面接官は、ほかの受験者と、同じケースのやり取りを何回も行っていることを頭に入れておくべきだ。面接官は、あなたが思いつくであろうあらゆる解決案を知っており、何度も同じケースの面接を行ってきて、うんざりしている可能性もある。そのような場合、あなたが解決案について話している途中で、それをさえぎることも考えられる。これは、あなたにとっては非常につらい状況だ。緊張とプレッシャーを感じている場面で、発言を途中でさえぎられてしまうと、現在の案を放棄してすぐにほかの新しい案を提示することは、非常に難しい。実際のところ、模擬面接で私が学生の発言を途中でさえぎると、彼らは聞こえないふりをして、それまで話していた案をしゃべり続けることがほとんどだった。私がもう一度話をさえぎると、彼らはパニックになり、完全に思考停止に陥ってしまった。

同じことがあなたに起こるのは、避けなければならない。もし面接官があなたの発言を途中でさえぎってきたら、手元のメモ用紙に目を落として、ほかの代替案を提示しよう。このように対処することで、一瞬緊張が走った面接の場は和らぎ、あなたの振る舞いはプロらしく面接官の目に映るだろう。

利益増加シナリオで考えるべきポイント

❏ 売上高・収益に関するポイント

- 主力商品はどのようなものか？ 各商品の売上高に占める比率はどうなっているか？
- 商品の中で、構成比率が異常に見えるものはないか？
- ここ数年で構成比率が大きく変化しているものはないか？ あるとすれば、その理由は何か？

❏ 費用に関するポイント

- 費用を構成している主なコスト項目は何か？ 各コストの金額に変化は見られないか？
- 金額的に異常値と思われるコスト項目はないか？

- 競合のコスト構造と比較した場合、どのような違いが見られるか？

❏ **製品・サービスに関するポイント**
- 新製品や新しいサービスに関する問題の場合は、その長所と短所について質問しよう。ほとんどの人が、短所について聞くことを忘れがちだが、長所よりも短所のほうが、より効果的な議論につながる場合が多い。短所の具体的な例としては、カニバリゼーション（新商品の導入により既存商品の売上げが減少してしまうこと）、余剰労働者の解雇、新薬開発における副作用などが挙げられる。

　下の図は、小売企業の利益増加策をディシジョンツリー形式で示したものだ。利益増加シナリオにおけるMECEを満たした図式の例と考えてもよいだろう。全項目に該当する検討案まで書き足せば、この図はもっと大きなものになるが、すべてを記載する必要はない。あなたがこのように問題を構造化して考えていることが伝わるだけでも、十分だと言える。

$$E\ (P=R-C)\ M$$

1. 外部要因の分析：経済動向、市場・業界、環境
2. 内部要因（自社）の分析
　　・売上高と利益の推移、顧客セグメント、商品構成、ブランド、流通チャネル
　　・売上高と費用の構成要素、各構成要素の変化

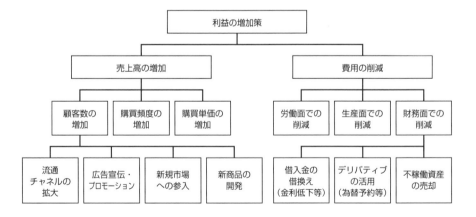

▶2. 新規市場参入シナリオ

❑**例題：われわれのクライアントである毛髪用品のメーカーが、日焼け止め用品の市場に参入することを検討している。彼らは、この市場に参入すべきであろうか？**

　新規市場参入に関するケースは、このように単刀直入な問題もあれば、M&A（合併・買収）、ジョイント・ベンチャー（他社との共同出資による合弁事業）、新規事業の立ち上げ、新商品の開発と組み合わせて出題される場合もある。このタイプの問題への回答は、「参入するか否か」だけでは不十分であり、「どのように参入するか？」や、「参入する場合としない場合、それぞれの長所と短所は何か？」という点まで考える必要がある。

　新規市場参入シナリオの問題が出題されたときの適切な問い掛けは、「クライアントはなぜ、その市場に参入したいのか？」である。MBAを取得した人でも、模擬面接で私にこの質問をしてきたことはほとんどないが、これを最初に確認することはきわめて重要だ。MBA取得者の多くは、まず参入しようとしている市場の分析から始めて、その市場に十分な魅力があるかどうかを判断しようとするが、この順序は正しくないと私は考える。最初に分析すべきは自社であり、市場の分析はその後とするほうがよい。この順序にすれば、自社の状況も踏まえながら市場の魅力度を測ることができるからだ。自社のことを理解せずに、市場が参入に値するか否かを判断することなど、できないだろう。

　新規市場参入シナリオの問題で、メモ用紙の見出し項目として挙げられるのは、「自社」「市場」「参入方法」といったくくり、あるいは「内部要因（自社、参入方法）」と「外部要因（市場、競合）」といったくくりも考えられる。どちらを用いるにせよ、見出し項目の下に書き込むべき情報は基本的に同じなので、あなたが使いやすいほうを選べばよい。以下に、このシナリオに取り組む際のステップを述べる。

[ステップ1] 自社に関する分析を行う（前段の必須知識を参照のこと）

- 過去3年間の売上高と利益の推移はどうなっているか？
- クライアントの製品（サービス）構成はどうなっているか？
- クライアントにとって新製品や新しいサービスの場合は、以下を確認する。
  - 既存の製品・サービスとカニバリゼーションを起こさないか？
  - ターゲット顧客は既存商品と同じか？
  - 現在の流通チャネルを活用できるか？
  - 現在と同じ営業組織・人員で対応できるか？
  - 新商品はどこで、どのように作られるのか？
  - 人材を新たに雇用する必要はないか？
- 自社・商品のブランド力はどうか？
- 成功するか否かを判断するための指標は何か？　どのような経営指標を用いるのか？

[ステップ2] 市場・業界に関する分析を行う（前段の必須知識を参照のこと）

- 現在の市場規模はどれくらいか？
- 過去からの市場成長率はどうなっているか？
- 市場・業界はライフサイクルのどの段階にあるか？（導入期か？　成長期か？　成熟期か？　衰退期か？）
- ターゲット顧客は誰か？　顧客セグメントはどうなっているか？
- 新しい技術が業界に与える影響の度合いは？　技術革新のスピードはどうなっているか？
- 自社の新規参入に対して、既存の競合はどのように対抗してくると考えられるか？

[ステップ3] 新規参入すべきか否かを判断する

- 競合先となるのは、どのような企業か？　各社のマーケットシェアはどうなっているか？
- 自社の製品・サービスには、競合と比べてどのような違いがあるか？
- どれくらいの価格で製品・サービスを提供するのか？
- 代替品が存在するか？

- 市場の参入障壁が存在するか？（ブランド力の欠如、必要資金の不足、原材料の調達が困難、流通チャネルへのアクセス制限、人材の欠如、政府規制による既存企業への保護、限られた数社の大手企業による独占・寡占状態など）
- 市場からの撤退障壁が存在するか？　市場環境が悪化した場合や事業がうまくいかなかった場合、どのような方法で撤退するか？
- 主なリスク要因は何か？（法規制の変更、既存技術の陳腐化など）

　ステップ３の分析を踏まえて、新規参入が合理的だと判断した場合には、どのような方法で参入するのが最善かを決める必要がある。市場への参入方法には、主に以下の４つがある。

［ステップ4］市場への参入方法を決める

- 自社のみで一からすべての仕組みを構築する。
- 業界内の他社を買収する（M&A）。
- 自社と目的が一致する他社とのジョイント・ベンチャー（共同出資による合弁事業）を設立する、または戦略的提携を結ぶ。この場合、各社の機能・役割を決めておく必要がある。
- アウトソーシングを活用する。たとえば、製品の製造は他のメーカーに委託して（OEM）、マーケティングと物流は自社で行うことなどが考えられる。

　上に挙げた４つの参入方法それぞれにつき、長所と短所を分析する。このような分析手法は、コスト・ベネフィット分析と呼ばれる。ある意思決定を実行に移すか否かを判断する際には、このコスト・ベネフィット分析が常に有効である。

　ステップ３の分析の結果、クライアントは市場に参入すべきではない、という判断になることもありうる。この場合は、単に参入しないという結論だけを述べるのではなく、クライアントの目的を達成できるほかの代替案を提示すれば、ライバルたちに大きな差をつけることができるだろう。

　ここでの例題に対するメモ用紙は、以下のようなものとなる。

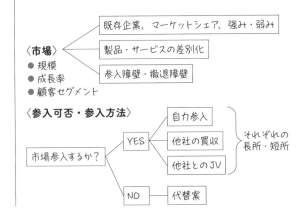

〈問題〉
毛髪用品メーカーの
日焼け止め用品市場への新規参入
参入すべきか否か？

〈自社〉
● 参入の目的
● 売上高・利益の推移
● 商品構成・推移
● コスト構造・推移
● 顧客セグメント
● 成功の判断指標・目標値

（仮）市場参入 → 利益増加、ブランド力強化

既存企業、マーケットシェア、強み・弱み

製品・サービスの差別化

参入障壁・撤退障壁

〈市場〉
● 規模
● 成長率
● 顧客セグメント

〈参入可否・参入方法〉

市場参入するか？

YES
自力参入
他社の買収
他社とのJV
それぞれの長所・短所

NO
代替案

　新規市場に参入すべきという結論になったのであれば、まず「クライアントは市場に参入すべきである」と明確に述べてから、その根拠、参入方法、リスク要因、短期的・長期的にとるべき戦略を提示する。

　反対に、新規市場に参入すべきではないという結論であれば、同様に「クライアントは市場に参入すべきではない」と明確に述べてから、その根拠、リスクが大きすぎること（発生確率と経営への影響度をベースに考える）を説明する。可能であれば、クライアントの目的を達成できるほかの代替的な戦略を提示すると、なお良い回答となる。そして最後に、「われわれにはその手助けができます」というお決まりのフレーズを付け足そう。

　結論を述べる際は、途中で検討したものの最終的に選択しなかった戦略について触れる必要はないし、また触れるべきではない。結論は、30秒から長くても1

分半以内で説明できるように、理路整然かつ明確なものとしなければならない。

❏ M&A（合併・買収）

> ＊訳注：合併（Merger）と買収（Acquisition）は異なるものである。一般的に、合併は
> ２つ以上の会社が１つの会社になることであり、買収は一方の会社が他方の会社を支配
> 下に収めるために株式を買い取ることを指す。

　新規市場参入シナリオのケースでは、M&Aについての分析も必要となる場合が多い。M&Aを検討する際に最も重要な２つのポイントは、合併・買収が企業価値を増加させるかという点と、両社の企業文化がうまくマッチするかという点である。企業文化のミスマッチは、M&Aが当初の目的を達成できずに失敗する最大の要因だ。資産運用の世界最大手企業であるブラックロック社のラリー・ロックCEO（最高経営責任者）は、「買収にあたっては、自社のコストを削減させてくれるという理由だけではなく、自社を成長させてくれるような企業文化を持っている会社を選択すべきだ」と述べている。

　M&Aの分析で問い掛けるべきポイントを以下に挙げる。

- クライアント（M&Aを仕掛ける側）がプライベート・エクイティ・ファーム（複数の機関投資家や個人投資家から集めた資金をもとに、非上場企業の株式を購入し、企業価値を高めた後に高値で売却することを目的とする投資ファンドのこと）の場合は、「なぜ、その会社を買収するのか？」「現在ファンドに組み入れている投資先はどのような会社か？」「買収後はどのような経営方針をとるのか？（長期保有目的か？　短期間での売却を狙うのか？　買収後に高収益部門や不採算部門を切り離して分社化するのか？）」を確認する。多くの人がこれらの質問をせずに、ファンドがすでに保有している投資先企業と買収先とのシナジー効果の機会を忘れてしまうことは、注意しておくべきだ。
- 一般的な事業会社によるM&Aの場合は、「なぜその会社を買収するのか？」「買収先はどのような製品・サービスを扱っているのか？」「どのようなシナジー効果が期待できるか？」を確認する。M&Aの実行は、ビジネス上の成功が合理的に見込

まれることが大前提である。

- 企業がM&Aを行う目的としては、以下が挙げられる。
  - 営業領域の拡大、ブランド力の強化、マーケットシェアの増加
  - 事業の多角化
  - 競合相手を自社に取り込むことによる、競争激化の回避
  - 自社の脅威となりうる企業を買収することによる、将来的なリスクの排除
  - 有能な経営陣の取り込み
  - 商品特許・ライセンスの取得
  - シナジー効果の創造（コスト削減、企業文化の融合、販売網・顧客層の拡大、製品・サービスのクロスセル（抱き合わせ販売）など）
  - 税務上のメリット獲得
  - 企業価値の向上
- デューデリジェンス*で行う調査項目をチェックして、買収先企業と業界の状況を分析する。

  *訳注：M&Aの実行に先立って行う、買収相手に関する詳細調査。実務上は「デューデリ」や「DD」と呼ばれることが多い。

  - 買収先企業の経営陣、商品構成、売上高と利益の推移、ブランド力、強みはどうなっているか？（必須知識の「自社に関する分析」で挙げられている項目を調べる）
  - 買収先の業界、販売先、仕入先はどれくらい安定しているか？
  - 買収先の収益構造はどうなっているか？　薄利多売なのか、高付加価値製品・サービスの厚利少売なのか？
  - 業界の規模・成長率はどうなっているか？　業界全体の動きと比較して、買収先企業の業績はどうなっているか？　買収先企業の業界順位は？
  - 買収を実行した場合、業界内の競合企業はどのような反応を示すと予想されるか？
  - 買収の実行を妨げるような、法律上の理由はないか？
  - 技術的なリスク要因はないか？
  - 買収金額はいくらか？　買収先の企業価値に比して高すぎる対価となっていないか？

■ 買収に必要な資金はどうやって確保するのか？（手持ちの現預金、銀行からの借入、社債の発行など）

▶ 3. 価格戦略シナリオ

❏ 例題：われわれのクライアントが新しいタブレットPCを開発した。価格はいくらに設定すべきだろうか？

　価格戦略に関するケースは、それ単独で出題される場合もあれば、ほかのシナリオと組み合わせて出題される場合もある。このタイプの問題では、まず自社と戦略上の目的に関する分析を行ってから、製品・サービスの性質や競合状況を把握し、最後に適切な価格を設定するというステップを踏む。

[ステップ1] 自社に関する分析を行う

- 会社の規模はどれくらいか？
- どのような製品・サービスを提供しているか？
- 市場での位置付け（業界順位）はどうなっているか？
- より重要な問いは、「どのような目的を最優先として価格設定を行うのか？」である。具体的には、利益を増やすことなのか、マーケットシェアを高めることなのか、ブランド認知度を高めることなのか、といったことだ。
- 価格の決定権を握っているのは自社自身なのか？　それとも、サプライヤー、顧客、競合に合わせる形で価格設定を行う必要があるのか？

　戦略上の目的を定めることは、価格設定において最も重要なポイントだ。タブレットPCを例に取って考えてみよう。アップルはiPadを開発し、この市場の新規開拓者として参入した。iPadは素晴らしい技術の結晶だったが、価格は高めに設定されていた。この高めの価格設定からは、アップルが利益の最大化を目的としており、大きな利幅を得るという狙いが読み取れる。その後、サムスンがGalaxyを引っさげてこの市場に参入してきた。サムスンのタブレットPCも高い技術を搭載していたが、販売価格はiPadよりも低めに抑えられ、サムスンの利益率もアップルに比べて低かった。サムスンは、マーケットシェアの獲得を戦略上

の目的として、このような価格設定を行ったのである。さらにその後、アマゾンがKindle Fireを発表した。Kindle Fireの販売価格は、端末の製造にかかるコストとほぼ同等に設定され、アマゾンには利益が出ない水準だった。このような価格にしたのは、アマゾンの目的が端末の販売で利益を稼ぐことではなく、彼らが運営するプラットフォーム（Amazonマーケットプレイス）における書籍、映画、音楽、プライムメンバーシップの販売から得られる利益を最大化することであり、できるだけ多くの消費者にKindle Fireを持ってもらうことを優先したからだ。これら3社は、基本的に同じ性質の製品を、まったく異なる価格戦略で販売し、それぞれが大きな成功を収めている。

[ステップ2] 製品・サービスに関する分析を行う

- 自社の製品・サービスには、競合と比較してどのような特徴があるか？
- 代替品・代替サービスが存在するか？　それらの価格水準はどうなっているか？
- 製品・サービスは、ライフサイクルのどの段階にあるか？（導入期？ 成長期？ 成熟期？ 衰退期？）
- 製品・サービスに対する需要と供給の状況はどうなっているか？

[ステップ3] 価格戦略を決定する

商品の価格設定には、主に次の3つの方法がある。

(1)競合品との比較による価格設定
(2)コストベースの価格設定
(3)価値ベースの価格設定

(1)競合品との比較による価格設定

- 競合品が存在するか？
- 競合品と比較した場合、自社の製品・サービスにはどのような特徴があるか？
- 競合品のコスト構造はどうなっているか？
- 競合品にはどのような価格設定がなされているか？
- 代替品は存在するか？
- 製品・サービスに対する需要と供給の状況はどうなっているか？

- 自社の価格設定に対して、競合はどのような反応を示すことが予想されるか？

(2) コストベースの価格設定

　これは、製品やサービスの提供に要するコストをすべて足し合わせて、それに一定のマージンを乗せて価格を設定する方法である。この方法は、コスト構造の把握と損益分岐点の管理がしやすいというメリットがあるが、一般的にこの方法を選択することは望ましくない。何らかの理由で顧客の需要を見誤った場合は値下げを行う必要があるが、一定のコストがかかっているので、企業は利益を大幅に減らしてしまうか、もっと悪い場合は採算割れを起こしてしまうからである。

(3) 価値ベースの価格設定

　これは、自社の製品・サービスに対して、顧客はいくらまでなら支払う意志があるかを分析し、それをもとに価格設定を行う方法である。もし、顧客が支払うであろう金額よりも、商品の販売にかかるコストのほうが高いのであれば、そもそも商品を作らないほうが得策ということになる。これとは逆に、コストに一定のマージンを乗せた価格（コストベースでの価格）よりも、ずっと多くの金額を支払う意志が顧客側にある場合も考えられる。マージンの水準は、業界によって大きく異なる。たとえば、食料品店の利益率は非常に低いが、製薬会社の利益率は非常に高い、という一般的な特徴が見られる。

　この価格設定方法では、自社の製品・サービスが顧客にどのような価値を提供するか？　その価値はほかの製品やサービスと比較してどれだけ大きいものか？ほかの製品やサービスに対して顧客は現在いくら支払っているか？　を考える必要がある。

　価格戦略のケースに取り組む際は、3つの価格戦略すべてについて検討し、どの戦略を選択するのがいちばん良いかを決定する必要がある。

コストベースの価格設定（ビジネスにおける致命的な大罪）
　マイケル・ポーターに代表される現代ビジネス界の大御所が登場する以前に

は、ピーター・ドラッカーがいた。以下の文は、ドラッカーがウォールストリートジャーナルに寄せた、「ビジネスにおける5つの致命的な大罪」の一節を抜粋したものである。

　ビジネスにおける第3の致命的な大罪は、コストベースの価格設定である。ビジネスで唯一効果的なのは、商品が顧客に提供する価値に基づいて価格を設定し、それに合わせてコスト管理を行う方法である。しかしながら、ほとんどの欧米企業は、商品の開発にかかるコストを計算し、それに一定のマージンを乗せるという形で価格設定を行っている。そして、商品を市場に送り込むやいなや値下げを行い、莫大な費用をかけてまた新たな商品を開発し、結果的に損失計上を余儀なくされる。また、価格が適切に設定されていないために、非常に素晴らしい商品が市場から姿を消してしまうことも頻繁に見られる。これらの企業の言い分は、決まって「われわれは、コストを回収するために利益を上げなければならない」である。

　彼らの言い分そのものは真実ではあるが、顧客にとってはどうでもいいことである。顧客はメーカーが利益を確保できるかどうかなど、まったく気にしていない。適切な価格を設定する唯一の方法は、まず、顧客が受け入れるであろう価格水準を決定し（もちろん、競合品の価格水準も考慮しなければならない）、その価格水準に合わせる形で、コスト管理を行いながら商品を開発することである。

　家電品業界において強力な米国企業がもはや存在しないのは、コストベースの価格設定が原因である。彼らは確かに良い技術と商品を持っていた。しかし、彼らがコストベースの価格設定に固執する一方で、日本企業は価値ベースの価格設定に基づいたコスト管理を追求し、市場を席捲していったのである。
（原書注釈：ピーター・ドラッカー「ビジネスにおける5つの致命的な大罪」ウォールストリートジャーナル（1993年10月21日）に掲載）

❏ **補足**：価格戦略に関するケースは、「パーティション・プライシング」が絡むと難しい（そして面白い）ものとなる。パーティション・プライシングとは、製品やサービスの提供に付随する機能（配送・物流、搬入・設置、製品保証など）をすべて含めた価格を設定する（バンドル・プライシング）のではなく、それぞれの機能に分けて価格を設定する方法である。たとえば、航空会社を例に取れば、預け荷物に対して料金を請求する代わりにチケット料金を安くするか（パーティション・プライシング）、預け荷物は無料にしてチケット料金を高くするか（バンドル・プライシング）という違いになる。家電用品店が大型テレビを販売する例では、配送・搬入・設置を無料で行う代わりにテレビ本体の価格を高くするか（バンドル・プライシング）、配送や搬入はそれぞれ別料金にしてテレビ本体の価格を低くするか（パーティション・プライシング）を選択するという具合だ。

このタイプの問題が出された場合は、「業界内で一般的に行われているのはどちらの方法か？」を調べるとよいだろう。たとえば、競合他社はどこも無料配送を行っているのか、ということを確認するのである。業界内で一般的に採用されている価格設定方法を考慮に入れなければ、顧客が複数の企業を見比べて購入先を選ぶ際に、自社が不利な状況になりかねない（特に昨今は、顧客がインターネットで各企業の販売価格を比較することが簡単にできるようになっている）。

私は年間に約50の大学で学生たちの指導を行っているが、私が大学に請求するのは、指導料や交通費、宿泊費がすべて含まれた一括料金である（バンドル・プライシング）。一方で、私と同様の指導を行っている人（私にとっての競合）の中には、指導料と交通費・宿泊費を分けて、後者は実費精算するという方法（パーティション・プライシング）をとっている者もいる。私が一括料金を選択しているのは、それが自分にとっても大学側にとってもやりやすいからだ。たとえば、交通費や宿泊費を実費精算する際には、出費を証明する領収書をきちんと保管し、コピーを取って大学側に提出する必要があるが、一括請求の場合はこの手間が省けるし、事後精算手続きがないので、大学から料金が支払われるタイミングも早くなる。長年の経験から、私は交通費や宿泊費がだいたいいくらくらいかかるか

を把握しているので、大きな損をするようなことはないし、大学側にとっても想定外の出費が発生せず、予算を管理しやすいので好都合だ。ちなみに、戦略コンサルティング・ファームは、コンサルティング費用とその他の実費を分けてクライアントに請求することが一般的となっている。このやり方は、資金が潤沢にある大企業がクライアントの場合は問題にならないが、大学のように資金的な余裕のないクライアントにとっては望ましくないだろう。

▶4. 成長戦略シナリオ（売上増加シナリオ）

❑ **例題：BBBエレクトロニクス社は、売上高を伸ばして業界最大のプレーヤーになることを目指している。彼らがこの目標を達成するためには、どうすればよいだろうか？**

主として売上高を伸ばすことを目的とする成長戦略シナリオは、コストの観点をさほど重視しないという点で、利益増加シナリオとは異なる。このシナリオでもほかと同様に、自社自身と戦略上の目的、製品・サービス、市場・業界などについて理解することが重要なポイントとなる。

成長戦略シナリオでは、商品の販売数量を増やす、販売数量と販売単価を乗じた売上高を増やす、もしくはその双方が、果たすべき目的として与えられることが多い。たとえば、「クライアントが売上高を10%伸ばしたいと考えている。どうすればよいか？」といったものだ。このような問題に対してまず投げ掛けるべき問いは、「クライアントの過去3年間の売上高推移はどうなっているか？　また、現時点における今後の売上高推移予測はどうなっているか？」である。

［ステップ1］自社に関する分析を行う
自社自身や製品・サービスなどについて分析する。具体的なチェック項目はほかのシナリオで列挙しているので、ここでは割愛する。

［ステップ2］市場・業界に関する分析を行う
市場規模、成長率、市場全体の伸びに対する自社業績の推移比較、自社と競合

の価格差などについて分析する。これも具体的なチェック項目はほかで挙げているので割愛する。

[ステップ3] 成長の目的を達成するための方法を決定する

売上げを増加させる方法としては、以下が挙げられる。

- 流通チャネルを拡大する。
- 多角化により製品やサービスの種類を増やす（特に、既存の製品やサービスとのカニバリゼーションが起こらないものが望ましい）。
- 製品・サービスのセグメント分析を行い、将来的な成長と高い利益率が見込まれるセグメントに経営資源を投入する。
- 競合を買収する（特に、自社の目的がマーケットシェアの拡大にある場合に有効となる）。
- 製品・サービスの価格を変更する（この場合、顧客の価格感応度を考慮する必要がある。値下げを行って販売数量を増加させるのか、値上げをして単位当たりのマージンを増やすのか、どちらが最終的な利益の増加につながるかを分析する）。
- 販売する商品の季節性を考慮して、季節ごとに最大の売上高を得る方法を考える（たとえば、ビニールハウスを所有しているとすれば、春に花、夏にハーブ、秋にカボチャ、冬にクリスマスツリーを売るなど）。

上記以外で企業が成長を達成するための戦略としては、参入障壁があり、競争が緩やかなニッチ市場を見つけることが挙げられる。

ほかのケース・シナリオ

以下では、4つの頻出シナリオ以外で出題される可能性があるケース・シナリオの種類と、各シナリオで検討すべき項目を簡潔にまとめる。

▶新商品開発シナリオ

❑製品・サービスに関する分析を行う

- 新商品に特有の性能・性質は何か？　特許があるか？　特許の有効期間は？
- 類似品・代替品が存在するか？

- 新商品の長所と短所は何か？
- 新商品は、自社の既存商品ラインとうまくフィットするか？
- 新商品の販売は、既存の営業組織・人員で対応することが可能か？

❏ 販売戦略に関する分析を行う

- 新商品の販売は、既存商品の販売にどのような影響を与えるか？　カニバリゼーションが起こらないか？
- 新商品は、既存の商品と入れ替える形で販売するのか？
- 新商品の販売によって、顧客層と売上高はどのように拡大していくか？
- 新商品の投入に対して、競合他社はどのように反応すると予想されるか？
- 自社にとって新規の市場である場合、参入障壁が存在するか？
- 競合相手になるのはどのような企業であり、各社のマーケットシェアはどうなっているか？

❏ 顧客に関する分析を行う

- ターゲット顧客は誰か？　顧客が重視しているのはどのような点か？
- 顧客セグメントはどうなっているか？
- 顧客に対してどのような形で新商品を提供するのがいちばん良い方法なのか？
- どのような方法を用いて顧客を定着化させるか？（顧客の囲い込み）

❏ 資金調達に関する分析を行う

- 新商品の開発に必要な資金をどのように調達するのか？　自己資金（手持ちの現預金）か？　銀行から借り入れるのか？　株式や社債を発行するのか？　自己資金以外の場合、現在の金融状況を踏まえて希望額を調達することは可能か？
- 調達した資金を、どのように各活動（研究開発、流通、広告宣伝など）へ割り当てるのか？

イノベーター理論の普及曲線

　新商品開発シナリオでは、ハイテク分野の先端技術製品を扱うケースが出題され、その販売数量を予測することが求められる場合がある。このとき、頭に入れ

ておくべきポイントが2つある。

　まず、先端的な製品は、どんなにその性能が優れているとしても、初年度から10%以上のマーケットシェアを獲得することはほとんどなく（市場の新規開拓者として参入する場合は除く）、マーケットシェアは、せいぜい3～5％程度にとどまる。どれくらいのシェアを獲得できるかは、市場の成長度や、競争の状況、競合品に対する自社製品の優位性などによって決まることとなる。

　第二のポイントは、下の図で示したイノベーター理論の普及曲線*を覚えておくことだ。これをメモ用紙に書いて、面接官に見せながら販売数量の予測に対するあなたの考えを説明するとよいだろう。

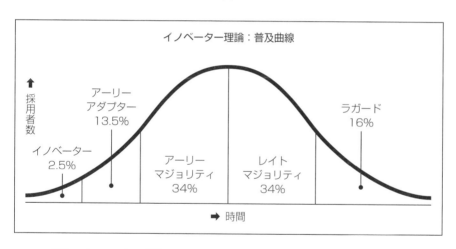

　　*訳注：イノベーター理論は、スタンフォード大学のM.ロジャーズ教授が提唱した、新しい製品やサービスの市場への普及過程に関する理論である。新製品・サービスが普及する過程を5つの層に分類し、それをもとにマーケティング戦略を検討することを提唱している。イノベーター理論を図で示したものが普及曲線であり、横軸は市場の成長に伴う時間的経過を、縦軸は製品やサービスを採用するユーザーの比率を表している。

▶起業・新規事業立ち上げシナリオ

❏市場に関する分析を行う

まずは、新規参入すべきか否かを判断するための市場分析を行う。起業や新規事業の立ち上げは、必然的に新規市場参入（頻出シナリオ2）を伴うため、チェックすべき項目も共通する。

- 競合相手となるのは、どのような企業か？　各社のマーケットシェアはどうなっているか？
- 自社の製品・サービスは、競合他社と比べてどのような違いがあるか？
- 市場の参入障壁や撤退障壁が存在するか？
- 自社の新規参入に対して、既存の競合はどのような反応を示すと予想されるか？

市場分析の結果、参入を決定したら、新規事業をベンチャー・キャピタル的な視点で分析する必要がある。つまり、外部の第三者的視点から見て、その新規事業に投資したいと思うか、自分の金を使ってでも投資しようと思うかどうかを考えるのだ。ベンチャー・キャピタルは、単に良いアイデアや良い商品という理由だけで投資判断を行うのではない。彼らは、次のようなポイントを綿密に調査して、投資するか否かを決めている。

❏人材に関する分析
- 新規事業を担当するチームの人材には、どの程度の経験があるか？
- 彼らの強みや専門能力は何か？
- 彼らは以前にも一緒のチームで働いたことがあるか？
- 社内の意思決定プロセスはどうなっているか？

❏流通チャネルに関する分析
- どのような流通チャネルを用いるのか？

❏製品・サービスに関する分析

- 自社の製品・サービス・技術の特徴は何か？
- 自社の製品・サービスには、競合と比較してどのような優位性があるか？
- 自社の製品・サービスの短所は何か？
- 自社の技術は特許で保護されているか？

❏ 顧客に関する分析

- ターゲット顧客は誰か？
- 顧客に対してどのような形で新製品・サービスを提供するのか？
- どのような方法を用いて顧客を定着化させるか？（顧客の囲い込み）

❏ 資金調達に関する分析

- 必要な資金をどのように調達するのか？ 自己資金（手持ちの現預金）か？ 銀行から借り入れるのか？ 株式や社債を発行するのか？ 自己資金以外の場合、現在の金融状況を踏まえて希望額を調達することは可能か？
- 調達した資金を、どのように各活動へ割り当てるのか？

▶ 競合の動きに応じた対抗策シナリオ

　このシナリオは、先に行動を仕掛けるのが自社なのか競合なのかによって、表裏一体の関係となる。すなわち、自社が事業を行っている市場に競合が新商品をひっさげて参入し、自社のマーケットシェアを奪おうとしている場合に、どのような対抗策をとるかを考える問題と、自社が新商品を開発して市場に参入し、マーケットシェアを獲得しようとしている場合に、既存の競合がどのように対抗してくるかを考える問題がある。ここでは、前者を例に取ってチェックすべき項目を示す。

❏ 全般的な状況分析を行う

　競合が新商品を投入して自社のマーケットシェアを奪っている場合には、次の問い掛けをする。

- 競合の製品・サービスはどのようなものか？ 自社の製品・サービスと比較して、

どのような点が異なっているのか？

- 競合は、従来と比較して行動をどのように変えてきたのか？ 流通チャネルを広げているのか？
- 自社のマーケットシェアを奪っている企業がほかにも存在するか？
- 顧客のニーズは変化しているか？

❏ 競合への対抗策を決定する

自社がとりうる対抗策としては、以下が挙げられる。

- 自社の既存商品を見直して、デザインや包装を変える。高価格帯セグメントへの参入を検討する。
- 新商品を導入する。
- 大々的なマーケティング・キャンペーンやPR活動を展開して、自社商品の認知度を高める。
- 顧客ロイヤルティ・プログラム（得意客への特典付与プログラム）を導入する。
- 販売価格を下げる。
- 競合の原材料調達先を囲い込む（長期契約を結ぶなど）。
- 競合のキーパーソンを自社に引き抜く。
- 競合、もしくは業界内の他社を買収する。
- 競合と合併して競争優位性を高め、営業基盤をより強固なものとする。
- 競合とまったく同じ行動をとる。

新商品の導入や価格の変更を検討する際には、競合がどのように対抗してくるかを考慮する必要がある。しかしながら、実際のビジネスでは、ほとんどの企業が成り行きを見守っているだけで、効果的な対抗策を打つことなく、当初目論んでいた競争優位性を失っているように見える。

▶ ターンアラウンド（企業再建）シナリオ

経営危機に直面している企業の再建に関するケースが出題された場合は、以下がチェックすべき項目となる。

❏ 企業と業界の状況を分析する

- 経営危機に陥った原因は何か？　内部要因（製品・サービス、経営管理の仕方、経営陣の能力など）によるものか？　それとも外部要因（景気の悪化など）によるものか？
- 競合も同様に経営危機に陥っているか？
- 再建に必要な資金の調達先はあるか？
- 上場企業か、非上場企業か？（一般的に、上場企業のほうが資金調達の選択肢（増資、社債発行など）が多くなる）

❏ 再建に向けて起こすべき行動を考える

- 自社の現状について、できる限り多くの情報を入手する。製品・サービスの販売状況や、資金繰りがいつまで続くかを分析する。
- 再建に必要な資金の調達先を確保する。
- 経営陣や従業員の能力を調査して、不要な人材は解雇する。
- 短期的な目標と中長期的な目標を設定する。
- 再建達成に向けた事業計画を策定する。
- 仕入先、販売先、物流業者を訪問し、再建に向けた具体策を説明して、自社に対する信用不安を取り除く。
- 達成すべき目標に優先順位を付ける。できる限り早い段階で小さな成功体験を積み重ねていくことによって、社内に自信を植え付ける。

21のコスト削減方法

　ケースの中でコストの削減方法を考える必要があることは多いが、私の経験上、ここで詰まってしまう学生が少なくない。以下では、労働面、生産面、財務面の3つの視点から、コストを削減する数々の方法を紹介する。これらをしっかりと頭に叩き込んで、実際の面接で出題されたときには各視点からいくつかを選んで答えるとよい。

　ただし、先に進む前に1つ忠告がある。コストを削減できさえすれば何でもよいというわけではない。マッキンゼーが季刊誌でも述べていたが、コストの削減

方法を考える際は、その企業の全社戦略における必要性や、将来のさまざまな経済環境における長期的な影響を考慮しなければならない。具体的には、「この行動は、クライアントの企業価値を上げて、競合に対する戦略的優位性を築くことができるだろうか？」ということを問い掛ける必要がある。

❏ 労働的視点からのコスト削減方法

- 従業員のクロス・トレーニング（複数の業務スキルを習得させて、お互いに職務を補完しあえるようにすること）を行う。
- 残業を削減する。
- 従業員の年金制度（401kなど）を変更して年金債務負担を減らす。
- 社内の医療保険制度を変更して従業員の拠出割合を上げる。
- 勤務体系を週5日・8時間から週4日・10時間へ変更する（従業員が出社することで発生する付随コストを削減する）。
- 給与の一部を自社株式で支給する（従業員は株式の価値を上げようと、今まで以上に勤勉に働き、無駄なコストを抑えようともするようになる）。
- 従業員の一時解雇（レイオフ）を実施する。
- 役員を含む全社員の給与をカットする。

❏ 生産的視点からのコスト削減方法

- 生産効率を上げる技術への投資を行う。
- 複数の生産拠点を統合して、規模の経済を追求する。
- 生産計画の一時的な変更にも柔軟に対応できる製造ラインを構築する。
- ジャスト・イン・タイム生産を導入して在庫を削減する。
- 製造の一部をアウトソーシングする。
- 原材料の仕入先と価格交渉を行う。
- 仕入先を買収して自社に取り込む。
- より安価な部品を海外から輸入する。

❏ 財務的視点からのコスト削減方法

- 販売先からの代金回収期間を短縮化する。

- 借入金の借り換えを行い、金利を下げる。
- 不稼働資産を売却する。
- 為替予約などのデリバティブを活用する。
- 医療保険制度を変更する。

覚えておくべき「Ifシナリオ」のパターン

❏ 売上シナリオ

- もし売上高が横ばいで、利益が大幅に減少しているならば、収益面とコスト面の双方を調べる必要がある。このとき、常に収益面の分析から始めること。最初に収益構造がどうなっているかを理解しなければ、効果的なコスト削減方法を考えることはできない。
- もし売上高が横ばいで、マーケットシェアもそれほど変化していないならば、業界全体の市場規模が横ばいとなっており、競合他社も自社と同様の問題を抱えていることが予想される。
- もし売上高が落ち込んでいるならば、次の3つの点について分析する。
  - 商品全体の需要が落ち込んでいないか？（例：ミネラルウォーターの普及による炭酸飲料水の需要減）
  - 市場が飽和状態に達していないか？　商品が陳腐化していないか？（例：CDの普及によるレコードの衰退、デジタル技術の普及によるCDの衰退）
  - 代替品の普及によってマーケット全体が縮小していないか？（例：ペイ・パー・ビューやインターネットでの映画鑑賞など、顧客の行動様式が多様化したことによる、レンタルビデオ市場の縮小）
- もし売上高もマーケットシェアも増加しているのに利益が減少しているならば、商品の価格が低下しているかどうかと、コストが増加しているかどうかを分析する必要がある。仮にコスト面での問題が見当たらないようであれば、商品構成と各商品の利益率がどう変わっているかを調べる。

❏ 利益シナリオ

- もし売上高の落ち込みが原因で利益が減少しているならば、商品のマーケティン

グ（販売方法）と流通チャネルに問題がないかを重点的に調べる。

- もしコストの増加が原因で利益が減少しているならば、コスト構造と問題点を労働面、生産面、財務面の各視点から分析する。
- もし売上高が増加しているにもかかわらず利益が減少しているならば、次の点について分析する。
  - 既存のコスト構造に変化が起きていないか？　新たに発生している費用はないか？
  - 販売価格が変化していないか？
  - 商品構成が変化していないか？
  - 顧客のニーズが変化していないか？

❏ **製品・サービスシナリオ**

- もし製品・サービスがライフサイクルの導入期にあれば、研究開発（R&D）、競合の状況、価格戦略を重点的に調べる。
- もし製品・サービスがライフサイクルの成長期にあれば、マーケティングと競合の状況を重点的に調べる。
- もし製品・サービスがライフサイクルの成熟期にあれば、生産面、コスト面、競合の状況を重点的に調べる。
- もし製品・サービスがライフサイクルの衰退期にあれば、存続可能なニッチ市場の有無、競合の状況、出口戦略（市場からの撤退方法）を重点的に調べる。

❏ **価格シナリオ**

販売価格の値下げは慎重に検討すべきである。値下げによって販売数量は一時的に増えることが予想されるが、現在の生産能力を超える水準になれば、新しい生産設備への投資が必要になったり、労働者の残業代が増えたりするため、最終的には利益が減少する結果につながることが多いからだ。

製品やサービスの価格が安定的に保たれるのは、以下の３つの条件がすべて満たされている場合に限る。

- 自社・競合を含めた、業界内のすべての企業の成長率がほぼ同じ水準となっている。
- 販売価格がコストとほぼ同等の水準となっている（利益率が非常に低くなっている）。
- 業界内のすべての企業の販売価格がほぼ同じ水準となっている。

業界内のすべての企業が同時に価格変更を行う場合（例：ガソリン価格など）を除けば、一般的には販売価格よりも生産数量やコスト構造を変えるほうが簡単である。

業界内でコストが最も高い企業にとっての最適な価格戦略は、「いくら価格を動かしたところで、短期的にシェアが大きく変化することはないので、できるだけ高い価格を維持し続けることが、みんなにとってメリットになる」ということを、他社にわからせることである。BCGの設立者であるB.D.ヘンダーソンが述べているように、顧客に受け入れられる最も高い価格を設定することが、業界内のすべての企業にとって望ましい。価格競争を行うよりも、今の価格を保ち続けるほうが各社の利益は大きいのだ。

ケース対策の秘訣

- 万が一、実際の面接で今までやったことがあるケースが出題されたら、知らぬふりをしてそのまま答えてしまいたい気持ちになると思うが、面接官に正直に伝えるほうがよい。仮にそのまま回答を続けたとしても、あなたのやることが不自然に速すぎたり、思考プロセスがほかの初見問題とは明らかに異なったりするので、面接官はあなたがその問題をすでに知っているということに気づくだろう。まったく知らない問題であるかのように演じるのは、ほぼ不可能だ。
- 面接会場には方眼紙を持参すること。方眼紙を使うことで自分の考えを整理しやすくなるし、計算をする際にも数字を見やすく並べられる。また、自分の回答をできるだけ図表やグラフにして伝えることを、忘れないようにしてくれる効果もある。
- 数字やデータが出てきたら、それに関する質問をすること。仮に、あなたが聞いた数字が重要なポイントではないのであれば、面接官はそのことをきちんとあな

たに伝えて、議論を正しい方向に進めようとするはずである。

- 数字の計算に慣れておくこと。とりわけ、掛け算と比率（%）の計算は重要だ。電卓の持ち込みは許されていないことが多い。特に多いのは、計算の途中で桁数を間違えてしまうミスである。
- できる限り、面接官との会話のキャッチボールを行うこと。ケース・ディスカッションのやり取りは、一方通行ではなく、双方向のコミュニケーションであるということを忘れてはならない。

次の章で実際のケースに取り組む前に、マッキンゼーやBCGから内定を勝ち取った学生たちからのアドバイスを紹介しておこう。

- ケースの途中で計算を行う際には、計算過程を声に出しながらやるべきです。自分が何を考えながら計算をしているのかを、面接官にきちんと伝えるのです。具体的にどうすればよいのかがわからない場合は、面接が電話を通して行われていると思い込んで、電話口の向こうにいる相手に話すようにすればよいのです。
- 私にとって予想以上に大変だったことは、最終ラウンドの面接があまりに長いことでした。5時間立て続けにインタビューを受けた後は、さすがに体力を消耗しきって、それから後のインタビューでは、なんとかありったけの思考力を振り絞りながら、ぶつぶつ何かをしゃべっているといった状態だったので、いつミスを犯してもおかしくありませんでした。最後の2、3回の面接を行う前には、少し休憩時間を取って落ち着き、気合を入れ直すとよいでしょう。水で顔を洗ったり、コーヒーを飲んだり、ちょっと廊下を歩いてみたりと、最後のもうひと踏ん張りの段階で頭を活性化させ、自分の魅力を存分にアピールできるよう、できることは何でもやるべきです。
- 私にとってのキーワードは、「熱意と志望動機」でした。私は大学での専攻分野が経営学ではないにもかかわらず、戦略コンサルタントという職業に就くことを望んでいたので、説得力のある志望動機を説明しなければなりませんでした。面接のプロセスは、コンサルティング・ファームにとっても、金銭的かつ時間的なコストがかかるものです。面接官は、私たちが本気で戦略コンサルタントになりたいと思っていることを示す、明確で筋の通った回答を求めています。また、私た

ちは戦略コンサルタントという職業が自分の長期的なキャリア・ビジョンにフィットしていることを、きちんと説明しなければなりません。ビジネススクール以外の学部で採用活動を行っている戦略コンサルティング・ファームでも、すぐにビジネススクールの学生のみで定員を埋めてしまうことは十分考えられるので、MBA以外の人にとってのほうがハードルは高いと言えます。

- 準備がすべてです。ただし、面接の準備作業は、ビジネス・ケースの練習を積むことだけに限りません。ケース以外にも、リーダーシップやチームワークに関する質問に答えたり、あいまいな状況、怒りが抑えられないような状況における体験談を説明することも求められます。私たちは、これらの質問に答えられるようにしておくだけでなく、面接官がその話題を深く掘り下げてきたり、私たちの人間性を評価するために、その後に続けて聞いてくるであろう質問に対しても、答えられるようにしておかなければなりません。面接の練習は、友人と一緒にやるべきです。友人と一緒に練習をすれば、有意義なフィードバックを受けられるうえに、ある質問から、次に必ず聞かれるであろう質問を予測できるようになりますし、コミュニケーション・スキルも上達します。十分な準備を積んでおけば、実際のインタビューでも自信が持てますし、自信を持っていること自体が面接官にプラスの印象を与えます。面接官は、私たちがケースにうまく対処できるかどうかを評価していると同時に、私たちをクライアントに紹介するに足る魅力がある人物か否かも評価しているのです。

- さまざまな状況における体験談を考える際には、最も適切と思われるストーリーを選択しなければなりません。このとき、必ずしも自分をヒーローに仕立て上げる必要はありません。失敗を通じて自分の弱点について学んだというような体験談も、成功体験と同じくらい評価の対象となります。また、根気強く努力することを通じて自分のスキルを伸ばしたり、新しいスキルを身につけたというような体験談は、高評価につながるでしょう。ただし、体験談を大げさに脚色することは避けるべきです。そのような話を聞けば、面接官は突っ込んだ質問をしてきて、つじつまが合わない点や、私たちが嘘をついていることに気づくでしょう。したがって、面接で成功を収めるためには、自分の人間的魅力に関する深い洞察を与えてくれるような、真実に基づいたストーリーを選んで、準備しておかなければなりません。

- アイビー・ケース・システムは、ビジネス・ケースに取り組む際の羅針盤のようなものだと言えます。ケースを出題された瞬間に、それがどのタイプの問題かを見極めることができ、面接官から重要な情報を引き出すためには、どのような質問を投げ掛ければよいのかを、即座に判断することができました。これこそが、まさにアイビー・ケース・システムの優れている点です。
- （海外オフィスの面接についてのコメント）自分が面接を受ける国のオフィスでは、どのようなプロジェクトを主に扱っているかを調べておきましょう。たとえば、中国オフィスでは、「新規市場参入」タイプのプロジェクトを数多く扱っています。このような場合、「新規市場参入」のカテゴリーに当てはまるケースにはどのような種類があり、どれほど難しいかということを理解したうえで、このタイプのケースを重点的に練習しておくことが重要です。
- 面接を受けている間は、自分がうまくいっているかどうかなどは、考えないようにしましょう。面接の最中にそのようなことを考えていれば、マイナスの影響しか及ぼしません。十分な準備を積むことに専念して、あとはなすがままに任せましょう。自信を持つことも大切です。面接官が何を考えているかなど、誰にもわかりません。彼らは、わざと私たちを落とすようなことをすることだってありえるのです。計算ミスのような些細なことで、自分のペースを乱してはいけません。

あとは、練習あるのみだ！

なお、マッキンゼー、BCG、ベイン・アンド・カンパニーのサイトでは、実際の面接で出題されたケースが紹介されている（英語版）。

第 4 章

戦略ケース問答
実例集

本章は４つのパートで構成されている。

最初の**PART 1**は、「ケースの解剖」とでも名付けられるもので、ケースの中で出題頻度の最も高い、利益増加シナリオ（ハーレーダビッドソン）と新規市場参入シナリオ（クアーズ）の２つを題材にして詳細に論じている。これらのケースは、面接官と受験者の対話形式で書かれており、さらに、受験者の回答や対応についての私の分析も加えられている。

PART 2では、５つの例題を用いて、ケースの初期段階における取り組み方を解説している。問題文を読んだら、問題解決への論理構造を図式化し、分析すべき重要な項目や、面接官に問い掛けるべき項目を箇条書きでリストアップする。自分自身でメモ用紙に作成した後は、私が作成したものと比べてみよう。あなたの分析と私の分析が異なっていたとしても、気にする必要はない。ケース問題では、唯一の正解など存在しないからだ。

まずは最初の１、２題を練習用に取り組み、自信をつけた後で残りの問題に挑戦しよう。

PART 3では、17個のケース問題を、面接官と受験者の対話形式で記している。最初のパートと形式は似ているが、このパートでは私自身による分析が省かれている。問題文を読んだら、問題解決への論理構造を図式化して、分析すべき項目を書きとめよう。ケースに取り組んだ後は、各問題の最後に書かれている「まとめ」のコメントをしっかりと読んでいただきたい。

PART 4では、友人と取り組めるケース問題を10個紹介している。問題を出すのは、あなたでも友人でもよい。また、このパートは、たとえ大学でビジネスを学んでいない人でも、適切な質問やフィードバックができるように書かれている。なお、10個の問題は後になるほど難易度が高いものとなっている。

すべてのケース問題に共通することだが、問題で書かれている数字や情報は、明確なデータや証拠に基づいているものではない。また、多くのケース問題で実在する大企業を扱っているが、これは一般的な認知度が高く、読者にとってイメ

ージが湧きやすいからである。したがって、これらの企業に関する問題文中の情報は、必ずしも正確ではなく、また最新の状況とは異なる可能性がある点は留意していただきたい。

ケースを詳細に解剖する

✦ケース1-1

ハーレーダビッドソン

ケース問答例

— われわれのクライアントはハーレーダビッドソン（大型・重量級モデルを主力
商品とする米国のオートバイメーカー）である。最近のニュースで利益の減少
が発表された後、株価が54ドルから49ドルへ下がっている。利益が落ち込
んでいる原因と、どうすれば利益を回復できるかを説明してください。

　まず、問題の要点を確認させてください。クライアントのハーレーダビッド
ソンは、利益減少のニュースを受けて株価が54ドルから49ドルへ下がっており、
利益低下の原因分析と、その回復策をわれわれに求めているということですね。
これ以外に、私が頭に入れておくべきクライアントの目的はありますか？

— はい、米国内のマーケットシェアを、少なくとも維持することが必要です。

✦**筆者の分析コメント**：受験者が最初に問題の要点を確認している点は正しい。しかし、株価の低下に
関しては、実際の価格を繰り返すよりも、「約10％下がっている」と比率で表現したほうが、より好
印象となる。また、問題文中では触れられていないクライアントの目的の有無について確認した点も、
非常に良い。これを確認しなければ、マーケットシェアの維持も考慮する必要があるということに気
づかなかったはずだ。

　いくつか質問をさせてください。クライアントの過去3年間の利益は、どの
ように推移していますか？

― 直近3期の利益は、8%増加した後、横ばいとなり、今年は5%減少が見込まれています。

クライアントにとって、何が成功の判断基準となりますか？

― 今後5年間で、毎年8%ずつ利益を増加させていくことです。

わかりました。論点を整理するために、メモを取る時間を少しいただいてもよろしいでしょうか？

― けっこうです。

（受験者はメモ用紙に「E（P＝R－C）M」の式を書き込む）

✛ **筆者の分析コメント**：この数式は、利益増加シナリオで紹介したフレームワークだ。カッコの中は利益を求める基本式であり、主に自社の内部要因と関係してくる。しかし、先に述べたとおり、まずは自社の外部要因の分析から始める必要がある。ハーレーダビッドソンが直面している問題は、自社固有のものなのか、業界全体に共通するものなのかを確認するのだ。この受験者は、Eの分析から取り組むようだ。

まずは、クライアントを取り巻く外部要因の分析から始めたいと思います。全般的な経済状況がどうなっているかを教えていただけますか？

✛ **筆者の分析コメント**：マクロ経済の状況については、面接官に尋ねるのではなく、自分自身で話すほうがずっと良い印象を与える。ビジネスに深く関わる職業に志願するのだから、経済状況がどうなっているかは事前に理解しておくべきだ。経済状況について自分自身の言葉で話すべきもう1つの理由は、そのほうが議論の流れを、自分がやりやすい方向へ持っていけるからである。ケースとは無関係なデータを多数与えられて困惑するよりも、ケースに関係すると思われるデータを自分で抽出して議論を展開するほうが、サプライズは少なくてすむ。ここでは、ハーレーダビッドソンのビジネスに影響する主なマクロ経済指標を取り上げるのがよい。先の発言を訂正して、もう一度やり直してみよう。

まずは、クライアントを取り巻く外部要因の分析から始めたいと思います。全般的な経済状況についてですが、米国はサブプライムローン問題や高い失業率など長期的な経済不況に陥っており、国民の可処分所得は以前に比べて減っています。為替を見ると、ドルはユーロやポンドに対しては高い一方で、アジア通貨、特に円に対しては安くなっています。金利は大幅に低下しており、過去30年間で最低の水準まで下がっています（2013年当時の状況である）。

✤**筆者の分析コメント**：先ほどの回答よりもずっと良くなっている。ここまで詳細に述べる必要があるのかと思うかもしれないが、後にわかるように、ここで触れた経済指標のすべてが結論と結び付いてくる。メモ用紙には、頭に浮かんだすべてのことを書きとめておこう。議論に行き詰まったとき、メモを読み返せば、軌道修正を図るためのヒントとなる。

　　　　— 経済状況についてはわかりました。次はどうしますか？

　オートバイ業界について分析したいと思います。業界はどのような状況にあるのかを教えていただけますでしょうか？

✤**筆者の分析コメント**：オートバイ業界の状況を知っている受験者などほとんどいないので、これを質問することはかまわない。業界に関する情報は、面接官が手元にすべて持っている。面接官からの情報提供では、受験者から何度か質問をして少しずつ情報が与えられる場合もあれば、一度の質問ですべての情報を与えてくれることもある。面接官が提示する情報の中で、どれがすぐに必要なもので、どれは不要な情報で、どれは後になって重要な意味を持ってくるのか、受験者は自分で判断する必要がある。この例題では、面接官はすべての情報を一度に与えることとする。

　　　　— 昨年はオートバイ業界全体が５％伸びたのに対して、ハーレーダビッドソンの売上高成長率は２％でした。セグメント別では、小型で低価格帯のスクーターが８％の伸びを示しています。また、女性の顧客が12％増加しており、顧客全体に占める女性の割合は10％を占めていますが、ハーレーダビッドソンの女性顧客割合は２％にとどまっています。
　　　　　各社のマーケットシェアに関しては詳しい情報を持っていますが、ここで

は簡便化のために1つのメーカーが1つの車種のみを製造していると仮定します。ハーレーダビッドソンは、代表的な大型のハーレーHOGGを製造していると考えます。

承知しました。

— マーケットシェアを首位から順に並べると、ホンダが27%、ハーレーが24%、ヤマハが17%、スズキが10%、カワサキが8%、BMWが6%で、残りの8%は小型スクーターを製造している2社となっています。このほかに、オートバイ業界に関して知りたい情報はありますか？

ハーレーの業績は、業界全体ほど伸びていません。この要因の1つには、女性顧客の少なさが考えられます。業界全体のトレンドとしては、小型、軽量、低燃費のモデルに需要が流れているように見えます。もしハーレーが……

— あなたがどのような議論をしようとしているのか予想はつきますが、いったんここで止めておきましょう。ハーレーがとるべき戦略については、また後で話すことにします。オートバイ業界について、追加の質問はありますか？

いいえ、ありません。

— あなたは、ハーレーダビッドソンが直面している問題は、自社固有のものなのか、業界全体に共通している問題なのか、どちらだと思いますか？

この時点では、ハーレーダビッドソンに固有の問題だと思います。

✚ **筆者の分析コメント**：面接官から情報を与えられたときに、それだけで満足してはならない。たとえば、「市場が5％成長した」という情報は、これだけではその良し悪しは判断できない。その前の年の成長率が10％だった場合と、2％だった場合では、5％の受け止め方は異なってくる。要するに、データが与えられた場合は、その傾向を把握することが重要なのだ。ここまで突っ込んで質問をできる

人は非常に少ない。それだけに、あなたがこのような質問を面接官に投げ掛けることができれば、ライバルたちに差をつけられる。データの傾向を把握しないということは、戦略コンサルタントらしくないことを意味する。

　　—　次はどうしますか？

　次はハーレーの内部要因を分析します。まずは収益について調べたいと思いますが、ハーレーの収益構造がどうなっているかと、それがどのように変化しているかを教えていただけますか？

　　—　わかりました。ハーレーの収益構造は、主に国内販売、海外販売、補修用部
　　　品、アパレル用品・グッズの４つに分かれています。各セグメントのＸ１年
　　　度とＸ２年度の売上比率を教えましょう。

　ハーレーはアパレル用品やグッズも販売しているのですか？

✤ **筆者の分析コメント**：面接官の発言の中で、疑問に思った言葉や、業界専門用語、意味を知らない略語などが出てきた場合は、質問をして確かめよう。わからない用語はそのままにせずに、最初に質問すれば失点となることはない。

　　—　はい、アパレル用品やグッズも販売しています。Ｘ１年度の売上高全体に占
　　　める比率は、国内販売が45％、海外販売が40％、補修用部品が10％、アパ
　　　レル用品・グッズが５％でした。Ｘ２年度は、国内販売が35％、海外販売が
　　　40％、補修用部品が15％、アパレル用品・グッズが10％となっています。
　　　このデータを見て、ハーレーの顧客層に何が起きているかを、簡潔に説明し
　　　てください。

（面接官が収益構造について説明している間、受験者はメモ用紙に以下の表を
作成する）

収益構造	X1年	X2年
国内販売	45%	35%
海外販売	40%	40%
補修用部品	10%	15%
アパレル・グッズ	5%	10%

　ハーレーの顧客は、新しいバイクに買い替えるよりも、古いバイクを修理して乗り続ける傾向があるように見えます。また、アパレル用品やグッズを購入することで、ハーレーブランド品の所有感を求めている顧客が増加している傾向が読み取れます。

　　　— いいでしょう。次はコストに話を移しましょう。

　コストの分析をする前に、販売数量について確認してもよろしいでしょうか？　ハーレーのバイク販売台数はどれくらいでしょうか？

　　　— 国内の販売台数は、X1年度が35万台、X2年度が33万台です。

　わかりました。ありがとうございます。

✤**筆者の分析コメント**：販売数量について確認したのは良い質問だ。販売数量は売上高の構成要素であり、これを把握しておくのは適切な対応である。受験者はポイントを稼ぐことができた。

　コストの分析ですが、変動費と固定費を含めたハーレーのコスト構造がどうなっており、それがどのように変化しているかを教えていただけますか？

　　　— コストはいろいろありますが、この問題で考える必要があるのは、原材料となる鉄のみとします。ハーレーは現在、仕入先の製鉄メーカーと長期契約を結んでおり、この契約はあと2年間で終了します。現在の契約は、低価格で

鉄を購入できる好条件となっていますが、2年後に景気が回復して鉄の購入価格が値上がりすることをハーレーは心配しています。これは、頭に入れておいてください。

　今あなたにしてもらいたいことは、ハーレーの業績を短期間で回復させるための戦略を考えることです。短期間とは、1年半以内を指します。

わかりました。ハーレーが最初にやるべきことは、女性の顧客層に対するマーケティングを強化することです。

　── 具体的に、どのようなマーケティングを行うのですか？

たとえば、女性向けの新しいデザインのバイクを販売するなど……。

　── 新しいデザインのバイクを設計して、新商品として売り出すまでには1年半以上の時間が必要です。それは長期的な戦略としてとっておきましょう。

現在の定番モデルであるハーレーHOGGを、女性顧客にもっとアピールして売り込むという案はどうでしょうか。

　── ハーレーHOGGに乗るためには、かなり大柄な女性である必要があります。ハーレーHOGGは大型で重く、女性が乗りこなすのは非常に困難です。そのために、ハーレーの女性顧客は2％しかいないのです。

それでは、アパレル用品やグッズを女性顧客にもっと売り込みます。女性は……

　── ほかには何かありませんか？

アパレル用品・グッズと、補修用部品の価格を値上げするという方法があります。これらの商品は、今後も顧客層が買い続けることが予想されます。

— ほかにはありませんか？

　そうですね…… 　従業員を一時解雇するとか？

　　— それは私に質問しているのですか？ 　それとも案を私に提示しているのです
　　　か？

✤ **筆者の分析コメント**：利益増加シナリオのケースでとるべき戦略を聞かれた場合は、常に「売上ベー
スの戦略」と「コストベースの戦略」の2つの見出し項目をメモ用紙に書きとめて、それぞれについ
ていくつかの案を考えるための時間をもらおう。

　メモ用紙に見出し項目を書きとめることによって、いきなり回答を述べるのではなく、問題を構造
化したうえで、考えを整理しながら回答しようとする姿勢を面接官に示すことができる。また、見出
しの項目に焦点を当てた問題解決の案が出しやすくなるし、項目を2つに分けておくことで、解決
策を混同してしまうミスも防げる。なお、解決策を示すときは、まず売上ベースの戦略で考えられる
案を述べてから、次にコストベースの戦略に言及するのがよい。

　戦略案を考えるための時間をもらうのは、売上ベースとコストベースのいろいろなアイデアを、順
序に関係なくどんどん書きとめていく一方で、面接官に伝える際はきちんと順序立てて説明できるよ
うにするためである。また、あなたがピンチに陥ったとき、落ち着いて立ち戻るための場所を与えて
くれるという効果もある。前章でも書いたとおり、面接官は同じケースをすでに何回も出題しており、
受験者が思いつくような案はすべて頭に入っている。同じような回答を何度も聞いているので、あな
たが解決案について話している途中で、それをさえぎることも十分起こりうるが、現在の案を放棄し
てすぐにほかの新しい案を考え出すことは、非常に難しい。発言を途中でさえぎられると、多くの人
はパニックになり、あたふたして最後には押し黙ってしまう。

　メモ用紙にいくつかの案を書きとめておけば、面接官があなたの発言を途中でさえぎったとしても、
手元に目を落として、ほかの代替案を提示することができる。このように対処することで、面接の場
に緊張が張り詰めることはなくなり、あなたの振る舞いはプロらしく面接官の目に映るだろう。面接
官が短期的な戦略を聞くところに戻って、もう一度やり直そう。

　　— ハーレーの業績を短期間で回復させるための戦略を考えてください。短期間
　　　とは、1年半以内を指します。

　いくつかの案を書きとめて整理するための時間をいただけますでしょうか？

　　— もちろんです。

（受験者はメモ用紙に「売上ベースの戦略」と「コストベースの戦略」の見出し項目を書いてから、それぞれについていくつかの案を書きとめる）

　お待たせしました。ハーレーがとるべき行動を、売上ベースの戦略とコストベースの戦略に大きく分けて考えたいと思います。まずは売上ベースの戦略ですが、アパレル用品・グッズと、補修用部品の価格を値上げするという案があります。これらの商品は、多少の値上げを行っても、ハーレーのブランドイメージを求める顧客や、今保有しているハーレーバイクを補修して乗り続ける必要がある顧客は、買い続けると思われます。また、海外へ販売チャネルを広げるという案もあります。

　　　― 具体的にはどこですか？

　アジア諸国です。この地域は高い需要が見込めるうえに、ドルが安い水準にあるので、販売の伸長が期待できます（一般的に、自国の通貨がある他国の通貨に対して安いと、その国への輸出は増えることとなる）。

　　　― いいでしょう。ほかにはありますか？

　金利が歴史的な低水準にあるので、購入時のローン金利を下げたり、中古バイクの下取り価格を上げるなどによって、新車バイクの需要を喚起する方法が考えられます。

　　　― ほかにはありますか？

　次はコストベースの戦略ですが、ここでも低金利を踏まえて、銀行借入金の借り換えを行い、支払金利を削減します。

　　　― いいですね。

また、従業員の一時解雇（レイオフ）も検討する必要があると思います。バイクの国内販売台数が35万台から33万台に減少したとのことですが、比率で言うと、約5％の低下になります。

　　　── わかりました。実は、ハーレーはバイクの価格を変えることを検討しています。私の手元にあるデータを伝えますので、それを使って、ハーレーはどうすべきかと、なぜそうすべきかを説明してください。ハーレーがバイクの値段を変えずに据え置いたとすると、国内の販売台数は33万台で、1台当たりの利益は10,000ドルと予想されます。値下げを行うと、販売台数は44万台で、1台当たりの利益は7,000ドル、値上げを行うと、販売台数は27万5000台で、1台当たりの利益は12,000ドルと予想されています。

✚ **筆者の分析コメント**：ここで受験者は計算を行う必要が出てきたが、計算を急いで間違った数字を答えてしまうよりも、正しい答えを出すために、ある程度の時間は使ったほうがよい。答えを口に出して伝える前に、その数字が合理的かを再確認し、違和感があれば計算をし直すこと。一度口に出してしまうと、やり直しはきかなくなってしまう。些細な計算ミスで内定獲得のチャンスを失ってしまうことは、絶対に避けなければならない。なお、計算をしていたり、メモを取ったり、図表を書いている間の沈黙は問題ない、ということを付け加えておく。

　いただいたデータをもとに計算すると、価格を据え置いた場合の総利益は33億ドル、値下げした場合の総利益は30.8億ドル、値上げした場合の総利益は33億ドルとなります。

　　　── 価格を据え置いた場合と、値上げした場合の総利益が同じになりましたね。ハーレーは、どちらを選択すべきと思いますか？　また、それはなぜですか？

　ハーレーは価格を据え置くべきです。最初に確認したとおり、国内マーケットシェアの維持が条件となりますが、値上げをすることで国内販売台数は5万5000台減少することが予想されます。これは約8％に相当する減少であり、ハ

ーレーの国内マーケットシェアはほぼ間違いなく低下することとなります。また、バイクの販売台数が多ければ多いほど、アパレル用品・グッズの販売は増加し、長期的には将来必要となる補修部品の売上高も伸びることになります。さらに、値上げによりバイクの生産台数を減らしてコストを抑えたとしても、Ｘ２年度から持ち越している売れ残り在庫がまだかなり残っており、これをさばくために価格を下げれば、Ｘ３年度の販売在庫とカニバリゼーションを起こしてしまうことも考えられます。

　　　　— とても興味深い意見ですね。ただ、私はあなたの考えは間違っていると思います。もしハーレーが値上げを行えば、余剰な生産人員をレイオフすることで、製造に関わる労務コストを削減することが可能です。また、高い価格設定は、ハーレーのブランドイメージ強化につながります。さらに、先ほどあなたは、ドルが安い海外諸国への販売網を広げると言いましたが、手持ちの売れ残り在庫はそれらの国へ、値下げせずに販売することができます。新しい市場に参入すれば、アパレル用品・グッズの売上高も増えるでしょう。したがって、値上げするとマーケットシェアが低下するというのは、必ずしも正しくないと考えられます。さらに加えると、あなたはマーケットシェアをどのような指標で捉えているのですか？　販売台数ですか？　それとも販売台数に単価を乗じた売上高ですか？

✦ **筆者の分析コメント**：面接官からの手痛いパンチだ。受験者の回答はよく考えられたものだったが、面接官はそれを真っ向から否定してきた。しかし、幸運にも受験者は、これが面接官からのストレス・テストだということを理解していたので、平静を保って、面接官が受験者に望んでいる行動をとる。すなわち、面接官が否定したからといって自分の回答を手のひら返しせず、論理的な対抗を図ろうとする。

　興味深いご意見ですが、十分な説得力には欠けると思います。ご提示いただいた案のすべてを１年半以内で行うことができるとは、到底思えません。したがって、現在の状況を踏まえると、価格を据え置くことが最善の策だと私は考えます。

― わかりました。いいでしょう。では、ハーレーが長期的にとるべき戦略を、売上ベースとコストベースに分けて、それぞれ2つずつ説明してください。

メモを取る時間をいただいてもよろしいでしょうか？

　― もちろんです。

（受験者は30秒間メモを書きとめる）

　お待たせしました。まず、売上ベースの戦略で第一に挙げられるのは、女性のみならず若者層をターゲットとする、新しいバイクを開発することです。女性と同時に若年層の顧客も取り込めば、アパレル用品・グッズの販売増加も期待できます。もう1つの戦略としては、小型スクーターを製造しているメーカーの買収を検討します。これらの小型スクーターに「ハーレー」のブランドを付けることは難しいと思いますが、小型スクーターと女性顧客という、業界で最も成長しているセグメントを取り込むことができます。また、現在の定番モデルであるHOGGとの、シナジー効果が発揮できる場面も多いと思います。

　次にコストベースの戦略ですが、先ほども話に上がった、鉄の仕入価格を何とかする必要があります。具体的な対応策としては、先物取引を活用することで将来の値上がりリスクをヘッジすることや、現在の契約で決められている低価格の鉄を可能な限り購入しておくこと、今後開発予定の新しいバイクの部品は、鉄以外の素材を多く用いるようにすることなどが挙げられます。もう1つのコスト戦略は、新技術を取り入れた新しい生産設備を導入して、部品は安価な海外から輸入することが考えられます。

　― いいでしょう。最後に、このケースの要点をまとめていただけますか？

　われわれのクライアントであるハーレーは、利益減少の発表により、株価が約10％低下しています。利益の回復策を考えるために、まずは外部要因の分析を行った結果、ハーレーが直面している問題は、業界全体に共通するものでは

なく、ハーレー固有のものだということがわかりました。ハーレーの大きな問題点は、女性顧客と小型スクーターという高成長のセグメントを取り逃していることです。私は、これを克服するための戦略を、短期的なものと長期的なもの、そして売上ベースの戦略とコストベースの戦略に分けて、いくつか考えました。短期的には、売上ベースの戦略として、顧客へ低金利のローン・プログラムを提供することや、コストベースの戦略として、銀行借入金の借り換えによる支払金利の削減が挙げられます。長期的には、売上ベースの戦略として、女性と若者層をターゲットとする新しいバイクを開発することと、小型スクーターを製造しているメーカーの買収検討を提案します。また、コストベースの戦略として、先物取引で鉄の値上がりリスクをヘッジすることと、新モデルでは鉄以外の素材を多く用いるようにすることが考えられます。これらの戦略をしっかりやり遂げれば、ハーレーの利益は2年後か2年半後までにかけて、着実に伸びていくはずです。

✦ **筆者の分析コメント**：この受験者は、最後に力強い主張で締めくくることができた。ターニングポイントは、面接官からの攻撃に屈せず、販売価格を据え置くという自分の考えを防御したところだろう。これによって受験者の中で自信が強まり、面接の残りの部分にもそれが表れている。

クアーズ

ケース問答例

― われわれのクライアントはクアーズ（米国のビール醸造メーカーおよびブラン
ド。正式社名はMolson Coors Brewing Company）である。クアーズは過去
50年間にわたり、ロッキー山脈から湧き出る天然水を主原料としているこ
とを大々的に宣伝してきた。クアーズのCEOはあなたをオフィスに招いて、
ミネラルウォーター市場への新規参入を検討していると打ち明けた。ミネラ
ルウォーター市場の分析と、どんな項目を検討すべきか、そして最終的な結
論を述べてください。

　まず、問題の要点を確認させてください。クライアントのクアーズがミネラ
ルウォーター市場への参入を考えており、市場分析と検討すべき重要項目の列
挙、そして参入すべきか否かの結論をわれわれに求めているということですね。
これ以外に、私が頭に入れておくべきクライアントの目的はありますか？

― はい。CEOは、今後5年以内に売上高を50%以上増やせなければ、CEOを
辞任すると役員会議で明言しています。

✚ **筆者の分析コメント**：問題文で触れられていること以外の目的の有無について確認することは重要で
ある。これを確認しなければ、5年以内に売上高を50%以上増やす必要があるという点に気づかなか
ったはずだ。もし受験者が最初にこの質問をしなければ、ケースの途中で面接官のほうから情報を与
える必要があり、それは受験者にとってマイナスポイントとなる。

　ここでの売上高は、ビールのみならず、すべての商品を含めたクアーズ全体
の売上高だと理解します。その前提に立つと、私の最初の仮説は、クアーズは
ミネラルウォーター市場へ新規参入することによって、売上高を50%以上増加

させることができる、というものになります。考えを整理するために、メモを取る時間を少しください。

✤ **筆者の分析コメント**：この受験者は議論を主体的に導き、最初の5分間で自分なりの仮説を提示した。

（受験者はメモ用紙に問題の構造を図式化し（以下を参照）、その作業が終わると、図を面接官に見せながら自分の考えを説明する）

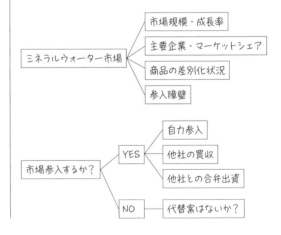

〈問題〉
クアーズの
ミネラルウォーター市場新規参入
参入すべきか否か？

参入すべきか否か？
5年以内に売上高50%以上UP

〈自社〉
● 参入の目的
● 市場規模・成長率
● 商品戦略
● 生産体制
● ブランド戦略
● 流通チャネル
● ターゲット顧客
● 成功の判断指標・目標値

（仮）市場参入 → 5年以内に売上高50%以上UP

ミネラルウォーター市場
- 市場規模・成長率
- 主要企業・マーケットシェア
- 商品の差別化状況
- 参入障壁

市場参入するか？
- YES
  - 自力参入
  - 他社の買収
  - 他社との合弁出資
- NO
  - 代替案はないか？

まずは、クアーズ自身の状況を分析した後で、ミネラルウォーター市場の業

界分析を行い、最後に市場参入の最適な方法を考えたいと思います。もし分析の結果、クアーズは市場参入すべきではないという結論になれば、5年以内に売上高を50%以上伸ばすという目的を達成するための代替案を考えます。

　クアーズ自社についての分析ですが、まずは、なぜミネラルウォーター市場に新規参入したいのか、その目的は何かを考えます。売上高を50%伸ばすことが目的なのであれば、現在の売上高がいくらかを知る必要があります。また、クアーズの商品構成や、各商品の生産がどのように行われているか、ミネラルウォーターの生産プロセスは既存商品の生産プロセスとそれほど変わらないのかを調べます。ブランド戦略も重要です。新しく販売するミネラルウォーターにクアーズのブランドネームを付けるのか、ほかの新しいブランドとして売り出すのかを検討します。

　次は流通チャネルです。現在、クアーズはビールを米国全土に流通させていますが、ミネラルウォーターの販売でも同じ流通チャネルを利用できるのかがポイントとなります。ターゲット顧客については、ビールの顧客層とミネラルウォーターの顧客層に共通点があるか否かを分析します。一般的には、ビールよりもミネラルウォーターを愛飲する人が増えてきていると認識しています。最後に、クアーズにとって何が成功と判断する指標となるのか、5年以内にミネラルウォーター市場のマーケットシェアを何%獲得したいのかを確認します。

　自社分析の次は、ミネラルウォーターの市場分析を行います。まず、現在の市場規模はどれくらいで、過去3年間の成長率と将来の市場規模予測はどうなっているかを調べます。また、業界内の主要企業と、各社のマーケットシェアも重要な情報です。競合の商品は、クアーズのミネラルウォーターと比較してどのような違いがあるのか、競合の中ですでにロッキー山脈の湧き水を使用している企業があるかも分析対象です。さらに、ミネラルウォーター市場に参入障壁や撤退障壁があるかを確認します。

　最後に、ミネラルウォーター市場へ新規参入するとした場合の、最適な参入方法を考えます。参入方法には、自社のみで一からすべての仕組みを構築する

自力参入や、他社の買収による参入、他社とのジョイント・ベンチャー設立による参入などが考えられますが、それぞれの方法の長所と短所について検討します。

✦ **筆者の分析コメント**：この受験者は、非常に良い回答をしている。メモ用紙に書いた図表を使いながら説明することで、面接官をあたかもクライアントであるかのように、議論に引き込んでいる。

　前章の「新規市場参入シナリオ」で紹介したステップに従い、この受験者は自社の分析から始めている。ここで多くの受験者は、市場の分析から始めるというミスを犯してしまう。まずは、クライアントがなぜその市場に参入するのかの目的を把握することが重要だ。また、この受験者は、自社について分析すべき項目を、漏らさず列挙している。特に、クライアントにとっての成功判断指標を確認しておくことは、あなたが向かうべき方向性を明確化するうえで非常に大切である。

　自社分析に続いて、受験者は市場に関して知っておくべき情報をすべて取り上げ、最後に市場への最適な参入方法について触れている。

　　　― いいですね。どこから始めますか？

　クアーズは、なぜミネラルウォーター市場への参入を考えているのでしょうか？

　　　― 先ほども述べたとおり、クアーズのCEOは５年以内に売上高を50％以上伸ばす目標を立てていますが、ビールだけではこの目標を達成できないと考えています。ビール市場は非常に競争が激しく、各社がマーケットシェアの争奪合戦を繰り広げています。ここ数年間、クアーズのビール売上高は横ばいで推移しており、今後５年間もこの傾向が続くと予想されています。また、たとえ新しいビール商品を販売したとしても、既存の商品とカニバリゼーションを起こすだけだと考えられています。

　現在のクアーズの売上高はどれくらいでしょうか？

　　　― 52億ドルです。

ということは、クアーズは５年以内に26億ドルを加えた78億ドルの売上高を達成しなければならないのですね？

　　　― そのとおりです。

クアーズのビールブランドには、「クアーズ」と「クアーズ・ライト」があることは知っていますが、そのほかに扱っている商品はありますか？

　　　― その２つ以外では、「キーストーン」「キーストーン・ライト」というブランドのビールを１瓶1.5ドルの安価で販売しています。ほかにも、「キリアン・アイリッシュ・レッド」「ブルームーン」というブランドのビールもあります。

ビール以外の商品は扱っていないのでしょうか？

　　　― このケースでは、ビールのみだと考えてください。あなたは先ほど、ブランド戦略と流通チャネルについて触れていましたが、これらはまた後で議論しましょう。クアーズのビールを飲んでいるのは、どのような顧客だと思いますか？

建設現場などで働いている肉体労働者や、大学生、スポーツ観戦者で、主に男性顧客だと思います。

　　　― そんなところでしょう。先ほどのあなたの説明の中で、クアーズのミネラルウォーター市場におけるマーケットシェアの目標について話がありましたが、彼らの目標は５年以内に10％のシェアを達成することです。このほかに、知りたいことはありますか？

ミネラルウォーター市場の状況について詳しく知りたいと思います。具体的には、市場規模、成長率、業界内の主要企業と各社のマーケットシェア、各社

の商品の差別化状況、参入障壁と撤退障壁の有無が挙げられます。

　　— 昨年度のミネラルウォーターの市場規模は110億ドルで、今後５年間は毎
　　年５％ずつ成長していくことが予想されています。96％は炭酸の入ってい
　　ない真水で、４％が炭酸水です。業界の主要企業は、コカ・コーラ、ペプシ、
　　ネスレの３社で、この３社がマーケットシェアの60％を占めており、36％
　　は多数の企業がシェアを競っています。これらの企業は、世界各地で販売を
　　行っている国際的な会社もあれば、特定の地域に密着して販売を行っている
　　会社もあります。後者の中には、プライベートブランドの商品を扱っている
　　会社が一部あります。残りの４％は炭酸水で、主要企業はサンペレグリノ、
　　ペリエ、VOSS、ポーランドスプリングです。
　　　また、ミネラルウォーターは、大きく３つのカテゴリーに分類されます。
　　１つは高価格帯のプレミアムブランドで、フィジー、エビアン、サンペレグ
　　リノなどが該当します。２つめは大衆向けの中価格帯商品で、コカ・コーラ、
　　ペプシ、ネスレの３大企業がこのカテゴリーを支配しています。クアーズが
　　参入を考えているのは、この中価格帯カテゴリーです。３つめは低価格帯の
　　商品で、地域密着型の企業ブランドが中心となっています。次はどうします
　　か？

　数字を検証するための時間を少しください。クアーズは５年以内に売上高を
26億ドル増やす必要があり、また、ミネラルウォーター市場で10％以上のマー
ケットシェアを取ることを目標としていますが、10％のマーケットシェアで26
億ドルに達するのかどうかを確認したいと思います。昨年度の市場規模が110
億ドルで、今後５年間は毎年５％ずつ成長することが見込まれているので、５
年後の市場規模を計算します。

（受験者はメモ用紙に「$110 \times (1.05)^5$」の式を書きとめる）

　毎年５％ずつ成長すると、５年間では25％となりますが、正確には複利の効
果を考慮する必要があります。複利の効果を考えると、５年後までの実際の成

長率は25%以上30%未満ですが、ここではおおよそ28%とします。すると、110億×1.28は……（計算する）……約140億ドルとなります。この10％のシェアは14億ドルとなり、目標とする売上高には12億ドル足りません。

✦ 筆者の分析コメント：この受験者は、必要以上に複雑な計算をするところだったが、なんとか踏みとどまった。ケース面接で電卓を使用させないのは、受験者がどのように思考しているかと、発言を口にする前に頭の中で考えているかを、チェックするためである。面接官は、受験者が数字の計算に苦戦している姿を見たいとは思っていない。この問題で犯してしまいがちなミスは、5％ずつ成長する市場規模を、毎年5回分繰り返して計算することである。

　もう1つの起こりうるミスは、数字の桁数を間違えてしまうことだ。たとえば、140億ドルが正しいところを、1,400億ドルと計算してしまったとしよう。これは、どう考えてもありえない数字だ。しかし、いったん1,400億ドルと口に出してしまうと、たとえ後でおかしいことに気がついて訂正したとしても、大きな失点は免れない。このミスは、口に出す前に頭の中で、それが本当に合理的なのかどうかを考えていないことの証拠になる。面接でこのようなミスを犯す人は、クライアントの前でも同様のミスを犯すことになるので、信用できない人物と評価される。信用を置けない人物が、戦略コンサルティング・ファームから内定を獲得することはありえない。

　　　— 26億ドルの売上目標を達成するためには、ミネラルウォーター市場のシェアを何％取る必要がありますか？

　10％が14億ドルで、20％が28億ドルなので、20％より少し少ないくらいになります。約18％というところでしょうか。

　　　— いいでしょう。ミネラルウォーター市場のマーケットシェアを5年以内で18％にすることなど不可能です。実際のところ、10％シェアを取れれば幸運でしょう。最も手っ取り早く、マーケットシェアを獲得する方法は何でしょうか？

　競合よりも販売価格を下げることです。

　　　— 最も早く、マーケットシェアを獲得する方法は何ですか？

大々的な広告宣伝活動を行うことでしょうか？

　― 最も早く、マーケットシェアを獲得する方法は何ですか？

他社を買収することでしょうか？

✤ **筆者の分析コメント**：この受験者は、自信を失ってしまっている。面接官は、質問に対する受験者の回答が望んでいたものとは異なるので、同じ質問を繰り返した。受験者は、最初の回答では自信を持っていたが、何度も同じ質問をされるにつれて、言葉に詰まっている。ケース面接のプロセスを通じて最も重要な要素を突き詰めると、論理的構造と自信の２つに集約される。そして、どちらか１つが崩れてしまうと、もう１つの要素もつられて崩れてしまうのが通常である。

　― そうですね。実はクアーズは、現在４％のシェアを持ち、ジョージア州を中心とした地域密着型のブルドック・ウォーターという企業の買収を検討しています。クアーズがロッキー山脈の天然水を原料としているのに対して、ブルドッグ・ウォーターの原料は地元の水道水です。２つの水は成分がとても異なっており、水源地は3,200㎞も離れているので、クアーズは買収後も１つの企業に統合せず、別会社として経営することを考えています。クアーズは中価格帯のセグメントを、ブルドッグ・ウォーターは低価格帯のセグメントをターゲットとする計画です。マーケットシェアの獲得以外で、ブルドッグ・ウォーターを買収することのメリットを２つ挙げてください。

ミネラルウォーターのビジネスに関する知識や技術の蓄積です。クアーズはこの市場に参入するのは初めてなので……

　― いいでしょう。ほかには何がありますか？

生産設備の共有……

　― 製造コストを削減するために、クアーズが3,200㎞も離れた工場へ水を運ぶ

ことはありません。ほかには何がありますか？

流通チャネルの活用です。

— そうですね。クアーズはブルドッグ・ウォーターの既存の流通チャネルを使って、自社ブランドの商品を販売することができます。

✦ **筆者の分析コメント**：受験者は、この局面をうまく乗り切った。発言の途中でさえぎられた回答もあったが、すぐにほかの案を提示することができた。

— あなたの冒頭の説明で、ブランド戦略についても触れられていました。クアーズは、商品にどのようなブランド名を付けるべきでしょうか？　「クアーズ・ウォーター」か、それとも別の名前でしょうか？

ビール会社がミネラルウォーターを販売することに対する、消費者の反応を考える必要があります。クアーズという名前は、多くの消費者がビールと関連付けて認知しているでしょう。ミネラルウォーターに対して消費者が抱くイメージは、清純や健康といったものであるのに対して、ビールにはそのようなイメージはありません。各家庭の母親は、自分の子供たちがクアーズの名前を冠した飲料を飲むことは好まないと思います。また、世界で最も有名なブランドの１つと言えるコカ・コーラでも、ミネラルウォーターを「コーク・ウォーター」とは名付けておらず、ダサニ（Dasani）として販売しています。

— クアーズは現在、各地域の流通業者を通してビールを米国全土に配給していますが、ミネラルウォーターの販売でも同じ流通業者を起用すべきでしょうか？

はい、そうするべきです。別の新しい流通網を構築するよりも、コストを抑えられます。

今のあなたの回答は、間違っていると指摘しましょう。ミネラルウォーターの販売拠点は、ビールの販売拠点の3倍あります。たとえば、ビールをマクドナルドで買うことはできませんし、学校で買うこともできません。もしクアーズがミネラルウォーター市場で10%のシェアを取りたければ、考えられるあらゆる場所で販売する必要があります。また、ビールの絵が大きく描かれたトラックが小学校の前に止まって、生徒たちの前でミネラルウォーターを運び出している光景は好ましいものではなく、クアーズのブランドイメージを傷つけることになるでしょう。私からの最後の指摘は、クアーズの目的が売上高を増やすことであるにもかかわらず、なぜあなたはコストの問題を取り上げたのでしょうか?

ご指摘いただいたポイントはすべて筋が通っており、私が間違っていたと認めます。クアーズは、ミネラルウォーターの販売に際して、新たな流通網を構築すべきです。

✦筆者の分析コメント：面接官が受験者の回答と異なる案を提示して、受験者が自分の回答を、落ち着いて論理的に防御できるかを試すことはよくある。このケースでは、受験者の回答が誤っており、本人もそれを認める結果となった。誤りを認めることは、恥ずかしいことではない。自分の回答が間違っていることを認めたくないばかりに、説得力に欠ける論拠で対抗するよりも、誤りを素直に認めるほうがよい。

　　― わかりました。クアーズは、ミネラルウォーターを「ロッキーマウンテン・スプリングウォーター」と名付けて、新しい流通網を通して販売するとします。新商品の販売に際しては、有名人を起用して国内全土で大々的なキャンペーンを行い、参入初期は割引価格で販売します。これに対して、コカ・コーラはどのように反応すると思いますか?

はい、コカ・コーラは自分たちの領域にクアーズが踏み込んでマーケットシェアを奪っていくのを看過せず、即座に対抗してくるでしょう。

― 仮にクアーズがすべてを首尾よく実行して、マーケットシェアの10%を獲得したとしましょう。それでも、まだ売上目標に12億ドル足りません。クアーズは、この不足分をどのようにして埋めるべきでしょうか？　なお、ブルドッグ・ウォーターの買収でM&Aの予算は使い果たしており、別の競合を買収することはできません。また、輸出販売もこれ以上は伸ばせないものとします。

（受験者は少し考え込んでから回答する）

　マーケットシェアの10%を達成するまでに、クアーズは新しいブランドの立ち上げや流通チャネルの構築に、多大な時間と労力、金をかけており、それらはすべてうまくいっていると仮定すれば、次に彼らが行うのは商品ラインの拡大です。たとえば、香料の入ったミネラルウォーターや、レモネード、紅茶、緑茶、スポーツドリンクなどが考えられます。これらの商品は、ロッキーマウンテン・ブランドのみならず、ブルドッグ・ブランドでも展開することが可能です。

　　― 非常に良い回答です。それらを実行すれば、売上目標までの不足額は5,000万ドルまで縮まるとしましょう。クアーズのCEOがあなたに会って話がしたいと言ってきました。CEOに何を伝えますか？

　実際に会って話すまで、少しだけ時間がほしいと伝えます。今すぐ会っても、売上目標の26億ドルには不足すると言わなければなりませんから、彼に「目標を達成できる」と言える材料をすべてそろえてから会いたいと思います。まず、5年後までには景気が今よりも上向いていることが予想され、そうすると5,000万ドルの不足分の大部分は、ビールの売上増でカバーできると考えます。次に、ビール以外のアルコール飲料、たとえば、ウォッカやテキーラ、リワーなどへの商品多角化ができないかを検討します。
　最後に指摘させていただくと、クアーズからのそもそもの依頼は、ミネラルウォーター市場の状況を分析して、市場に参入すべきか否かを判断する、とい

うものでした。すでに見てきたとおり、ミネラルウォーター市場への参入によって、売上目標はほぼ達成できる見込みとなっています。たった5,000万ドル不足するからという理由で、この大きなチャンスを逃す手はないと考えます。

　― あなたの最終的な結論を述べてください。

　クアーズは、ミネラルウォーター市場へ参入すべきです。商品は「ロッキーマウンテン・スプリング」という新しいブランド名で販売を展開します。また、ブルドッグ・ウォーターを買収してマーケットシェアを獲得すると同時に、彼らの技術や知識、顧客層を活用します。新商品の販売に際して新しい流通網を構築し、それが整った後は、レモネードや紅茶などの商品多角化を図ります。

　― いいでしょう。

✤ **筆者の分析コメント**：この受験者は、ケースの後半から結論にかけて、非常に良い形で締めくくった。ミネラルウォーター以外の商品多角化を、クアーズのみならず、ブルドッグのブランドでも行うというアイデアは、創造的と言えるだろう。しかし、それに輪をかけて良かったのは、クアーズのCEOと実際に会うのは、目標をすべて満たす材料をそろえてからだという強い決意である。ほとんどの受験者は、「ミネラルウォーター市場への参入は非常に有望ですが、売上目標まで5,000万ドルだけ不足します」と伝える回答にとどまる。また、最後のまとめでは、まず結論を述べてから、その後に具体的なプランを並べて、結論を補強している。途中で面接官から同じ質問を繰り返される攻撃を受けたが、冷静さを保って軌道修正を図ることができた。1つ惜しいのは、市場への参入に伴うリスク要因を取り上げなかったことだ。新たに取り組む戦略に対しては、そのリスク要因についても触れることが重要である。

ケースをどこから始めるか？

ケースの初期段階における取り組み方

　ケースが出題された後、最初にどこから取り組めばよいのかがわからずに苦労する人は多い。具体的には、分析すべき重要な項目は何か？　面接官に問い掛けるべき質問は何か？　問題の論理構造をどのように図式化すればよいか？　といったことだ。ここでは、どのようにケースを始めるべきかについて説明する。

　ケースの出題形式は大きく分けて2つある。1つは、受験者主導型と呼ぶもので、出題内容が漠然としている特徴がある。具体的には、「クライアントの問題はAである。どうすればよいだろうか？」という問い方であり、BCGやベインはこの形式をとっていることが多い。このタイプの問題では、論理構造の図式化を非常に注意深く行う必要があり、また、仮説に基づいた回答が求められる。ここでの仮説とは、予想される結論であり、詰まるところ、先に結論を立ててから問題に取り組んでいく、という形になる。

　もう1つの出題形式は、面接官主導型である。具体的には、「クライアントの問題はAである。市場規模を推定したうえで、設定すべき価格、損益分岐点、期待利益を考えてほしい」というように、出題内容が明確である点が特徴だ。このタイプの問題では、必ずしも問題で聞かれている順番に沿って答える必要はなく、あなたが最も適切だと考えるプロセスに従って1つずつ答えていけばよい。この例題で受験者が犯しがちなミスは、すぐに市場規模を計算しようとすることである。何度も言うように、問題解決までの論理構造を考えることが先決である。問題の中で答えるべき項目が列挙されている場合、それをヒントにしながら結論を示す、プレゼンテーション・スライドのようなものを最初に作成できることが多い。このスライドは、議論の途中や結論を提示する段階で、あなたのみならず面

接官も参照する、論理構造図として役立つことになる。

　ケースで用いるフレームワークの中には、「短期的戦略」と「長期的戦略」に分けて考える方法や、「内部要因」と「外部要因」に分ける方法など、かなり単純化されたものもある。フレームワークを用いる際は、目先の細かい項目にとらわれず、全体像を俯瞰する姿勢が重要だ。自分が知っているフレームワークに無理やり当てはめようとしたり、どんなケースにも同じフレームワークを用いたりすることは禁物である。私の教え子にも、すべての問題に対して「P＝R－C」という式を書いて、それに当てはめようとする人が多く見られた。これは、５Ｃ分析や４Ｐ分析のようなお決まりのフレームワークを常に用いることと似ているが、このようなやり方は面接官から創造力や発想力の欠如と受け止められ、マイナス評価につながることとなる。

　どんなケースが出題されても、問題の要点を整理することから始めて、クライアントの目的・目標を確認し、問題の内容をより明確化するための質問を投げ掛け、問題解決までの大まかな道筋・論理構造を示すというステップは共通である（前章の「５つのステップ」を読み返すこと）。

　ここで紹介する５つのケース問題から最大限の効果を得るためには、本番で面接官が行うように、問題を声に出して読み、初期段階で必要な要点をまとめ、目的の確認、明確化するための質問、論理構造の図示も本番さながらに行い、それを録音するのがよい。論理構造は必ず自分の手でノートに書いて作成し、それを本書に掲載されているものと比べてみる。２つの論理構造が異なっていても、気にする必要はまったくない。そもそも、ケース問題では唯一の正解など存在しないのだ。面接官が評価しているのは、あなたがどのように思考し、それをどのように構造化して、それをどのように相手に伝えるのかという点である。一通りの回答を終えたら、録音した音声データを再生して、自分が話しているときのスピードや、声の調子、自信が感じられるかをチェックしよう。初めて自分の回答を聴くときは、おそらく失望することになるだろう。しかし、練習を積めば積むほど、あなたの受け答えは確実に良くなっていくはずだ。

5つの例題

ケース1：中国では、発電所、化学工場、製紙工場、繊維工場によって河川や湖の70%が汚染されており、生活用水の質は中国国民にとって大きな関心事となっている。健康の安全を図るために国民のミネラルウォーター志向が高まっており、都市の発展とともに、ミネラルウォーター市場の成長が見込まれている。クライアントのネスレは、マーケットシェアを伸ばすためにはどうするのが最善かをわれわれに求めている。

ケース2：ハッカー・ガード社は、米国の防犯カメラ市場におけるリーディング・カンパニーである。彼らはIPO（新規株式公開）を望んでいるが、業績の不安定さが足かせとなっており、直近の10四半期中、7四半期で赤字を計上する結果となっている。どうすれば、業績を安定化させながら利益を伸ばしていくことができるだろうか？

ケース3：香港で事業を展開している企業が、米国のゲーム製造会社の買収を検討している。買収の実行にあたって、どのような点を考慮する必要があるだろうか？

ケース4：イタリアの大手電子機器メーカーが、iPadと非常によく似たタブレットPCを開発した。彼らは、この製品をいくらで販売すべきだろうか？

ケース5：われわれのクライアントは、デトロイトに本社を置く世界的な自動車メーカーである。この会社の部品製造部門はマーケットシェアが20%で、顧客のオプションに対応するための部品や付属品を、約50万種類製造している。ここ数年間、クライアントは業績不振に陥っており、CEOはその原因が自社の行き過ぎた内製化（自社の製品を構成する部品を、外部企業から購入せず、自社自身で製造すること。部品全体に占める自社製造部品の割合のことを内製率と呼ぶ）にあるのではないかと考えている。実際のところ、最大の競

合企業は部品の内製率が40%であるのに対して、クライアントの内製率は80%である。クライアントのCEOはわれわれにアドバイスを求めているが、この問題にどこから取り組めばよいだろうか？

ネスレの中国ミネラルウォーター事業

▶ 中国では、発電所、化学工場、製紙工場、繊維工場によって河川や湖の70%が汚染されており、生活用水の質は中国国民にとって大きな関心事となっている。健康の安全を図るために国民のミネラルウォーター志向が高まっており、都市の発展とともに、ミネラルウォーター市場の成長が見込まれている。クライアントのネスレは、マーケットシェアを伸ばすためにはどうするのが最善かをわれわれに求めている。

要点のまとめと目的の確認：

　中国ではさまざまな工場によって生活用水が汚染されており、特に都市部においてミネラルウォーター市場の成長が見込まれるため、クライアントのネスレはマーケットシェアの拡大を望んでいるということですね。マーケットシェア以外に、私が頭に入れておくべきクライアントの目的はありますか？

（ほかの目的はないと仮定する）

明確化するための質問と論理構造の図示：

　まず、中国のミネラルウォーター市場におけるネスレの現状分析を行う必要があります。具体的には、現在のマーケットシェアと、過去からの成長率を把握します。そして、ネスレにとって成功を意味する判断指標は何かを確認します。つまり、ネスレは何%のマーケットシェアを目標としているのか、それは現実的に可能なのか、という点です。また、ネスレは現在いくつのブランドを販売しているのか、どのような価格戦略をとっているのか、価格水準は競合他社と比べてどうかも分析対象となります。

　次に、中国のミネラルウォーター市場の状況を分析します。具体的には、現在の市場規模、過去からの市場成長率、業界内の主要企業と、各社のマーケットシェアを調べます。また、ここ数年の間に、企業間のM&Aや新規企業の参入、新技術の導入といった大きな変化が起きていないかも調べます。さらに、

市場の参入障壁や撤退障壁がないかの確認も重要です。特に、ネスレは外資企業となるので、マーケットシェアの制限に関する外資規制のルールがないかも確認します。流通チャネルの面では、小売店販売、ホームデリバリー、オフィスデリバリーのそれぞれが、どのように伸びてきているかを調べます。

　自社分析と市場分析の次は、ネスレがマーケットシェア拡大を実現するための成長戦略を考えます。具体策としては、流通チャネルの拡大、商品ブランドの多角化、大々的な販促キャンペーンの展開、他社の買収、季節限定商品の販売などが挙げられます。

　最後に、中国以外の主要地域、たとえば北米やヨーロッパにおけるネスレのミネラルウォーター・ビジネスの状況について分析します。これらの地域におけるネスレの成長率がどうなっているかを調べて、経営資源を中国に割くのが本当に得策なのか、それとも他地域へ割り当てるべきなのかを検討します。

（メモ用紙の論理構造図は次のようなものとなる）

〈**問題**〉
中国＝生活用水の汚染
ミネラルウォーター市場の成長
ネスレ＝マーケットシェアを
拡大したい

〈**目的**〉
マーケットシェアの拡大

〈**ネスレ（自社）**〉
● 現在のマーケットシェア
● 成長率
● 成功の判断指標・目標値
● 商品戦略・ブランド戦略
● 価格戦略

〈**成長戦略**〉
● 流通チャネルの拡大
● 商品・ブランド多角化
● 販促キャンペーン
● 他社の買収
● 季節限定商品

〈**中国ミネラルウォーター市場**〉
● 市場規模・成長率
● 主要企業・マーケットシェア
● 大きな変化（M&A、新規参入、新技術）
● 参入障壁・撤退障壁―外資規制の有無
● 流通チャネル（小売店、自宅、オフィス）

〈**他地域の状況**〉
● 北米、ヨーロッパ等の成長

参考データ（2018年執筆時点）

　中国のミネラルウォーター市場は、2000年の10億ドルから2017年には160億ドルまで成長しており、2020年には250億ドルに達すると予想されている。北米地域の市場規模予測は2020年で300億ドル、成長率は18％と見込まれており、ヨーロッパの市場規模は横ばいで推移するとの見方である。ネスレの中国市場におけるマーケットシェアは1.7％であり、ネスレ全体の売上高の7％を占めるまでに伸びている。業界のトップ企業は杭州娃哈哈合資公司（コウシュウワハハグループ）（杭州娃哈哈合資公司は、ダノン傘下の中国国内最大および世界第5位の飲料メーカーである）で、マーケットシェアは14％である。

ハッカー・ガード社

▶ ハッカー・ガード社は、米国の防犯カメラ市場におけるリーディング・カンパニーである。彼らはIPO（新規株式公開）を望んでいるが、業績の不安定さが足かせとなっており、直近の10四半期中、7四半期で赤字を計上する結果となっている。どうすれば、業績を安定化させながら利益を伸ばしていくことができるだろうか？（面接官が受験者に以下の図表を手渡す）

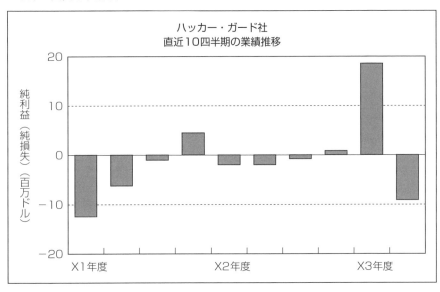

要点のまとめと目的の確認：

　クライアントのハッカー・ガード社は、IPOを目論んでいるものの、業績の不安定さに悩まされており、業績を安定させながら利益を伸ばしていくことを望んでいるということですね。これ以外に、私が頭に入れておくべきクライアントの目的はありますか？

　（ほかの目的はないと仮定する）

明確化するための質問と論理構造の図示：

　まず、この図表から何が読み取れるかを調べたいと思います。直近10四半期の業績推移を見る限り、利益と損失の出方に一定のパターンはなく、また、いくつかの四半期では利益や損失の金額が大きく膨らんでいます。たとえば、第1四半期では1,200万ドルの損失を計上している一方、第9四半期では1,800万ドルの利益を稼いでいますが、この要因は何なのかを調べます。

　（この問題は利益増加シナリオなので、E（P＝R－C）Mの式をメモ用紙に書きとめる）

　最初に、クライアントを取り巻く外部環境の分析を行います。クライアントが直面している問題は、自社に固有のものなのか、それとも業界内の企業に共通する問題なのかを調べます。マクロ経済の状況についても分析が必要です。具体的には、失業率、金利動向、国民の可処分所得水準などが重要な指標となります。特に、高い失業率と可処分所得水準の低下はクライアントの業績に大きな影響を与えるものとなります。

　次に、米国の防犯カメラ市場の状況を分析します。現在の市場規模と過去3年間の成長率、主要企業と各社のマーケットシェアは押さえておくべきポイントです。また、競合各社の直近10四半期の業績を見て、他社もクライアントと同時期に損失や利益を計上しているのか、損益の出方はクライアントに特有のものなのかを調べます。特に大きな金額の利益や損失を計上している四半期には、大企業の不祥事など、防犯カメラ業界のビジネスに影響を及ぼす重大なイベントが発生していないかをチェックします。

　業界の状況を把握した後は、クライアント自社の内部要因を分析します。最初に収益構造の把握、具体的には、商品構成と、商品別の売上高や利益がどのように変化しているかを調べます。次は顧客セグメントの把握です。どのような顧客層が中心となっており、顧客数はどれくらいか、顧客セグメントごとの売上高や利益はどうなっているか、顧客との契約形態はどうなっているか、平均的な契約期間はどれくらいか、契約の解約率はどれくらいか、解約率を競合と比較した場合はどうなっているかを調べます。

収益構造の次は、コスト構造の把握です。クライアントのコスト構造はどうなっており、各コスト項目はどのように変化しているか、競合のコスト構造と比較してどのような違いが見られるか、過去に他社の買収や大規模な技術投資を行っているかなどが、分析すべきポイントになります。

（メモ用紙の論理構造図は以下のようなものとなる）

〈問題〉
ハッカー・ガード社
● 米国防犯カメラ市場トップ
● IPOしたい⇔業績不安定

業績の安定化＋利益増加

〈目的〉
業績の安定化＋利益増加

E（P＝R－C）M

〈外部要因〉
● 高い失業率
● 可処分所得の低下

● 市場規模・成長率
● 主要企業・マーケットシェア
● 損益の出方
　➡自社特有 or 業界共通？

〈内部要因〉

収益構造
● 商品構成
● 売上・利益の変化
● 顧客セグメント
　・顧客数
　・セグメント売上・利益
　・契約期間
　・解約率

コスト構造
● コスト項目・変化
● 異常なコストの有無
● 競合との比較
● M&A、技術投資の有無

香港企業の米国ゲーム会社買収

▶ 香港で事業を展開している企業が、米国のゲーム製造会社を買収することを検討している。買収の実行にあたって、どのような点を考慮する必要があるだろうか

要点のまとめと目的の確認：

　香港企業が米国のゲームメーカーを買収するにあたって検討すべき項目を挙げる以外で、私が頭に入れておくべき事項はありますか？

（ほかに考慮すべき事項はないと仮定する）

明確化するための質問と論理構造の図示：

（この問題はM&Aに関連するシナリオなので、前章の該当箇所を参照されたい）

　M&Aの実施に際して検討すべき項目を、大きく4つの視点に分けて考えたいと思います。4つの視点とは、自社、業界、デューデリジェンス、出口戦略です。

　まず、自社に関しては、香港企業がどのような会社なのか、具体的には、プライベート・エクイティ・ファームなのか、彼ら自身もゲーム製造会社なのかを確認します。そして、なぜ彼らが米国のゲームメーカーを買収したいのかという目的を確認します。考えられる目的としては、米国市場への新規参入、買収先が所有している特殊技術の獲得、マーケットシェアの拡大、コスト削減等のシナジー効果などが挙げられます。また、仮に彼らがプライベート・エクイティ・ファームである場合は、現在どのような企業へ投資を行っているのか、ほかにもゲーム会社への投資を行っていないかを調べます。

　次に、米国ゲーム市場の業界分析を行います。市場規模はどれくらいで、過

去3年間の成長率はどうなっているか、主要なプレーヤーはどのような企業か、各社のマーケットシェアはどうなっているか、競合の製品は買収先の製品と比べてどのような違いがあるか、顧客セグメントはどうなっているか、企業間のM&Aや新規企業の参入、技術革新などの大きな変化が市場に起きていないか、といった点が検討すべきポイントとなります。

　3点目のデューデリジェンスに関しては、全般的なマクロ経済の状況、米国ゲーム業界における買収先企業のポジション、顧客層の安定度、主要な仕入先と販売先、販売流通網、経営陣について調べます。また、買収相手の企業文化

（メモ用紙の論理構造図は次のようなものとなる）

〈**問題**〉
香港企業
米国ゲームメーカーの買収
検討すべき項目は何か？

〈**目的**〉
● M&Aで検討すべき項目は？

〈**自社**〉
● PE？　ゲームメーカー？
● M&Aを行う目的
　・米国市場への参入
　・特殊技術の獲得
　・マーケットシェアの拡大
　・シナジー効果（コスト削減）
● (PEの場合) 他の投資先は？

〈**業界・市場**〉
● 市場規模・成長率
● 主要企業・マーケットシェア
● 製品の差別化状況
● 顧客セグメント
● 大きな変化 (M&A、新規参入)

〈**デューデリジェンス**〉
● マクロ経済
● 業界内のポジション
● 顧客層の安定度
● 主要仕入先・販売先
● 販売流通網
● 経営陣
● 予想される競合の反応

〈**出口戦略**〉
● 会社全体を第三者へ売却
● 高収益部門の会社分割→IPO
● 不採算部門の閉鎖・資産売却

が自社の社風とマッチするかも重要なポイントです。買収を実行して市場参入した場合に、既存の競合がどのように反応するかも予想します。

　最後の出口戦略は、仮に買収した後の経営がうまくいかなかった場合に、どのような方法で撤退するかを考えます。具体策としては、会社全体を第三者へ売却する、高収益部門を会社分割してIPOを行う、不採算部門を閉鎖して資産を切り売りする、などが考えられます。

新型タブレットPCの価格戦略

▶ イタリアの大手電子機器メーカーが、iPadと非常によく似たタブレットPCを開発した。
彼らは、この製品をいくらで販売すべきだろうか？

要点のまとめと目的の確認:

受験者の回答例は割愛するが、価格設定以外の目的がないかも確認すること
（ここでは、ほかに考慮すべき目的はないと仮定する）。

明確化するための質問と論理構造の図示:

まず、この会社自身についての分析を行います。なぜタブレットPC市場に
参入したいのか、過去３年間の売上高や利益はどうなっているのか、消費者に
よく知られているブランドなのか、商品構成、生産体制、流通チャネル、顧客
セグメントはどうなっているのか、既存顧客はタブレットPCのターゲット顧
客と重なっているのか、この会社にとって成功と判断する指標・目標は何かと
いう点を調べます。

次に、タブレットPC市場の状況を分析します。具体的には、現在の市場規
模、過去からの成長率、将来の成長率予測、新規企業の参入や新技術の導入な
どの大きな変化が業界に起きていないかを確認します。過去にヒューレット・
パッカード（HP）がタブレットPC市場に新規参入してからわずか７週間後に
撤退を発表し、その１年後に別のタブレットPCを開発して再参入した事例が
あるということも、頭に入れておくべき点だと考えます。

自社と市場についての分析を行った後に、価格戦略を決定します。価格戦略
は大きく４つの視点から検討します。第一に、この会社が何を最優先の目的と
するかの確認です。利益の最大化を目的として、アップルのようにプレミアム
価格を設定するのか、マーケットシェアの最大化を目的として、サムスンのよ
うに低価格で販売するのか、タブレット機器以外の付属品から利益を上げるこ
とを目的として、アマゾンのようにコストと同水準の価格を設定するのかを確

認します。第二に、競合との比較分析を行います。市場にはどのようなプレーヤーがいて、競合の製品は自社とどのような違いがあるのか、競合はどのような価格を設定しているのか、代替品が存在するか、自社の参入に対して競合はどのような反応をすると予想されるか、などがポイントとなります。

　第三に、コストをベースとした価格設定を考えます。タブレットPCの製造のみならず、流通や販売も含めたすべての活動にかかる費用がいくらなのかを調べて、それに一定のマージンを乗せた価格設定を検討します。マージンは、ほかの既存製品の利益率を参考にして決めるのが妥当と考えます。最後に、自社の製品が顧客に提供する付加価値をベースとした価格設定を考えます。これは、顧客が自社の製品にいくらまでなら支払う意志があるかを分析し、その価値に基づいて販売価格を決定する方法です。もちろん、その価値が自社のコストを上回っていることが条件となります。

（メモ用紙の論理構造図は次のようなものとなる）

〈問題〉
イタリアの電子機器メーカー
　タブレットPCを開発
いくらで販売するか？

〈目的〉
タブレットPCの価格設定

〈自社〉
● 市場参入の目的
● 売上高・利益の推移
● ブランド力
● 商品構成
● 生産体制
● 流通チャネル
● 顧客セグメント
● 成功の判断指標・目標値

〈市場〉
● 市場規模・成長率
● 大きな変化（新規参入、新技術）

〈価格戦略〉

最優先の目的 ─ 利益
　　　　　　─ マーケットシェア
　　　　　　─ 付属品からの利益

● 競合との比較・代替品
● コストベースの価格設定
● 価値ベースの価格設定

世界的な自動車メーカーの内製化問題

▶ われわれのクライアントは、デトロイトに本社を置く世界的な自動車メーカーである。この会社の部品製造部門はマーケットシェアが20%で、顧客のオプションに対応するための部品や付属品を、約50万種類製造している。ここ数年間、クライアントは業績不振に陥っており、CEOはその原因が自社の行き過ぎた内製化にあるのではないかと考えている。実際のところ、最大の競合先は部品の内製率が40%であるのに対して、クライアントの内製率は80%である。クライアントのCEOはわれわれにアドバイスを求めているが、この問題にどこから取り組めばよいだろうか?

要点のまとめと目的の確認:

　この問題も受験者の回答例は割愛する。問題の要点をまとめた後に、問題文中では触れられていない目的がないかも確認すること(ここでは、ほかに考慮すべき目的はないと仮定する)。なお、この問題は利益増加シナリオだと思うかもしれないが、少し異なるアプローチでの回答例を示す。

明確化するための質問と論理構造の図示:

　まず、クライアントの会社全体と部品製造部門の状況について分析します。双方の過去3年間の売上高と利益はどうなっているのか、部品製造部門の売上高と利益は会社全体の何%を占めているのか、部品製造部門のマーケットシェアは過去3年間どのように推移しているのか、シェアは増加傾向にあるのか、減少傾向にあるのか、コスト構造で大きく変化しているものはないか、クライアントにとって成功と判断する指標・目標は何かを確認します。

　次に、市場分析を行います。自動車業界全体のトレンドはどうなっているか、自動車部品市場の市場規模と成長率はどうなっているか、市場において新規企業の参入や新技術の導入などの大きな変化が起きていないかが、主な検討項目となります。

　最後に、とるべき戦略の決定です。ここでは大きく4つの視点から検討しま

す。4つの視点とは、コスト、戦略的付加価値、代替手段、出口戦略です。

　まず、コスト面ですが、大きく内部要因コストと外部要因コストに分けて、それぞれについてコストを削減する方法がないかを調べます。内部要因コストは労働賃金や原材料費が該当し、外部要因コストは支払金利、燃料費、輸送費などが該当します。

　戦略的付加価値の視点で考えるのは、自社で部品を内製化することの真の価値はどこにあるのか、ということです。内製化の当初の目的はコスト削減だったと思われますが、現在ではその状況が変わっているかもしれません。また、自社のみが持っている特許技術がないかも確認すべきポイントです。

（メモ用紙の論理構造図は次のようなものとなる）

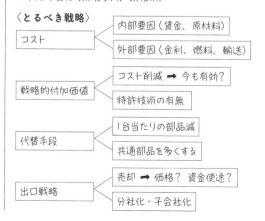

〈**問題**〉
世界的自動車メーカー

部品製造部門
　・マーケットシェア 20%
　・50万種類

全社業績不振
　➡ 高い内製率が原因？
　内製率80% ⟺ 競合は40%

どこから手をつけるか？

〈**目的**〉
とるべき戦略の立案

〈**自社**〉
● 会社全体の売上・利益
● 部品製造部門の売上・利益
● 全体に占める割合
● マーケットシェアの推移
● コスト構造の変化
● 成功の判断指標・目標値

〈**市場**〉
● 市場規模・成長率
● 大きな変化（新規参入、新技術）

〈**とるべき戦略**〉

コスト ── 内部要因（賃金、原材料）
　　　　── 外部要因（金利、燃料、輸送）

戦略的付加価値 ── コスト削減 ➡ 今も有効？
　　　　　　　── 特許技術の有無

代替手段 ── 1台当たりの部品減
　　　　── 共通部品を多くする

出口戦略 ── 売却 ➡ 価格？ 資金使途？
　　　　── 分社化・子会社化

代替手段の例として挙げられるのは、自動車1台当たりの部品数を少なくすることや、複数の車種で共通して使用できる部品をなるべく多くすることなどですが、特に後者は注意が必要です。GMは過去にこの方式を採用した結果、消費者にはすべてのモデルが同じように見えてしまい、経営不振に陥りました。また、自社で部品を内製化するコストと、外部から部品を購入した場合のコスト比較も必要です。

　最後は出口戦略です。仮に内製化はやめるとした場合に、部品製造部門を外部の第三者に売却するのか、本社からは分社化して子会社化とするのか、などを検討します。売却を選択する場合は、いくらくらいで売れるのか、売却で獲得した資金はどのように使うのかも考慮すべき点です。

ケース問答集

　ケース対策として、専門知識のある指導者と模擬面接の練習を積むことに勝るものはないが、次善策となるのは、できる限り多くのケース事例を読むことである。多くのケース事例に触れるにつれて、あなたの頭の中にデータが蓄積されていき、新しいケースに取り組む際に、これらのデータをヒントとして役立てることができる。

　これから紹介する実例集を最大限活かすための方法は、まず問題を読んでから、問題解決までの論理構造を自分なりに組み立てることだ（メモ用紙への図示も行うこと）。私とあなたの想定回答が一致することはほとんどないだろうが、気にする必要はない。ケースの議論にはさまざまな不確定要素が存在し、途中で方向性がガラッと変わることもあるので、それらを予測して回答することなど不可能である。自分なりの回答を作成した後は、本書の回答例を読んで、自分が思いつかなかったポイントをケース・ノート（第2章を参照のこと）に書き込んでおこう。ケース・ノートを読み返すたびにあなたの知識は確固たるものとなり、ケースに自信を持って取り組めるようになるだろう。

ケース索引

ネットフリックス
── DVD宅配レンタル事業からの撤退

▶ クライアントのネットフリックス（Netflix）が、会員向けのDVD宅配レンタルサービスをいつ、どのような方法で終了すべきかについて、アドバイスを求めている。どこから手をつければよいだろうか？

ケース問答例

　　DVD宅配レンタルサービスからの出口戦略を考える以外に、私が頭に入れておくべきクライアントの目的はありますか？

　　　　── いいえ、ありません。

　　いくつか質問をさせてください。彼らはなぜこのビジネスから撤退するのでしょうか？

　　　　── あなたはどう思いますか？

　　さまざまな理由が考えられます。期待に応える十分な利益が出ていない、サービスが陳腐化している、サービスをストリーミング（ユーザーが音声ファイルや動画ファイルを受信しながらリアルタイムで再生できる機能）に一本化したい、事業領域の集中と選択を行ってコア事業の強化を図りたい、在庫保管の倉庫スペースを空けてほかの大型プロジェクトに使用したい、などが挙げられます。

　　　　── どれも真っ当な理由ですね。ネットフリックスは、なぜ今に至るまでこのサ
　　　　　　ービスを終了していないのでしょうか？

　　十分な利益ではないにせよ、少なくとも赤字ではないからでしょうか。

── ほかの質問はありますか？

　クライアントがサービスの終了を決断するきっかけとなった出来事や背景が、何かあるのでしょうか？

　── まだ損失が出ていないうちに撤退すべきだと考えたのが理由です。

　わかりました。考えを整理するための時間を少しいただいてもよろしいでしょうか？

　── けっこうです。

（受験者は2分間でメモ用紙に論理構造図を書きとめる）

　私はこの問題を大きく3つの視点に分けて考えたいと思います。具体的には、現状の分析、どのように撤退するか、いつ撤退するかの3点です。

　現状分析については、このサービスがどのように行われているかを確認します。価格設定はどうなっているか、会員数は何名いるのか、会員数の推移はどうなっているのか、DVD宅配レンタル事業とストリーミング事業の過去3年間の売上高と利益はどうなっているのか、DVD宅配レンタル事業が会社全体の売上高と利益に占める割合はどれくらいか、その割合は過去3年間どのように推移しているか、在庫保管倉庫の統廃合を過去に行っていないか、などが検討すべき項目です。

　どのように撤退するかに関しては、5つの視点から検討します。5つの視点は、顧客、従業員、倉庫などの固定資産、DVD在庫、撤退障壁です。

　顧客の視点で考慮する必要があるのは、顧客ベースの規模、サービス終了後に顧客はどこへ流れるのか、既存顧客をストリーミングサービスへ移行させることが可能か、現在のサービスから得ている収益をどのように埋め合わせるか、サービス終了までの期間におけるメンバーシップ更新や、新規申し込みにどのように対応するかといった点です。

従業員の視点では、現在このサービスに従事している社員をほかの事業に配置転換できるか、レイオフが必要な社員の数とそれにかかるコストはどの程度か、ほかの社員の士気に悪影響が出ないか、という点を考えます。

　固定資産の視点については、現在このサービスに利用している資産をどうするのかを検討する必要があります。具体案としては、売却による処分や、第三者への賃貸、他事業への転用、などが考えられます。

　DVD在庫も固定資産と同様に、これらをどう処理するのかを考えます。第三者への売却、廃棄処理、無償譲渡などが選択肢となります。また、海外の顧客に売却できる可能性がないかも調べます。

　撤退障壁に関しては、移設が不可能な資産がないかということや、事業から撤退することに対する感情的な葛藤が考慮の対象となります。

　　　— 感情的な葛藤が撤退障壁になるのですか？

　この事業はネットフリックスが創業当初から手掛けてきたもので、彼らにとっては帰るべき家とも言える位置付けなので、相当の迷いや、社内からの抵抗が予想されます。

　　　— 興味深い意見ですね。

　最後の大きな視点は、いつ撤退するかです。ここで考慮すべきなのは、利益が出なくなってしまうまでにどれくらいの期間が予想されるか、ほかの新しいプロジェクトを立ち上げるために、現在この事業に投じている資産を転用する必要がないか、既存顧客が徐々にこのサービスを利用しなくなるように促すにはどうすればよいか、という点です。最後の点に関しては、新規タイトルのDVDを制限したり、レンタル料を値上げすることなどが考えられます。

　　　— あなたは先ほど、DVD宅配レンタルサービスの価格設定と会員数について
　　　　触れましたが、価格設定は会員が選択するプランによって、毎月4.99ドル
　　　　から14.99ドルとなっています。プランは、会員がレンタル可能なDVDの

本数によって複数の種類があります。会員数の推移については、このグラフ
を見てください。

（面接官がグラフを提示する）

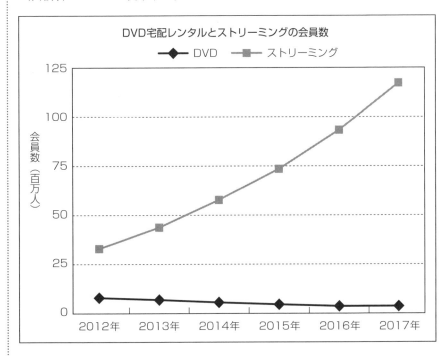

DVDレンタルサービスの会員数が頭打ちになっているのは一目瞭然ですね。
一方で、この事業はまだ利益が出ているということですし、もしかすると、利
益率はストリーミングよりも良いかもしれません。そうでない限り、ネットフ
リックスはすでにこの事業から撤退しているはずだと思います。利益率に関す
るデータはありますか？

　—　こちらのグラフを見てください。

（面接官がグラフを提示する）

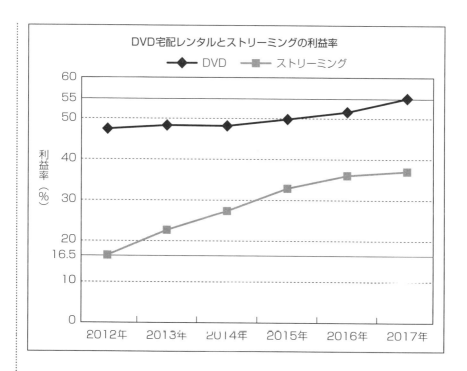

DVD宅配レンタルとストリーミングの利益率

DVDレンタルサービスの利益率は、驚くべきことに55%もあります。ストリーミングの利益率は37%くらいですが、これもかなり高い利益率です。さらに驚くべきことは、DVDレンタルの会員数は減少傾向にあるにもかかわらず、利益率は逆に上昇しているということです。

— それはなぜだと思いますか？

コストが下がっているからだと考えます。このサービスの主要なコストは配送費用です。おそらく、会員が月間で支払う料金は固定収入となる一方で、実際にDVDをレンタルする本数が減っているからではないでしょうか。フィットネスジムの会員になったものの、実際にはあまり通わないのと同じようなものだと思います。ほかのコストとしては、会員からの注文に対応する際の処理手続き費用が考えられますが、これもDVDレンタル本数の減少に応じて低下

していると想定されます。

　　　―― ほかに考えられる要因はありますか？

　はい。DVDの購入費用も低下していることが予想されます。会員数が減少
傾向にあるので、在庫で持っておくDVDも少ない本数ですむからです。また、
DVDレンタル本数が減っているのであれば、倉庫の保管費用や配送に従事す
る社員の人件費も安くなります。

　　　―― ネットフリックスは、在庫保管用の倉庫を50か所から17か所へ削減してい
　　　　　ます。DVD在庫の本数と倉庫の拠点数を減らした結果、会員がオンライン
　　　　　で注文をしてからDVDを実際に受け取るまでの日数が長期化しています。
　　　　　人気のある新タイトルのDVDが出て、レンタルを希望する会員の数が在庫
　　　　　数を上回ってしまった場合、ネットフリックスはどうやってレンタルを提供
　　　　　する顧客を決めると思いますか？

　注文の早い順でしょうか？

　　　―― それは私に質問しているのですか？　それともあなたの回答ですか？

　私の回答です。

　　　―― 残念ながら、その回答は誤りです。ネットフリックスは、一定期間に実際に
　　　　　レンタルしたDVDの本数が少ない会員を優先的に扱います。これは、各会
　　　　　員は同じプランであれば同額の料金を支払っているので、それまでほかの人
　　　　　より少ない本数しか借りていない会員には、DVDを優先的に借りる権利が
　　　　　ある、という考えに基づくものです。しかし、この方式はうまく機能してい
　　　　　ません。なぜだと思いますか？

　おそらく、そのような会員は、DVDを返却するのが常連会員よりも遅い傾

向があるからではないでしょうか。

— そのとおりです。次はどのようなことを調べますか？

既存の会員の中には、自分がまだ月間プラン料金を支払っていることすら、気づいていない顧客も数多くいると考えられます。これらの幽霊会員は何人くらいいるのでしょうか？ また、DVDレンタルサービス事業の昨年度の利益はどれくらいだったのかも知る必要があります。

— 昨年度の利益は2億5,000万ドルでした。

ストリーミング事業のコンテンツをより充実化させるためには、十分な資金源だと思います。

— ネットフリックスが実際にこの事業から撤退するときに、在庫で持っているDVDはどうすべきだと思いますか？

いくつかの方法が考えられます。たとえば、ストリーミングサービスを購入した会員に対して最も人気が高いDVDを無償で提供する、国内の図書館などに寄付する、インターネット上で世界中の消費者を対象に販売する、ブラックマーケットへの流出を防ぐために廃棄処分するなどが挙げられます。

— あなたに最後に見てもらいたいデータがあります。2分間でこれを分析して、ネットフリックスがいつDVD宅配レンタルサービスから撤退すべきか、あなたの結論を述べてください。

（面接官が以下の表を提示する）

（受験者は2分間で必要な計算と分析を行い、結論を述べる）

DVD宅配レンタル （単位：百万人／ドル）	2014年	2015年	2016年	2017年
会員数	5.7	4.9	4.1	3.4
売上高	765	645	542	462
コスト	397	323	262	212
利益	368	322	280	250
利益率	48%	50%	52%	55%

　ネットフリックスは、DVD宅配レンタルサービスを少なくとも５年間は終了すべきではありません。会員数は年率で約17%減っていますが、コストの減少効果が売上高の低下を大きく上回っており、利益率はむしろ上昇して一定の利益を稼いでいます。リスク要因としては、コストがこれ以上下がらないところまで達して、利益がまったく出なくなってしまうか、利益は出るにしても、会社の業績にはあまり貢献しないところまで縮小してしまうことが挙げられます。ネットフリックスが短期的にとるべき戦略は、このサービスに提供するコンテンツの数を徐々に減らしていくと同時に、新作のDVDをどの会員に優先的に割り当てるかを決定する仕組みの見直しです。長期的にとるべき戦略は、３年後にそのときの状況をあらためて分析したうえで決定することを提案します。

✤ 筆者コメント：

- この受験者の論理構造は非常によく考えられており、漏れもない。彼が用いた論理構造は本書で紹介している定型的なものではなく、この問題に取り組むためのオリジナルなものとなっている。すべての問題に対して単一の論理構造を用いることは避けるべきであり、受験者の対応は正しいと言える。
- 受験者は仮説を述べておらず、この点は改善材料となりうる。
- 面接官は受験者の質問に対して質問で問い返したり、受験者の回答が誤っていると指摘する場面もあったが、受験者は動揺せずにうまく対処している。
- 受験者の結論は、簡潔ですっきりとまとまっており、無駄がない。
- 受験者の計算能力は非常にしっかりしている。

ジャマイカン・バッテリー・エンタープライズ
―― キューバ市場への新規参入

▶ われわれのクライアントは、ジャマイカン・バッテリー・エンタープライズ社（JBE）である。現在JBEは、自動車用の交換バッテリーをカリブ諸国、アフリカ、中南米諸国に販売している。過去20年間にわたり、JBEはキューバ市場へ参入するチャンスをうかがってきたが、キューバでは国営のキューバ・バッテリー・カンパニー社（CBC）が流通市場を独占している。CBCが市場を独占している理由は、キューバ政府が輸入品のバッテリーに対して、製造コストと輸送コストの50％を関税として課しているからである。

▶ ところが最近になって、キューバ政府は輸入バッテリーに対する関税を今後10年間で毎年5％ずつ下げていき、10年後にはゼロにすることを発表した。

▶ JBEの役員は、キューバ国内の自動車用バッテリーの市場規模を推定し、いつ、どのような方法でキューバ市場に参入すればいいかについて、あなたのアドバイスを求めている。

ケース問答例

　まず、問題の内容を確認させてください。われわれのクライアントであるJBEの役員は、キューバ国内の自動車用バッテリーの市場規模と、いつ、どのような方法でキューバ市場に参入すればいいかを知りたがっているということですね。われわれが得ている情報としては、現在はキューバ政府が輸入バッテリーに対して製造コストと輸送コストの50％を関税として課しているため、CBCが市場を独占しているが、キューバ政府はこの関税を今後10年間で、毎年5％ずつ下げていき、10年後にはゼロにすることを決めている、ということですね。

　　― そのとおりです。

　クライアントの目的は、できるだけ大きなマーケットシェアと利益を獲得す

ることだと思いますが、これ以外に、私が頭に入れておかなければならない目的はありますか？

　――いいえ、ありません。

　クライアントは、どれくらいの期間で、どれだけのシェアを得ることを期待していますか？

　――市場に参入してから5年以内に、25%のシェアを獲得することを目標としています。

　まずは、キューバ国内の自動車用バッテリーの市場規模を推定することから行いたいと思います。キューバの人口は10百万人くらいでしょうか？

　――実際はもう少し多いのですが、ここではその数字を使いましょう（キューバの人口は2020年時点で1,133万人と発表されている）。

　キューバ国民の所得水準は低く、自動車を所有しているのは10世帯に1世帯であると仮定します。ここで、キューバの1世帯当たりの平均人数を5人と仮定すると……

　――ちょっと待ってください。どうして、1世帯当たりの人数が5人だと思うのですか？

　キューバのような国では、1つの家に2世代の家族が一緒に住んでいるケースが多いと考えました。

　――わかりました。けっこうです。進めてください。

　したがって、キューバの全世帯数は2百万世帯であり、自動車を所有してい

る世帯の割合が1/10とすると、市場に流通している車の台数は20万台ということになります。また、このほかにタクシー、トラック、公用車が合計で1万台あると仮定します。

　　　— ということは、全部で21万台ですね。

　はい。また、キューバの人は比較的長い期間にわたって同じ車に乗り、3年に一度の頻度でバッテリーを新しく交換する必要があると仮定します。

　　　— 3年に一度ですか？　どのような考えに基づいて、その数字が出てきたのですか？

　クライアントのバッテリーはおそらく5年くらいもつのでしょうが、キューバは共産主義国であり、かつCBCが市場を独占しているので、バッテリーの品質はクライアントのものよりも劣っていると考えました。

　　　— わかりました。続けてください。

　以上より、21万台の車が3年に一度バッテリーを交換する必要があります。しかし、ここで2つの点について考慮しなければなりません。まず、先ほど付け加えた1万台のうち、公用車が半分を占めるとすると、これらの車は輸入品を使わないと考えられるので、21万台から5千台は差し引いて考える必要があります。したがって、車全体の台数は20万5千台となり、これを3年で割ると、年間当たりに交換されるバッテリーの数は、約68,000個になります。次に、この数字は長期的には徐々に減っていく、ということにも注意しなければなりません。なぜなら、クライアントのバッテリーは3年ではなく5年もつからです。ただ、これをどうやって計算に取り入れればいいかは、すぐにはわかりません。

　　　— そこまで計算する必要はありません。その点を指摘したということ自体が重要です。

クライアントが25%のシェアを獲得するとすれば、年間のバッテリー販売数は17,000個になります。

　　― いいでしょう。次はどうしますか？

　バッテリーの販売価格とコストについて調べます。それぞれについて、クライアントとCBCを比較すると、どうなっていますか？

　　― 販売価格にはそれほどの差がなく、コスト比較が重要となります。CBCは
　　　バッテリー1個当たりの製造コストが12ドルであり、その内訳は原材料費
　　　が20%、人件費が50%、その他の経費が30%です。
　　　　一方で、クライアントの製造コストは1個当たり9ドルであり、内訳は原
　　　材料費が20%、人件費が25%、その他の経費が55%です。また、これとは
　　　別に、キューバへ輸送するためのコストがバッテリー1個当たり1ドルかか
　　　ります。

両社のコスト構造を表にしてまとめたいと思います。

	CBC	JBE
製造コスト	$12	$9
原材料費	20%	20%
人件費	50%	25%
その他経費	30%	55%
輸送費	0	$1
関税	0	$5
コスト合計	$12	$15

　この表からわかるように、クライアントは製造コストと輸送コストを足した10ドルに対して50%の関税がかかるので、バッテリー1個当たりの合計コストは15ドルとなります。
　ここで、クライアントのバッテリーがいつになったら価格面でも競争力を持つようになるかを調べる必要があります。5年後には、関税率が50%から25%

へと半分に下がります。5年後におけるクライアントの製造コストと輸送コストが計10ドルで変わっていないと仮定すれば、関税は2.5ドルとなり、合計コストは12.5ドルとなります。したがって、単純に価格だけを見れば、クライアントは第6年度中に競争力を持ってキューバ市場に参入できるということになります。しかし、JBEのバッテリーの耐用年数は3年ではなく5年であることを市場にうまくアピールできれば、CBCのバッテリーよりも高い値段で販売することも可能であり、この場合は第5年度に参入することにも合理的な根拠を見出せます。

— ちょっとここで視点を変えてみましょう。あなたがJBEではなくCBC側のコンサルタントについたとした場合、彼らにどのようなアドバイスを与えますか？

まずは、キューバ政府に接触して、関税率の引き下げを考え直してもらうように交渉します。

— キューバ政府の方針は固まっており、関税率を引き下げることは変えられません。

では、次になぜCBCの人件費がこれほど高いのかを調べます。

— あなた自身はなぜだと思いますか？

真っ先に思いつくのは、技術的な要因です。おそらく、CBCの機械設備は古いので、製造プロセスがきわめて労働集約的になっているのではないでしょうか。

— それも理由の1つです。ほかには、どのような要因が考えられますか？

キューバは共産主義国であり、国民の医療費負担がゼロの国です。しかし、

この医療保障負担は隠れたコストとして、あらゆるモノやサービスの値段にのしかかってきます。共産主義国ではなくても、カナダのように国民医療制度のコストが高い国は、どうしても物価が高くなります。もし、米ドルに対してカナダドルが高くなれば、カナダ製の商品は、米国の市場からあっという間に締め出されてしまうでしょう（カナダドルはカナダの通貨。日本円が米ドルに対して円高になれば、米国への輸出が減ってしまうのと同じ理屈である）。

　　　— カナダの話は、次の機会にとっておきましょう。議論を先に進めてください。

　医療保障コストについては、われわれに打つ手はありませんが、生産設備については、機械をアップグレードすることでの対応が可能です。新しい設備を導入することによって、CBCのバッテリーは他国の製品と同等の競争力を持ち、耐用年数も3年から5年程度に延びるでしょう。

　　　— では、CBCが新しい機械を導入して、今や他国の製品に劣らない品質のバッテリーを9ドルの製造コストで作れるようになったとしましょう。これによって、マーケットの状況はどう変わりますか？

　CBCの製品は品質面、価格面の双方で十分競争力があるので、関税率の引き下げ率がどうなるかといったことは、たいした問題ではなくなります。しかしながら、CBCのバッテリーはこれまで品質が低かったので、顧客に対するブランドイメージの点で問題が残ります。したがって、われわれは大々的なマーケティング・キャンペーンを行い、CBCのバッテリーは新しく生まれ変わり、品質も世界標準並みになったということを、キューバ国民にアピールする必要があります。また、私はCBCのカスタマーサービスや、流通チャネルの整備状況についても調べます。これらの機能は、独占企業においてしばしば、おろそかにされがちなものです。

　　　— 良い指摘です。CBCのカスタマーサービスは現在ひどい状況ですし、流通チャネルは首都ハバナとヌエビタスにそれぞれ拠点を持つ、2社の大手流通

業者のみに限定されています。先ほどあなたは、大々的なマーケティング・キャンペーンを行うと言いましたが、これがカスタマーサービスの向上にもつながると仮定しておきましょう。流通チャネルの整備については、どのような手を打ちますか?

ここでは、2つの仮定を置きたいと思います。1つめの仮定は、JBEがキューバ市場に参入するまで、少なくともあと2年はあるというものです。2つめの仮定は、JBE以外のバッテリー製造メーカーも、JBEとほぼ同じ時期に、同じような戦略を掲げてキューバ市場に参入してくるだろうというものです。

　　— 双方とも妥当な仮定です。続けてください。

まず、私は国中のガソリンスタンドに足を運んで、商品の陳列棚やTシャツを無料で配布するとともに、彼らが支払うバッテリー購入費用の一部をCBCが負担することを約束します。その見返りとして彼らには、CBCのバッテリーしか販売しないという独占契約にサインすることを要求します。ここで1つ質問があります。キューバ政府は、国営のタイヤメーカーを持っているのでしょうか?　もし持っているとすれば、その品質はどの程度でしょうか?

　　— キューバ政府は国営のタイヤメーカーを持っていますが、その品質はかなり
　　　低いです。しかしながら、輸入タイヤに対する関税も、バッテリーと同様、
　　　徐々に撤廃される方向に向かうので、あなたのアドバイスに基づき、この国
　　　営タイヤメーカーも機械設備を一新して、大規模なマーケティング・キャン
　　　ペーンを展開する計画を立てています。

ということであれば、CBCはこのタイヤメーカーと協力して、新しいバッテリーとタイヤが同じ場所で購入でき、さらにはそこでオイル交換もできるようなサービスショップを開設します。外国企業が参入してくるまでに、われわれは好立地のポイントをすべて押さえてしまうことができるでしょう。

― ここでまた、立場を変えてみましょう。あなたは今、JBE側に立つコンサルタントです。この2年間でCBCは生産設備を一新して、流通チャネルを拡大し、キューバの国営タイヤメーカーとジョイント・ベンチャーを設立して、大々的なマーケティング・キャンペーンを展開してきました。このような状況下で、JBEはキューバ市場に参入すべきでしょうか？　もし参入するのであれば、どのような方法をとるべきでしょうか？

　新しい市場に参入する際には、必ず調べなければならない点がいくつかあります。具体的には、主な競合はどこか、各競合のマーケットシェアはどうなっているか、競合の製品は、われわれの製品と比較してどのような違いがあるか、市場の参入障壁が存在するか、といった点です。

　このケースの場合では、競合はCBC1社であり、100%のシェアを独占しています。2年前まではCBC製のバッテリーの品質はJBEよりもかなり劣っていましたが、今ではほとんど差がない状況となっています。また、以前は高い関税率が市場の参入障壁となっていましたが、現在JBEにとって最大の障壁となっているのは、流通チャネルへのアクセスであるように見受けられます。

　市場への参入方法には大きく分けて、自社ですべてを構築する自力参入、他社の買収による参入、他社とのジョイント・ベンチャー設立による参入、の3つの方法があります。以下では、それぞれの参入方法について、簡単なコスト・ベネフィット分析をしたいと思います。

　まず、自社ですべてを構築するという方法については、もしJBEが十分な流通チャネルを確保できるのであれば、検討に値する手段となります。しかしながら、CBCが国内のガソリンスタンドをすべて押さえていて、立地が良い場所にはタイヤメーカーとの共同サービスショップを開いている状況では、JBEの流通チャネルはきわめて限定されてしまいます。また、年間のバッテリー販売数がせいぜい17,000個というレベルでは、自社のみでバッテリーショップを開設するために要する投資額に見合わないかもしれません。

　次に、他社を買収するという方法ですが、キューバは共産主義国なので、そもそも買収を実行する機会がほとんどないと言えるでしょう。仮に買収の機会があるとしても、対象企業は必然的にCBCということになりますが、一般的

に買収相手として選ぶべき先は、何らかの原因で経営困難に陥っている企業であり、現在のCBCのような隆々としている企業は適切な買収対象ではありません（業績が良い企業を買収する場合は買収対価が当然高くなり、高値づかみとなる可能性も大きくなる）。

第三の方法は、他社とジョイント・ベンチャーを組んで参入するというものです。キューバ国内には民間のバッテリー販売業者は存在しないと考えられるので、ジョイント・ベンチャーを組む相手として最有力なのは、キューバ市場へ参入しようとしているタイヤメーカーでしょう。おそらく、キューバ市場への参入を狙っているタイヤメーカーやバッテリーメーカーは複数あるので、これらの企業間で全体的な協力関係を結び、その1社に加わるという形が最も現実的なのではないかと思います。

　　― つまるところ、キューバ市場への参入で最も重要なポイントは何でしょうか？

最大のポイントは、十分な流通チャネルを確保することです。

　　― 大変良くできました。

✤**筆者コメント：**
- この問題は、最終面接で約1時間をかけて出題されるような長いケースであり、マーケット・サイジング問題の要素も含まれている。
- この問題を難しくしているのは、なんと言っても次から次へと立場を変えて、ついさっきまで自分が答えていた戦略に対する対抗策を考えさせられる点である。
- 多くの人は、関税率の引き下げによる効果を1年ずつ計算しようとするが、この回答者は、まず中間点にあたる5年後の効果を調べてから、その結果を見て最終的な答えにたどり着こうとするアプローチをとって、時間を効率的に使っている。また、頭の中で暗算ができるように、できるだけ計算しやすい数字を使おうとする工夫も見受けられる。
- JBEとCBCのコスト比較を簡単な表にまとめたのも、非常に良い点である。このようにうまくまとめられた表は、面接官に好印象を与えると同時に、後でこれらの数字を使う際に見つけやすいという利点もある。

医療機器メーカー
── 主力製品の利益増加策

▶ われわれのクライアントは、米国に本社を置く年商10億ドル規模の医療機器製造会社
である。循環器系の医療機器に特化しており、最も利益率が高い製品はTAVR
(Transcatheter Aortic Valve Replacement) と呼ばれる人口心臓弁で、これは主に85歳以上
の老人が患う大動脈弁狭窄症の治療に用いられている。TAVRを扱えるのは専門的な訓
練を受けた医者に限られており、その数はわずか数百人にとどまる。TAVRの昨年度の売
上高は2億5,000万ドルまで伸びている一方で、利益は横ばいのままとなっている。クラ
イアントのCEOは、TAVRの利益が横ばいとなっている原因を突き止めるとともに、将
来的に利益が伸びていく可能性があるか否かの分析や、利益を増やすための方法をわれ
われに求めている。

ケース問答例

　まず、私の理解が正しいかを確認するために、問題を整理させてください。
われわれのクライアントである医療機器メーカーのCEOが、会社全体の売上
高の25%を占めており、利益率が高い人口心臓弁の利益額が横ばいとなってい
る原因と、この製品の利益が将来的に増えていく可能性の分析、そして、どの
ような方法で利益を伸ばしていくかについてのアドバイスを求めているという
ことですね。これ以外に、私が頭に入れておくべきクライアントの目的はあり
ますか？

　　── いいえ、ありません。

　1つ質問があります。クライアントにとって、成功か否かを判断する指標は
何になるでしょうか？　利益の目標額はありますか？　また、いつまでにその
目標を達成したいと考えているのでしょうか？

　　── 時間軸に関しては、できるだけ早くです。利益の目標額は特に決まった金額

はありませんが、この製品の利益率は高いので、それなりにまとまった額の利益をクライアントは期待しています。

考えを整理するための時間を少しいただきたいと思います。

（受験者は1分間でメモを書きとめ、それを面接官に示しながら話す）

クライアントのビジネスに影響を与える外部要因として、市場の分析が必要です。また、クライアントの最終的な目的は利益を増加させることなので、利益の構成要素となる収益とコストを分析します。収益は販売単価と販売数量を掛け合わせたものであり、コストは固定費と変動費に分けて考えます。以上、5つの視点からこの問題を解きほぐしていきたいと思います。

　　― 良いアプローチだと思います。

まずは販売単価の分析から行います。クライアントの製品の価格は、競合他社と比較してどうなっているのでしょうか？

　　― 現状では、TAVRを製造しているのはクライアントのみです。ただし、今後
　　　この製品を製造・販売する予定の競合が2社あり、1社は12か月後、もう
　　　1社は16か月後の参入が見込まれています。

現時点ではクライアントが市場を独占しているということですね。製品を値上げする余地はないのでしょうか。顧客が85歳以上の老人であれば、購入費用は医療保険で賄われていると考えられます。この製品は、購入費用の全額が医療保険でカバーされているのでしょうか？　それとも、医療保険で補填されるのは購入代金の一部のみでしょうか？

　　― 良い質問です。TAVRはほかの治療器具と比較して、より安全で、より高い
　　　効果が得られるので、全額が医療保険でカバーされます。また、TAVRは患

者が入退院を繰り返す必要が少なく、合併症が発牛するリスクも低いので、ほかの器具よりも高い価格設定となっています。しかしながら、政府によってTAVRの上限価格が定められており、クライアントの製品はその上限価格に達しています。

　すでに上限価格に達しているのであれば、値上げをする余地はないので、販売数量に視点を移します。TAVRの年間販売数量はどれくらいでしょうか？先ほど、この製品を扱うには専門的な訓練が必要であり、資格を満たしている医者は数百人しかいないと言っていたので、販売数量も限られているのではないかと推測します。

　── そのとおりです。昨年の販売台数が読み取れる資料をお見せしましょう。

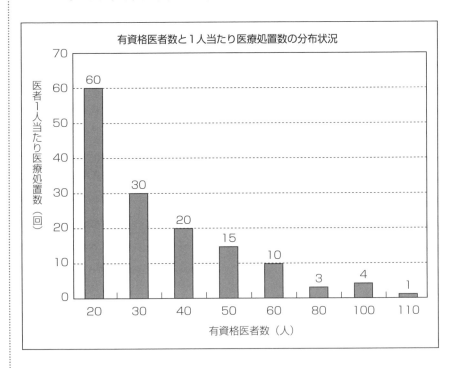

　医療処置１回につき、１台のTAVRが用いられるという理解でよろしいで

しょうか？

　　― はい、そのとおりです。

　このグラフが表しているのは、20人の医者が1人当たり年間60回の医療処置を行い、30人の医者が年間30回の処置を行っているということでしょうか？

　　― そうです。年間の販売数量は何台になりますか？

　それぞれのバーに対して、医者の数と1人当たりの医療処置回数を掛け合わせて、それを合計して計算します。

（受験者は20×60＝1,200、30×30＝900、40×20＝800……と計算して、それらを合計する）

　合計すると、昨年度の販売数量は5,000台になります。昨年度の売上高が250百万ドルなので、1台当たりの販売単価は5万ドルです。

　　― 正解です。ほかにこのグラフから読み取れることはありますか？

　医療処置回数が多いほど医者の数は少なく、医療処置回数が少ないほど医者の数が多くなっています。一言で言うと、両者は反比例の関係にあります。

　　― そのとおりです。どうしてだと思いますか？

　考えられるのは、85歳以上の患者の地理的な分布と、それぞれの地域における専門的訓練を受けた医者の数によって、このような関係になっているのではないでしょうか。

　　― それはありえますね。次はどうしますか？

販売数量に関する分析はひとまず後回しにして、コストの分析をしたいと思います。利益の頭打ちに影響を与えるような、コスト構造の変化が何か起きていますでしょうか？

　　　— クライアントはすでに固定費も変動費も可能な限り削減しており、コストを減らす余地はありません。

　わかりました。それでは、あらためて販売数量の分析を進めます。過去数年間で、85歳以上の人口分布に変化は見られますか？

　　　— 年齢別の人口数はほぼ一定で、大きな変化はないと考えてください。

　クライアントの製品は、すでに市場に浸透しきっている、という可能性はないでしょうか？　米国内の85歳以上の人口数と、地理的な分布状況はどのようになっているのでしょうか？

　　　— 良い質問です。これは、都市別の人口分布を示した図表です。

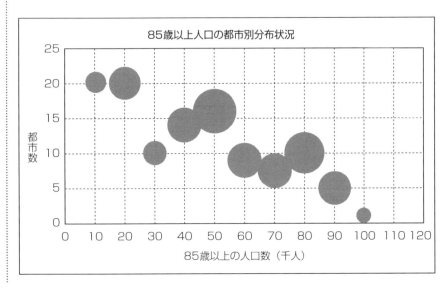

とても興味深い資料です。この図表が表しているのは、たとえば85歳以上の老人が1万人いる都市が20あり、2万人いる都市が20あるということでしょうか？

　— そのとおりです。この図表から何が読み取れますか？

　想像に難くありませんが、85歳以上の人口数が増えるにつれて、該当する都市の数は減っています。この図表には都市別の人口分布は示されていますが、TAVRの潜在的な需要台数がどれくらいなのかがわかりません。丸の大きさは何を表しているのでしょうか？

　— 良い質問です。この図表ではその情報を意図的に明示していませんでした。丸の大ささが意味しているのは、まさにTAVRの潜在的な需要台数になります。大動脈弁狭窄症の患者数に基づいて分析した結果、85歳以上の老人1万人当たり、10台のTAVRが需要として見込まれます。

　最後の比率に関する情報は、TAVRの潜在的需要台数を計算するために必要なものです。図表の左から順に計算をしていきたいと思います。85歳以上の人口数が1万人の都市が20あり、1万人当たりのTAVR需要は10台（1,000人に1台）なので、このカテゴリーにおけるTAVRの潜在需要台数は10×20＝200台となります。他のカテゴリーでも同様の計算を行って、表にしてまとめたいと思います。

（受験者は2分間で表を作成して、面接官に見せる）

85歳以上人口 ÷1,000	都市数	TAVR 潜在需要台数
10	20	200
20	20	400
30	10	300
40	14	560
50	16	800
60	9	540
70	8	560
80	10	800
90	5	450
100	1	100

　この表のTAVR潜在需要台数をすべて足し合わせると、4,710台となります。この数字は、先ほど計算した昨年度の販売数量5,000台よりも少ない数字となっています。

　　　— そこから何がわかりますか？

　2つのことが説明できると思います。1つは、人口1万人当たり10台という需要の比率が、必ずしも正確ではないということです。もう1つは、いくつかの都市においては、クライアントはこの比率を上回る販売実績を上げている可能性があるということです。クライアントはこれまでに、85歳以上の老人1万人当たりのTAVR販売実績を、都市別に分析したことはあるのでしょうか？

　　　— 良い質問です。その分析を行った結果、このような図表を作成しました。この図表から何が読み取れますか？

（面接官は図表を受験者に見せる）

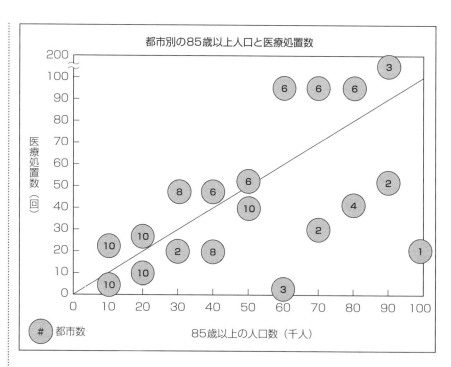

都市別の85歳以上人口と医療処置数

医療処置数（回）

85歳以上の人口数（千人）

（#）都市数

　これは興味深い資料です。原点から斜めに引かれている直線は、85歳以上の人口1万人当たりTAVR10台という需要の比率と一致します。いくつかの都市ではこの比率を上回っている一方で、比率を下回っている都市もあり、先ほど私が述べた仮説は正しかったことがわかります。たとえば、85歳以上の人口が6万人の都市を見ると、6都市ではそれぞれ100台のTAVRを使用している一方で、3都市ではTAVRがまったく使われていません。各都市において、医者の数は十分足りているという理解でよろしいでしょうか？

　　　― はい。85歳以上の老人数に対する医者の数は、各都市で等しいと仮定してください。TAVRの販売が将来的に伸びていく可能性について、どのように考えますか？

　現在、図表の斜線よりも下側にある都市のTAVR販売台数を、斜線の位置まで引き上げることを前提として、潜在的な販売増加台数を計算したいと思い

ます。

　― この資料を使って、計算してください。

（面接官は表を受験者に見せる）

85歳以上 人口 ÷1,000	都市数	TAVR 潜在需要 台数	基準比率 以下の 都市数	1都市当たり TAVR台数	TAVRの 潜在増加 台数
10	20	200	10	5	50
20	20	400	10	10	100
30	10	300	2	20	20
40	14	560	8	20	160
50	16	800	10	40	100
60	9	540	3	0	180
70	8	560	2	30	80
80	10	800	4	40	160
90	5	450	2	50	80
100	1	100	1	20	80

　右端の列の数を合計すると、TAVRの潜在的な販売増加台数は1,010台で、売上高にすると50.5百万ドルになります。これは、昨年の売上高である250百万ドルに対して約20%の伸び率となります。

　― 良い分析です。この販売台数増加を、どのように達成しますか？

　すでに基準比率以上の販売を達成している都市において、クライアントはどのようなことを行っているかを調べます。たとえば、これらの都市では大々的な広告宣伝を展開しているのでしょうか？

　― これらの都市では、地元の病院と提携して85歳以上の老人に対し、病院で
　　　大動脈弁狭窄症の検査を受けるように働きかけています。この活動を通じて、
　　　症状が見られる患者に対して早期のTAVR治療を施すことができています。

TAVRを使用した治療数を増やすための方法として、ほかに何が考えられますか？

1つ考えらえるのは、患者が初回の通院で診察を受ける医者に対して、TAVRの専門的な教育を行うことです。最初に診察を受ける医者にTAVRの知識がなければ使用に結び付かないので、これらの医者に専門的な教育を施すことは重要です。

—— 最後に、クライアントのCEOに対する提言をまとめてください。

TAVRの潜在的な販売増加額は約50百万ドルで、現在の売上高の20%に相当する成長率が見込めます。この成長率を実現するためには、2つの方法が考えられます。1つは、現在基準比率以下の販売実績しか上げていない都市において、85歳以上の老人が大動脈弁狭窄症の検査を受けるように働きかけることと、患者が初回の通院で接見する医者に対して、TAVRの専門的な教育を施すことです。

✛筆者コメント：
- この問題は、数字の計算にやや重きが置かれているケースである。
- 受験者は以下の点でプラスポイントを上げている。
  - 関連する数字を比率で表現している。
  - 思考過程を面接官に示しながら計算を行っている。
  - 提示された図表から結論を導いている。
  - 提示されたグラフをもとに自分自身で表を作成している。
- また、受験者は与えられた図表の中で明示されていない情報（TAVRの潜在的な需要台数）を指摘し、グラフを正確に読み取る能力を示している。彼の結論は簡潔でポイントを押さえている。

芝刈り機メーカー
—— 仕入先の喪失危機

▶ われわれのクライアントは、アラバマ州に本社を置く小規模な芝刈り機メーカーである。クライアントは低所得世帯を対象とした安価な芝刈り機を製造している。売上高の国内シェアは1％であり、業界内のプレーヤーは25社存在する。

▶ 他業界の企業が直面している課題と同様に、クライアントの売上高はここ数年間、横ばいにとどまっているが、それよりも大きな問題が発生した。クライアントが過去40年間にわたりエンジンを購入してきた仕入先（ENG社）が、ある日クライアントを呼び出し、会社を清算して事業を畳むつもりだと告げてきたのである。

▶ クライアントは代わりとなるエンジンメーカーを探し回ったが、見つかったのは1社のみで、エンジンの仕入価格は今までと比べて40％も高くなることがわかった。その理由は、ほかの競合が軒並みフラット・トップ型のエンジンを使っているのに対して、クライアントはサイド・マウント型という特殊なエンジンを採用しているからである。サイド・マウント型のエンジンは、安価でありながら性能には信頼性があり、まさに馬車馬のような機能を持っている。また、サイド・マウント型のエンジンを搭載していることが、クライアント製品の特徴といっても過言ではなかった。

▶ 以下の表は、業界のマーケットシェアを示している。この表からわかるとおり、業界内の23社で98％のシェアを占める状況となっている。

	芝刈り機業界のマーケットシェア	
高 ↑ 価 格 帯 ↓ 低	18%	5社
	40%	8社
	40%	10社
	2%	X社　　　　Y社
		エンジン＝ENG社

▶ 表中のX社がクライアントで、Y社はクライアントの直接的な競合である。Y社もエンジンをENG社から購入しており、X社と同様の問題に直面している。両社は過去40年間にわたり競争を続けており、犬猿の関係にある。また、両者が製造する芝刈り機はほと

んど同じもので、機体にメーカー名を示すロゴがなければ見分けがつかない。彼らが製造しているのは、コードを引っ張ってスイッチを押せばエンジンが起動して、芝刈りをしはじめるという単純な機械である。

▶ もしクライアントが芝刈り機の価格を12%以上値上げすれば、価格帯として一段上のカテゴリーに入り、40%のシェアを巡って10社の競合が競い合っているセグメントでの競争を強いられることになる。このセグメントには、ホンダ、ローンボーイ、ジョンディアといった大手企業が存在し、彼らの製品はクライアントよりもずっと多くの機能を備えている。クライアントの現製品ではこれらの大手企業にとても太刀打ちできず、彼らと対抗するためには抜本的な製品設計と機能の向上が必須となる。

▶ クライアントは、保有在庫をなるべく少なくするためにジャスト・イン・タイム（JIT）方式を採用してきた。これは通常時であれば良い経営手法だが、仕入業者の清算という事態までは想定されていない。これから販売の繁忙期を迎えるにもかかわらず、クライアントの手元には今後1か月分の生産に必要なエンジンしかない状況である。クライアントはこの難局にどう対処すればよいだろうか？

ケース問答例

　非常に長い問題なので、私の理解が正しいかをあらためて確認させてください。われわれのクライアントは、アラバマ州に本社を置くマーケットシェア1％の小規模な芝刈り機メーカーであり、これまでエンジンを購入していた仕入先が会社を清算することになり、繁忙期を迎える時期にエンジン在庫が1か月分しかない状況にあります。代替となるエンジンの購入先は1社しかなく、購入価格は今までよりも40％高くなりますが、芝刈り機を値上げすると価格帯が1つ上のカテゴリーとなり、ホンダやジョンディアなどの大手企業と競合することが避けられません。クライアントがわれわれに求めていることは、目先の難局を乗り切るために何をすべきかに加えて、マーケットシェアと利益を伸ばしていくための方法を考えることだと理解します。これ以外に、私が頭に入れておくべきクライアントの目的はありますか？

　　――いいえ、ありません。

いくつか質問をしてもよろしいでしょうか？

　— どうぞ。

クライアントの芝刈り機の利益率はどれくらいですか？

　— 25%です。

芝刈り機1台当たりの製造コストはいくらで、エンジンはそのうち何%くらいを占めているのでしょうか？

　— 1台当たりの製造コストは100ドルで、それを卸売業者に125ドルで販売しています。エンジンが総コストに占める割合は60%です。その他の部品、具体的には車輪、外装、ハンドルなどが25%、労務費が15%を占めています。

エンジンが総コストの60%を占めるとすると、金額ベースでは1台当たり60ドルになります。これが40%値上がりするとすれば、24ドルの上乗せとなり、エンジンの仕入価格は84ドル、芝刈り機1台当たりの生産コストは124ドルとなり、値上げをしなければクライアントには利益がほとんど残らないこととなります。

　— クライアントが非常に悩ましい状況に置かれていることがわかるでしょう。

事業拠点がアラバマ州ということなので、労務費はそれほど高くないと考えられ（アラバマ州は米国の典型的な田舎地域である）、中国やメキシコに生産拠点を移したとしてもコストメリットがあるとは思えません。エンジン以外の部品は、どこから購入しているのでしょうか？

　— クライアントは地域密着を重んじており、エンジン以外の部品もアラバマ州

内の企業から購入しています。ほかの部品をメキシコから購入しても、コストは下がらないと考えてください。

フラット・トップ型のエンジンの購入価格は、サイド・マウント型のエンジンと比較してどうなっているのでしょうか？

　— 価格は同じですが、フラット・トップ型はサイド・マウント型に比べて性能が劣ると言う人もいます。

問題の論点を整理するために、少し時間をいただいてもよろしいでしょうか？

　— どうぞ。

（受験者はメモ用紙に論理構造図を書きとめる）

私はこの問題を、短期的な戦略と長期的な戦略に分けて考えたいと思います。短期的な戦略としては、いくつかの選択肢があります。まず、エンジンを代替メーカーから購入して芝刈り機を値上げすることですが、これは強力な大手企業と競合することになるので、理想的な方法ではありません。次に、事業の継続をあきらめて会社を清算するか、低価格帯セグメントへの参入を望んでいる大手企業に売却することも選択肢としてはありますが、これも当然、クライアントにとって望ましいものではありません。ほかには、目先の繁忙期は値上げを行わずに僅少な利益しか出ないことを受け入れ、状況が落ち着いた後でフラット・トップ型のエンジンに乗り換えるという方法が考えられます。フラット・トップ型のエンジンを搭載する芝刈り機を製造するための再設計や生産工程の見直しには、どれくらいの期間が必要でしょうか？

　— 8週間です。

短期的な戦略としてほかに考えられるのは、清算しようとしているエンジンメーカーの買収です。買収後に彼らの事業を正常な状態に素早く戻すことができれば、繁忙期に今までと同様の利益を稼ぐことが可能となります。

　　　— 興味深いアイデアですね。買収を実行する前に、何をしますか？

まずは、ENG社が会社を清算するまでに至った原因を確認します。

　　　— 大きく２つの原因があります。具体的には、放漫経営と200万ドルの借金
　　　　です。彼らのエンジン事業自体は非常に収益性が高く、十分なキャッシュを
　　　　生んでいました。利益率はクライアントと同じ25%です。しかし、ENG社
　　　　の社長はエンジン事業から得たキャッシュのすべてと200万ドルの借入金
　　　　を他業界での新規事業につぎ込み、その事業は失敗に終わりました。現在、
　　　　ENG社は借入金を返済するための資金が不足しており、過去の返済履歴も
　　　　悪いことから、銀行はこれ以上返済の猶予を受け入れない状況にあります。

クライアントは200万ドルの現金を持っていますか？

　　　— いいえ。現金残高は100万ドルしかありません。しかし、銀行はENG社を
　　　　企業価値の40%で買い取ってくれる会社があれば、それを喜んで受け入れ
　　　　る意思があり、企業価値は借入金と同じ200万ドルと算出しています。そ
　　　　の金額を払えば、ENG社が持っている資産や設備を手に入れることが可能
　　　　です。彼らの設備は購入から約10年であり、まだ２～３年は使用できる状
　　　　態です。ENG社の社長は、知見のない新規事業などではなく、本業のエン
　　　　ジンを製造するための新しい設備に資金を投じるべきでした。最新の設備を
　　　　購入すれば、サイド・マウント型のエンジンをこれまでよりも安く製造する
　　　　ことができたし、新しい型式のエンジンを製造することもできたはずです。

銀行に80万ドルを支払えば、ENG社を買収できるのですね。しかし、手持ち現金の80%を買収に投じることには不安が残ります。クライアント自身の借

入金返済履歴は問題ないのでしょうか？

　　—　返済は期日どおりにきちんと行っており、履歴は問題ありません。また、頭
　　　金として50万ドルを払えば、残りの金額は銀行から借り入れることが可能
　　　です。ほかに知りたいことはありますか？

低価格帯のエンジン製造に参入しようとしている企業はありませんか？

　　—　ありません。ほかの質問はありますか？

ENG社は清算する予定なので、すでに一部の社員を解雇していると思いま
すが、それらの社員、特に生産現場の監督者たちは、再雇用することが可能で
しょうか？　また、クライアントとENG社の企業文化はうまくマッチするで
しょうか？

　　—　ENG社の社員はまだレイオフしたばかりなので、再雇用は可能です。ENG
　　　社とクライアントはビジネスで密接に結び付いており、ソフトボール大会や
　　　飲み会など、プライベートな場面でも交流する機会が多くあったので、企業
　　　文化のミスマッチは問題になりません。ほかにはありますか？

クライアントはこれまで、サイド・マウント型のエンジンしか扱ったことが
ないのでしょうか？　また、代替先となるエンジンメーカーの経営状況は問題
ないでしょうか？　問題文中では特にそのような指摘はありませんでしたが、
この会社も破綻してしまうと、また新しい仕入先を見つけるのは困難になるの
で、確認しておく必要があります。

　　—　良い指摘です。クライアントはサイド・マウント型のエンジンしか扱ったこ
　　　とはありません。代替先となるエンジンメーカーの経営状態は良好です。ほ
　　　かにはありますか？

買収後にもし事業がうまくいかなかった場合の、出口戦略を考えておく必要があります。出口戦略はそれほど重要なポイントではないかもしれませんが、特に破綻企業を買収するこのケースでは、あらかじめ想定しておく必要があると考えます。

— いいでしょう。ほかにはありますか？

最後のポイントとして、競合がどう反応してくるかを考えます。価格帯が異なる98%のシェア分の企業は、クライアントのENG社買収を何とも思わないかもしれませんが、Y社の動向は考えておく必要があります。具体的には、われわれがENG社を買収した後も、Y社はエンジンをわれわれから買い続けるのかという点や、そもそもわれわれがY社に自分たちのエンジンを売るのか、という点です。

— わかりました。Y社はENG社から約40年間エンジンを購入していますが、ENG社がエンジンの供給義務を負う契約はありません。したがって、われわれがENG社を買収した後に、エンジンをY社に販売しなければならない法的義務はなく、われわれがしたいようにできます。エンジンをY社に販売したければそうできるし、その逆もしかりです。クライアントは、Y社に対してどう対応すべきでしょうか？　また、それはなぜでしょうか？

クライアントには3つの選択肢があります。1つめは、エンジンをY社には販売せず、Y社を低価格帯のカテゴリーから追い出すことです。われわれがエンジンを提供しなければ、Y社は40%高いエンジンを購入せざるを得ず、芝刈り機を値上げすれば1つ上の価格帯カテゴリーで競合と戦うこととなり、クライアントがY社のシェアを奪い取ることができます。もしくは、Y社は目先の繁忙期をわずかな利益でがまんして、後にフラット・トップ型のエンジンに移行するかもしれません。この場合でも、Y社の利益率は1％未満しかないので、とても長期的に持続できるものではありません。

2つめの選択肢は、Y社にエンジンを販売するものの、価格を30%値上げす

るという方法です。この場合、Ｙ社はわれわれからエンジンを購入し続けると思われますが、彼らの利益が大幅に減ることには変わりありません。Ｙ社の対応として現実的に考えられるのは、目先の繁忙期はわれわれからエンジンを購入して、後にほかのメーカーからフラット・トップ型のエンジンを仕入れることにすると予想されます。

　３つめの選択肢は、Ｙ社に５％の値上げでエンジンを販売することです。この程度の値上げであれば、Ｙ社は繁忙期の後もわれわれからエンジンを購入し続けると思われますが、このことはクライアントにとっても重要な意味を持ちます。クライアントは80万ドルの貴重な資金を投じてENG社を買収するので、Ｙ社への販売から得られる利益をみすみす放棄するのは賢明ではありません。また、われわれがエンジンを供給し続けることによって、Ｙ社がフラット・トップ型のエンジンを搭載した芝刈り機を製造することから遠ざけ、われわれ自身も、Ｙ社に対抗するためにフラット・トップ型エンジン付きの芝刈り機を製造する必要がなくなるという利点もあります。もしこの選択肢をとるのであれば、Ｙ社とは２年間の長期契約を結ぶことを考えます。

　この３つの選択肢のどれにするかを決める前に、定量的な検証を行いたいと思います。ENG社の利益率は25％とのことですが、何台のエンジンを販売しているのでしょうか？

　　　― 良い質問です。ただ、ここではそこまでする必要はありません。クライアントは第三の選択肢をとって、２年間の長期契約でＹ社にエンジンを販売するとしましょう。クライアントが成功するために、次にはどのような行動をとりますか？

ENG社が新しい設備を購入するために必要な費用と、彼らが所有している固定資産の売却価値はわかるでしょうか？

　　　― いいえ、わかりません。

私の考えは、新しいエンジン製造設備を購入することです。もちろん、購入

を決断する前には、それによって今までよりもエンジンの生産コストが削減されることや、クライアントの製品ラインアップが今よりも広がることを確認します。また、コスト削減を目的として、エンジンの生産は芝刈り機の生産と同じ工場で行うことを検討します。こうすることで、古いエンジン製造設備やENG社の工場用地を売却し、売却で得た資金を新しい設備の購入代金や、クライアントがENG社の買収時に銀行から借り入れる30万ドルの返済に充てることができます。これ以外にも、買収によるコスト削減のシナジー効果はいくつかあると考えます。

　　　― ENG社の生産現場をクライアントの工場へ移す以外に、コストを削減するための方法を3つ挙げてください。

　新しい設備を購入すれば、今までとは異なるモデルのエンジンを製造することができて、クライアントの製品ラインアップも広がることが期待できます。たとえば、より小型の芝刈り機や、落ち葉集め機などが考えられます。さらに、季節的な特需を見込んで、冬期には除雪機用のエンジンを製造することも検討します。

　　　― いいでしょう。ほかには何がありますか？

　生産現場の労働者に対して、エンジンと芝刈り機の両方を製造できるようになるための教育を施します。また、需要や納期に応じてエンジンと芝刈り機の生産を短時間で組み替えられるように、工場の製造ラインを再設計します。3つめのコスト削減方法としては、エンジンの部品を購入する仕入先と価格交渉を行います。今までよりも安い価格で購入する見返りとして仕入先と長期契約を結ぶことや、エンジンと芝刈り機で共通して使用する部品については、大量購入による割引を勝ち取ることを考えます。さらに、現在は歴史的な低金利となっているので、借入金の借り換えによる支払金利の削減も検討します。

　　　― 素晴らしい回答です。最後に、要点をまとめてください。

われわれのクライアントは、小規模な芝刈り機メーカーで、長年エンジンを購入してきた仕入先が事業を清算することになり、望ましい代替案が見つからない状況に置かれています。クライアントが短期的にとるべき戦略をいくつか検討した結果、最善策はエンジンの仕入先を買収して事業を再建させることとの結論を得ました。買収後も、直接の競合であるＹ社にエンジンを販売し続けると同時に、クライアント自身の事業活動をより効率的に行うための方法も考えました。具体的には、エンジンと芝刈り機の生産現場を一か所に統合することや、製造ラインの再設計による在庫調整、借入金の借り換えによる支払金利の削減などです。

　　― いいでしょう。良くできました。

✦**ケースのタイプ**：M&Aシナリオ
✦**筆者コメント**：
- この受験者は、非常に良い回答をしている。まず、かなり長い問題文の要点を簡潔にうまく整理した後に、いくつかの効果的な質問を通じて、単純なコスト削減ではクライアントの問題を解決できないことを理解した。
- 受験者は、この問題を短期的な戦略と長期的な戦略に分けて考えてから、このケースがM&Aに関連するものだと気づいた。彼はエンジンメーカーに関する質問を適切に投げ掛けるとともに、競合のＹ社に対してどのような行動をとるべきかを分析した。Ｙ社を競争から閉め出すという直感的な考えに流されず、３つの選択肢を挙げて、最善の結論を論理的に導くことができた。

使い捨て食器メーカー
── コップ事業の成長戦略

▶ われわれのクライアントは、使い捨ての皿、コップ、お椀、台所用品、ナプキンなど
を製造する消費財メーカーである。コップを除く各商品は順調に成長を遂げているが、
コップだけは過去2年間の売上高が横ばいにとどまっている。コップ部門の責任者は、
われわれに売上げが低迷している原因の分析と、売上高を伸ばしていくための戦略策定
を求めている。

ケース問答例

　まず、私の理解が正しいかを確認するために、問題をあらためて要約させて
ください。われわれのクライアントである使い捨ての食器メーカーは、各商品
が概ね順調に成長を遂げているものの、コップだけは売上高が低迷している状
況にあり、売上低迷の原因を突き止めることと、売上高を伸ばしていくための
成長戦略を策定することをわれわれに求めている、ということですね。

　　　── はい、そのとおりです。

　私の考えを整理するための時間を、少しいただけるでしょうか？

　　　── けっこうです。

（受験者は30秒でメモを書きとめる）

　コップの売上高が低迷している原因を突き止めるために、競合も含めたマー
ケット全体の状況を分析することから始めたいと思います。その次に、コップ
のセグメントをより詳細に分析し、セグメントの内部で何が起きているかを調
べます。それを踏まえて、最後に売上高を伸ばしていくための選択肢を検討し
ます。

まず、マーケット全体の競争状況を把握する必要があります。市場には競合が何社存在しており、各社の過去数年間の売上高はどのように推移しているのでしょうか？　市場内部でのM&Aや、新技術の開発などの大きな変化は起きていませんでしょうか？　各商品の流通チャネルは共通しているのでしょうか？　仮に皿とコップで同じ流通チャネルを使っており、皿の売上高は順調に伸びているのであれば、流通チャネルに問題があるということにはなりません。また、競合のコップは、クライアントのコップとどのような点が異なっているのでしょうか？

　― この資料を見て、何が読み取れるかを教えてください。

（面接官が受験者にグラフを見せる）

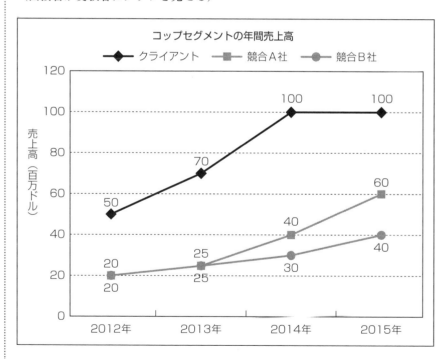

　グラフを見ると、クライアントの売上高が伸び悩んでいるのは、マーケット

全体の要因によるものではないことがわかります。競合Ａ社とＢ社も含めた３社合計の売上高は、2012年度の90百万ドルに対して2015年度は200百万ドルとなっており、コップセグメント全体は大きく伸びていることが明らかです。また、2012年以降は競合Ａ社の成長が他２社を上回っており、クライアントは2014年から売上高が横ばいになっている一方で、競合２社は売上高を伸ばしていることもわかります。クライアントはまだセグメント内で首位の座を保っていますが、マーケットシェアは徐々に減少する流れとなっています。

　競合が販売しているコップについて、もう少し詳しく教えていただけるでしょうか？　具体的には、彼らのコップは品質がクライアントよりも上なのか、流通チャネルがクライアントよりも優れているのか、価格がクライアントよりも安いのか、消費者がクライアントの商品よりも彼らの商品を選びたくなるような仕掛けが何かあるのか、といった点です。

　　　── 良い質問です。実際のところ、競合のコップはクライアントのものと、何ら変わったところはありません。品質、価格、見た目のどれをとっても、ほとんど似通っています。また、流通チャネルも３社で異なる点はありません。

　わかりました。コップはいろいろなサイズで販売されていると思いますが、何種類の大きさが存在するのでしょうか？　また、すべてのサイズのコップが売上高を伸ばしているのでしょうか？

　　　── それも良い指摘です。コップは主に大きさと品質の違いによって、３つのカテゴリーに分類されます。「カジュアル」カテゴリーは、広く一般的に用いられている８オンス（１オンス＝約30cc）の紙コップです。「パーティー」カテゴリーは、12オンスから16オンスのプラスチック製コップで、最後の「スペシャル」カテゴリーは同じくプラスチック製ですが、容量が20オンスと大きくなります。このグラフは、クライアントのカテゴリー別の売上高を示しています。このグラフから何が読み取れますか？

（面接官が受験者にグラフを見せる）

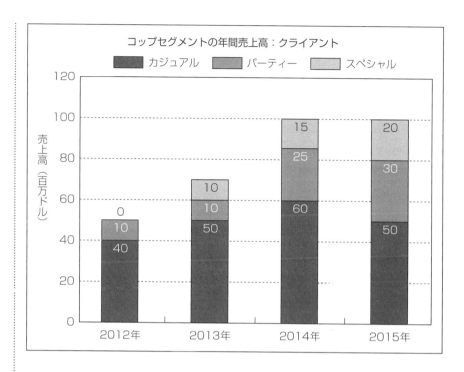

コップセグメントの年間売上高：クライアント

　グラフからはいくつかのポイントが読み取れます。まず、時期によってコップのサイズごとの成長度合いが異なっていることです。2012年から2014年にかけては、カジュアル・カテゴリーが堅調に売上げを伸ばしていましたが、2013年以降はパーティー・カテゴリーとスペシャル・カテゴリーが全体の伸びを牽引しています。次に、2014年から2015年にかけてカジュアル・カテゴリーの売上高が低下している点が目につきます。おそらく、消費者の購買パターンに何らかの変化が起きており、パーティー・カテゴリーとスペシャル・カテゴリーの売上高が伸びていることに示されるように、一般的なサイズよりも大きな容量のコップを顧客が求めるようになっていると推測されます。この仮説が正しいかを検証するためには、競合Ａ社とＢ社のカテゴリー別の売上高推移を調べる必要があります。

　──それは良い考えですね。こちらがそのデータとなります。

（面接官が受験者に表を見せる）

（百万ドル）	競合A社			競合B社		
	カジュアル	パーティー	スペシャル	カジュアル	パーティー	スペシャル
2012年	0	20	0	0	20	0
2013年	0	25	0	0	25	0
2014年	0	40	0	0	30	0
2015年	0	60	0	0	40	0

　この表を見ると、私の仮説が正しいことがわかります。競合の2社とも、カジュアル・カテゴリーのコップは販売していません。これは、消費者の嗜好がパーティー・サイズのコップに向かうことを、彼らが予期していたからだと思われます。興味深いのは、どちらの競合もスペシャル・カテゴリーのコップを販売していないことです。クライアントが売上高を伸ばすためには、このカテゴリーに成長機会があると考えます。

　　― 良い指摘です。クライアントはどうすべきでしょうか？

　いくつかの案があります。まず、製造面では、カジュアル・カテゴリーの生産を徐々に減らす一方で、パーティー・カテゴリーとスペシャル・カテゴリーの生産を増やしていくことを検討します。もちろん、これを決断する前には、定量的な効果を検証してからとなります。

　　― それは面白い案ですね。売上高が低下しているとはいえ、カジュアル・カテ
　　　ゴリーはクライアントの売上高で最大の比率を占めていますし、クライアン
　　　トがこのカテゴリーの販売をやめるようなことになれば、競合が参入してシ
　　　ェアを奪っていくでしょう。ただ、ここではあなたの案を採用することにし
　　　ましょう。仮に、カジュアル・カテゴリーの生産を段階的に減らしていくの
　　　ではなく、一気にやめてスペシャル・カテゴリーの生産に切り替えるとした
　　　場合、この戦略が正しいかどうかを確認するために、どのようなデータが必
　　　要ですか？

まず、変動費と固定費を合わせたコスト構造がどうなっているかを調べます。次に、カジュアル・カテゴリーとスペシャル・カテゴリーの年間販売数量と販売価格を調べて、最後にスペシャル・カテゴリーの販売に、カジュアル・カテゴリーと同等の数量を見込むことが可能なのか、サイズの違いによって、陳列棚に並べられる数量が減ることにならないかを確認します。

— どれも良い指摘です。まず、固定費はどちらのカテゴリーも年間10百万ドルで変わりません。変動費はスペシャル・カテゴリーがカジュアル・カテゴリーの3倍となっており、それぞれの金額はコップ1個当たり0.003ドルと0.001ドルです。販売単価はスペシャル・カテゴリーが0.05ドル、カジュアル・カテゴリーが0.02ドルです。販売数量に関しては、スペシャル・カテゴリーはサイズが大きくなるので、カジュアル・カテゴリーの半分になります。

いただいた情報に基づくと、2015年のカジュアル・カテゴリーの売上高は50百万ドルなので、販売数量は25億個（5,000万÷0.02）となります。生産コストは固定費の10百万ドルに変動費の2.5百万ドル（0.001×25億）を足し合わせた12.5百万ドルです。スペシャル・カテゴリーの生産コストを計算するためには、販売数量を算出する必要がありますが、これはカジュアル・カテゴリーの半分なので12.5億個です。そうすると、生産コストは固定費の10百万ドルと変動費の3.75百万ドル（0.003×12.5億）を合計した13.75百万ドルになります。つまり、カジュアル・カテゴリーからスペシャル・カテゴリーへ切り替えることにより、生産コストは1.25百万ドル増えることになります。

次に、売上高がどうなるかを分析します。スペシャル・カテゴリーの売上高は62.5百万ドル（0.05×12.5億）となり、カジュアル・カテゴリーの売上高である50百万ドルから12.5百万ドル増加します。したがって、カジュアル・カテゴリーからスペシャル・カテゴリーへの切り替えは経済合理性があるという結論になります。

これに加えて、カジュアル・カテゴリーからスペシャル・カテゴリーへの切り替えが商品の流通に与える影響を検討する必要があると考えます。小売業で

は、商品の陳列スペースの確保がきわめて重要です。クライアントの小売業者は、カジュアル・カテゴリーを取り払ってスペシャル・カテゴリーに切り替えることを、容認するのでしょうか？　また、消費者はスペシャル・カテゴリーのコップを主にどこで購入しているのでしょうか？

　　――　良い質問です。サイズの切り替えについて、数字面での経済合理性は問題ないと仮定して、流通面に論点を絞りましょう。これは、クライアントのみならず競合２社も含めた、2015年におけるカテゴリー別・販売チャネル別の売上高を示したグラフです。

（面接官が受験者にグラフを見せる）

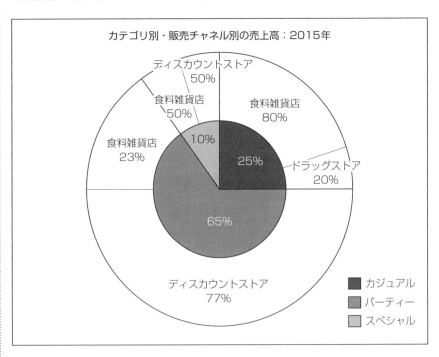

面白いグラフですね。情報を整理したいので、少し時間をください。

（受験者は１分間で表を作成して、面接官に見せる）

2015年売上高 （百万ドル）	カジュアル	パーティー	スペシャル
食料雑貨店	40	30	10
ドラッグストア	10	0	0
ディスカウントストア	0	100	10

　パーティー・カテゴリーのコップは、食料雑貨店かディスカウントストアのいずれかで購入されています。パーティーで使われるコップは大量に必要となるので、商品のバルク売りを基本的な業態としているディスカウントストアでの売上高が大きいのは自然な結果です。カジュアル・カテゴリーはクライアントのみが販売しており、一部をドラッグストアで販売し、大部分を食料雑貨店で販売しています。クライアントがとるべき戦略として、食料雑貨店とドラッグストアにおけるカジュアル・カテゴリーの販売を、パーティー・カテゴリーとスペシャル・カテゴリーの販売に切り替えるという案が考えられますが、これは現実的に可能でしょうか？

　　— その戦略は十分考えられますね。ほかに知りたいことはありますか？

　クライアントの、ディスカウントストアにおける陳列スペースの確保状況について調べる必要があります。具体的には、パーティー・カテゴリーの売上高１億ドルのうち、何%がクライアントのもので、何%が競合２社のものなのかを調べます。これを知ることによって、クライアントが何%のシェアを目標とするかの目安がつきます。

　　— いいでしょう。最後にまとめを行ってください。クライアントにどのような
　　　提案をしますか？

　顧客の需要とカテゴリー別の販売成長率を踏まえると、カジュアル・カテゴリーの販売を徐々に減らして、パーティー・カテゴリーやスペシャル・カテゴ

リーの販売を増やしていくか、または前者から後者へ一気に切り替えることを
クライアントに提案します。カジュアル・カテゴリーからスペシャル・カテゴ
リーへの切り替えを行うことで、売上高は12.5百万ドル増えることがわかりま
した。この切り替え戦略を成功に導くために、現在カジュアル・カテゴリーを
販売しているチャネルを活用して、パーティー・カテゴリーとスペシャル・カ
テゴリーの売上高の最大化を図っていきます。これに加えて、販促キャンペー
ンや、より最適な価格設定、デザインの改善なども行います。

✤筆者コメント：
- この問題は難しい数字の計算を必要としないが、電卓を使えない採用面接の場では、ちょっとした
  計算ミスが大きな失点につながりかねない。この受験者は計算過程を面接官に示しながら、ミスを
  犯さずにうまく対応している。
- 受験者は最初の分析の時点で流通チャネルの視点について触れた後、いったんは別の視点に議論の
  中心が置かれたが、最後に流通チャネルが大きなカギを握っていることがわかった。
- 現在の主力商品であるカジュアル・カテゴリーの販売を減らしていくことについて、面接官から疑
  義を唱えるような発言があった際も、受験者は自分の考えを崩さず、適切な分析を行うことで自ら
  の主張をサポートしている。
- 受験者のグラフ読解力は優れており、自分自身の手でもデータを整理した表を作成して、それを面
  接官に示しながら自分の考えを伝えている。
- 受験者の結論は簡潔で、ポイントをきちんと押さえている。

モータースポーツ車両メーカー

—— 株価回復と業績改善の戦略策定

▶ われわれのクライアントは、主にスノーモービル、オートバイ、ATV（All-Terrain Vehicleの略で全地形対応車のこと。さまざまな地形を走行できる三輪・四輪バギー型の車両）を製造する北米第3位のモータースポーツ車両メーカーである。クライアントは上場企業であるが、過去1年の間に株価が40ドルから25ドルへ下落している。また、売上高は13%、純利益（税引後利益）は18%減少している。クライアントのビジネスにどのような問題が起きており、それをどのように改善すればよいだろうか？

ケース問答例

　私の理解が正しいか確認させてください。クライアントは北米第3位のモータースポーツ車両メーカーであり、過去1年間で株価が40ドルから25ドルへと40%弱下落し、売上高が13%、純利益が18%減少しています。クライアントは、この原因究明と改善策をわれわれに求めているということですね。

　　—— そのとおりです。

　これ以外で、私が頭に入れておくべきクライアントの目的や目標はありますか？

　　—— いいえ、ありません。

　クライアントの競合も、同様の問題を抱えているのでしょうか？

　　—— はい。

　ということは、クライアントのマーケットシェア自体は、それほど変わっていないのでしょうか？

――実際のところ、クライアントのマーケットシェアは増えています。

　現時点での私の仮説は、業界全体の売上高が何らかの外部要因によって落ち込んでおり、それがクライアントの利益の減少にも影響を及ぼしているというものです。そして、そのような状況にもかかわらず、クライアントのCEOは株式アナリストへの決算報告会で説明を十分に尽くせなかったので、株価の下落につながってしまったのではないでしょうか。

　　　――面白い意見ですね。なぜ、CEOは十分な説明ができなかったのでしょうか？

　競合各社も同様の問題に直面しているのであれば、売上げや利益の低下は外部的な要因によるものであり、それを一晩やそこらで改善させる手の打ちようがないからです。

　　　――良い指摘ですね。

　私の考えを整理するための時間を少々いただけますでしょうか？

　　　――けっこうです。

（受験者はメモ用紙に論理構造図を書きとめて、それを面接官に見せる。彼のメモ用紙には、E（P＝R－C）Mの式が書かれている）

　まずは、外部要因の分析、具体的には、マクロ経済状況と市場の動向を調べます。次に、クライアント自社の内部要因を分析します。これは、製品構成や収益と費用の構造が、過去数年でどのように推移しているかが主な調査項目となります。外部要因と内部要因の分析を行った後に、売上高と利益を伸ばしていくための方法を、短期的なものと長期的なものに分けて考えます。

　　　――わかりました。では、外部要因について話してください。

マクロ経済の状況に関しては、世界的な経済不況にあり、北米地域の為替動向は、米国ドルの強さとカナダドルの弱さが目立ちます。消費者の購買意欲は全般的に減退しています。また、歴史的な暖冬によってガソリン価格が下落しており、ATVやスノーモービルに対する需要は限られていると考えます。

　　　— ガソリン価格が安いことは、ATVやスノーモービルの顧客にとって、良いことではないでしょうか？

　その指摘は、一般消費者には当てはまると思います。しかし、クライアントは多数のATVを石油会社に販売していることが推測されます。石油会社は原油価格の下落によって経営が厳しい状況にあり、従業員のレイオフや設備投資の削減を強いられています。従業員が減れば、当然ながら彼らが使うATVの台数も減ることになります。

　　　— わかりました。次はどうしますか？

　モータースポーツ車両の市場分析を行います。クライアントのみならず、競合も同様の問題を抱えており、クライアントのマーケットシェアはむしろ増加しているとうかがいました。これが意味しているのは、クライアントが他社を買収したのか、クライアント以上に競合他社の業績が落ち込んでいるのか、または業界から撤退した競合のシェア分を獲得したのか、のいずれかではないかと思います。

　　　— 業界全体は落ち込んでいますが、クライアントはすべての製品がマーケットシェアを伸ばしています。クライアントは、ヘルメットやゴーグル、グローブなどのアクセサリー用品を製造する会社の買収を行いました。この買収による効果のみならず、クライアントは自助努力によってもスノーモービルやオートバイのシェアを伸ばしています。

クライアントの純利益は18%低下したとのことですが、業界全体での純利益

はどれくらい落ち込んだのでしょうか？

　— 25%の減少です。

　わかりました。次に、クライアントの内部分析を行います。彼らの製品構成、売上高、純利益が、それぞれ過去3年間どのように推移しているかを教えていただけますか？

　— こちらがその資料になります。これを見て、何が読み取れるかを説明してください。

（面接官が表を提示する）

（単位：千ドル）	X1年度	X2年度	増減
売上高			
ATV/スノーモービル	1,051,801	862,032	−18%
オートバイ	122,219	162,558	+33%
その他	100,980	81,028	−20%
売上高計	1,275,000	1,105,618	−13%
売上総利益	367,573	310,274	−16%
粗利率	28.8%	28.1%	−0.8%
経費	176,927	169,072	−4%
経費率（対売上高）	13.9%	15.3%	+1.4%
営業利益	210,000	159,160	−24%
営業利益率	16.5%	14.4%	−2.1%
純利益	135,397	110,682	−18%
純利益率	10.6%	10.0%	−0.6%

　ATVとスノーモービルのセグメントが、全体の足を引っ張っています。このセグメントは売上高全体の約8割を占めており、セグメントの売上高が18%減少しています。オートバイ・セグメントの売上高は33%増加しており、これ自体は良いことですが、売上高全体に占める割合は15%程度なので、全体の業績を引き上げるまでには至っていません。経費は4%減少していますが、これ

は売上高の減少に伴い、車両の生産台数が減っていることが主因だと考えられます。

    — クライアントは過去3年間にわたり、会社全体の経費削減を推し進めてきました。あなたの分析は概ね正しく、経費をこれ以上減らす余地はありません。

ATVとスノーモービルの売上高の内訳を教えていただけますか？

    — セグメント内の内訳は、90%がATVで、10%がスノーモービルです。

ということは、会社全体の売上高の72%をATVが占めており、オートバイの売上高はスノーモービルのおおよそ2倍ということですね。推測するに、クライアントは大量の製品在庫を抱えてしまっているのではないでしょうか。製品の値下げは行いましたか？

    — 答えはノーです。彼らは販促キャンペーン活動を行いましたが、値下げをすることには消極的でした。これは競合も同様です。仮にクライアントが値下げを行ったとしたら、競合も軒並み追随して、価格競争に陥ることが予想されます。

一般的には、販売数量やコストを調整するよりも、業界全体の価格水準を上げることのほうが困難です。業界全体の価格水準を上げるためには、各企業が横並びで動く必要があります。

    — そのように競合間で価格を示し合わせる行為は、法律で禁じられています。

私がイメージしていたのは、ガソリン価格の水準に応じて航空各社が自主的にチケット料金を調整するような行動です。いずれにせよ、業界全体の価格水準が上がらなければ、すべての企業が苦しむことになります。

— それは妥当な意見ですね。

　Ｘ１年度の前の年の売上高は、どうなっていたのでしょうか？

　　　— オートバイ・セグメントが67%の伸びを示しましたが、会社全体の売上高
　　　　は５%の増加にとどまりました。この年も業界は全体的に低調でしたが、ク
　　　　ライアントは全セグメントでマーケットシェアを増やしました。次はどうし
　　　　ますか？　そろそろ、株価回復と業績改善に向けた具体的な案を出す必要が
　　　　あります。

　マクロ的な外部要因は弱含みの状況が当面続くことが予想され、短期的には
業績を圧迫すると思われます。しかし、もし来年は寒さが厳しい冬となり、ガ
ソリン価格が上昇するような状況になれば、クライアントの株価もデッド・キ
ャット・バウンス（株式投資用語で、株価大幅下落後の一時的な小幅回復を意味す
る。 直訳すると、「高いところから落とせば、死んだ猫でも跳ね返る」という意味）
すると思います。

　　　— デッド・キャット・バウンスですか？

　これは、株式投資で使われる用語で……

　　　— 用語の意味は知っています。業績改善の具体案を提示してください。

　少しお時間をいただいてもよろしいでしょうか？

　　　— お好きにどうぞ。

（受験者は１分間で自分の考えを整理しながら、メモ用紙に箇条書きで書きと
める）

株価の回復と業績の改善に向けた戦略を、短期的なものと長期的なものに分けて考えます。まず、株価の回復に関しては、自社株買い（自社が発行した株式を買い戻すこと。全体の企業価値が変わらないのに対して、発行済株式数が減少するので、1株当たりの価格が上昇することになる）を行います。クライアントの株価は過去1年間で約40%も下落しているので、割安な価格で株式の買い戻しを進めることができます。しかしながら、自社株買いによる株価上昇の効果は、短期的なものにとどまります。

　より本質的な企業価値の向上策としては、手持ちの資金をM&Aに投入します。買収先の対象は直接的な競合のみならず、仕入先も検討に入れて、買収後はコスト管理を徹底的に行います。また、製品ラインアップの多角化を推し進めます。特に、アクセサリー用品の拡充は、クライアントのブランド認知力向上に寄与すると考えます。さらに、最も成長を遂げているオートバイ・セグメントには、広告宣伝の資金を優先的に割り当てます。

　顧客に対しては、0%や1%での低金利ローン・プログラムを提供し、下取りの場合はさらなる優遇金利を適用します。また、クライアントは製品の値下げをしないことは決めているものの、過剰在庫を抱えていると思われます。この在庫整理を進める方法として、製品を販売する対価を現金ではなく、顧客である石油会社の株式で受け取るという、思い切った販売手法を検討します。この販売手法が対象とするのは、クライアントが買収したいと考えているか、現在の石油不況を乗り切る体力を十分に備えている会社とします。石油会社の株価はクライアント以上に下落していると思われるので、彼らの株式をかなり割安な価格で取得することができます。もちろん、石油会社が倒産して株式が紙くずになるリスクはゼロではありませんが、長期的にはリスクに見合った価値があると考えます。これを実行する前には、相手のデューデリジェンスを注意深く行う必要があります。

　──面白いアイデアですね。最後にケースの要点をまとめてください。

　われわれの職務は、クライアントの株価下落と利益低下の原因を突き止めて、それを改善させるための方法を考えることです。株価と業績が低迷している原

因としては、主にマクロ的な外部要因が大きな影響を与えていることがわかりました。これは、クライアントが自分自身でどうこうできるものではありませんが、その一方で、将来の好機に備えてクライアントが積極的にとるべき行動として、手持ち資金を他社のM&Aに投入することや、製品販売の対価を顧客である石油会社の株式で取得し、在庫削減を図る販売手法を提案します。

✤筆者コメント：

- 受験者が与えられた数字を比率で表現しているのはプラスポイントである。
- 受験者は、業界内の他社も同様の問題に直面していることを理解した後で、自分なりの仮説を述べている。
- 非常に多くの受験者が外部要因について検討することを忘れてしまうが、この受験者はきちんと分析を行っている。特に、この問題は外部要因の分析が重要な要素となっている。外部要因についても必ず触れること。
- 面接官から提示された表の分析はよくできている。要点のみをしっかりと押さえて、数字を比率でも考えている。また、ATVとスノーモービルの内訳を聞くところまで突っ込んで分析することができている。
- 製品販売の対価を現金ではなく、販売先の株式で受け取るというアイデアは、非常に斬新で面白い。ほぼ間違いなく、ほかの受験者からは出てこない考えである。
- 受験者の論理構成はしっかりとしており、自分の回答に対する自信も感じ取れる。面接官からの指摘には冷静に対処しており、自分の回答を適切に防御している。創造力を発揮して、面接官が予期していなかったような戦略案を提示している。

スノー・シャベル社
—— 最適な注文本数の決定

▶ われわれのクライアントであるスノー・シャベル社は、除雪用のシャベルを輸入販売している企業である。除雪用シャベルの市場は比較的安定しており、売上高は需要の規模によって決まり、需要の規模は天候によって決まる、という構造になっている。スノー・シャベル社は、実際にシャベルを購入する４か月前の時点で、仕入先に発注書を出さなければならない。彼らは、何本のシャベルを注文するべきだろうか？

ケース問答例

　問題の内容を確認させてください。クライアントのスノー・シャベル社は、除雪用シャベルの輸入販売を行っているが、実際にシャベルを購入する４か月前の時点で注文を入れなければならないため、何本のシャベルを注文するべきかについてアドバイスを求めている、という理解でよろしいでしょうか？

　　　— そのとおりです。

　シャベルの注文本数を決めること以外に、私が頭に入れておくべきクライアントの目的はありますか？

　　　— あります。クライアントの目的は、赤字になるリスクと手持ちの在庫を最小
　　　　限に抑えつつ、利益を最大化することです。

　クライアントは、国内のどの地域をカバーしているのでしょうか？

　　　— マサチュ　セッツ州のウェルズリー地域のみです。

　ほかの地域へ進出するという考えはありませんか？

― それはありません。クライアントは、ごく限られた地域に焦点を絞りたいと
　　　考えています。

　クライアントはウェルズリー地域内での販売拠点を増やすことによって、利
益を増加させることができると思います。クライアントは、現在どれだけの販
売拠点を持っているのでしょうか？

　　― 良い質問ですが、この問題で私があなたに求めていることとは関係がありま
　　　せん。

　昨年度は、何本のシャベルを注文したのでしょうか？

　　― 2,000本です。

　昨年の天候は、どのような感じでしたか？

　　― 例年よりも寒く、積雪量も多い年でした。

　昨年度において、その前年度から持ち越しになっていた在庫はありましたか？

　　― はい。前年度からの繰越在庫は500本ありました。

　クライアントは、昨年度中に2,500本のシャベルをすべて販売しきったので
しょうか？

　　― はい。

　ということは、現時点で手持ちの在庫はないということですね？

— そのとおりです。クライアントは、極力、在庫を持たないようにしています。

　昨年度において、もしクライアントがもっと在庫を持っていれば、2,500本よりも多くのシャベルを販売することができたのでしょうか？　たとえば、顧客から注文が入ったにもかかわらず、在庫がないため販売できなかったということがありましたか？

　　— はい、実際にそのようなことがありました。一般的に、寒さが厳しい冬には3,000本のシャベルが売れる一方で、それほど寒さが厳しくない穏やかな冬の場合は、需要は1,000本まで落ち込みます。

　今年の冬は、どのような天候になると予想されていますか？

　　— 寒さが厳しい冬になる確率が40%、穏やかな冬になる確率が60%、という予想になっています。

　わかりました。ここまでのポイントを簡単にまとめさせてください。3,000本のシャベルが売れる厳しい冬になる確率が40%、1,000本のシャベルが売れる穏やかな冬になる確率が60%です。そして、スノー・シャベル社は、極力手持ちの在庫を少なくしたいという経営方針を持っています。クライアントは、シャベルをいくらで仕入れて、いくらで販売しているのでしょうか？

　　— 仕入価格は10ドル、販売価格は20ドルです。

　ということは、シャベル1本当たりの利益は10ドルですね。また、3,000本のシャベルが売れる確率が40%で、1,000本のシャベルが売れる確率が60%ですから、スノー・シャベル社が発注すべきシャベルの本数は、期待値を計算して、（3,000本×40%）＋（1,000本×60%）＝1,800本になります。

　　— それで終わりですか？　それがあなたの結論ですか？　私は、今日このケース

を5回出題していますが、5人全員が1,800本と答えています。私があなたに与えた情報をよく考えてください。クライアントの目的は、どういうことでしたか？

　クライアントの目的は、赤字のリスクを最小限に抑えつつ、利益を最大化することでした。シャベルの販売本数ではなくて、クライアントが得る利益の期待値を求めてみます。仮に、クライアントが1,000本のシャベルを注文した場合、冬の天候がどうなろうと、1,000本のシャベルはすべて完売できると考えられます。このとき、クライアントが得る利益の期待値は、以下の表のとおり、10,000ドルになります。

注文本数	販売本数	売上高	コスト	利益	確率	期待利益
1,000本	1,000本	$20,000	$10,000	$10,000	100%	$10,000
						$10,000

　次に、クライアントが2,000本のシャベルを注文した場合、1,000本のシャベルしか売れない穏やかな冬になる確率が60%、2,000本のシャベルが完売する寒い冬になる確率が40%ですから、利益の期待値は8,000ドルになります。

注文本数	販売本数	売上高	コスト	利益	確率	期待利益
2,000本	1,000本	$20,000	$20,000	0	60%	0
2,000本	2,000本	$40,000	$20,000	$20,000	40%	$8,000
						$8,000

　最後に、クライアントが3,000本のシャベルを注文した場合、1,000本のシャベルしか売れない穏やかな冬になる確率が60%、3,000本のシャベルが完売する寒い冬になる確率が40%ですから、利益の期待値は6,000ドルになります。

注文本数	販売本数	売上高	コスト	利益	確率	期待利益
3,000本	1,000本	$20,000	$30,000	▲$10,000	60%	$▲6,000
3,000本	3,000本	$60,000	$30,000	$30,000	40%	$12,000
						$6,000

以上の計算結果と、クライアントが赤字のリスクや保有在庫を極力避けるというポリシーを持っていることから判断すると、クライアントが発注すべきシャベルの本数は1,000本であるという結論になります。このとき、クライアントは10,000ドルの利益を確実に得ることができます。一方で、もしクライアントが3,000本のシャベルを発注した場合は、30,000ドルの利益を上げる確率が40％しかなく、10,000ドルの赤字になる確率が60％となってしまいます。

　　― 正解です。分析した内容をグラフで表すことはできますか？

もちろんです。グラフは次のようになります。

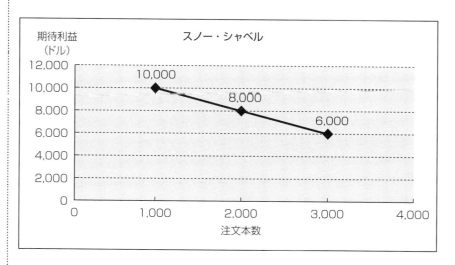

　最後に１つ質問があります。このケースでは、売れ残る在庫の仕入コストも、当期中の費用として損失にカウントしていましたが、実際のところは、当期中に破棄処分でもしなければ、費用ではなく資産として計上されるものではないでしょうか？

　　― 良い指摘です。まさしくあなたの言うとおりですが、あくまでこのケースにおいては、その点を考慮する必要はありません。

✦筆者コメント：

- このケースは、「リスクをどう捉えるか？」というポイントがすべてだと言ってもいい。
- この受験者は、いったん結論を先走ってしまったが、面接官の反応を見て考え直し、正しい答えにたどり着くことができた。
- 期待値の考え方は、MBAや理系以外の人にとっては、あまり馴染みのないものかもしれないが、この問答例を読み返して、マスターしていただきたい。
- 私はこのケースを学生たちに40回出題したが、そのうちたった2人しか正しい答えを求めることができなかった。10段階評価で言えば、9の難易度と言えるだろう。

大手楽器メーカー
—— 高価格帯ヘッドホン市場への新規参入

▶ われわれのクライアントは、グランドピアノの製造で有名な業界最大手の楽器メーカーである。彼らのグランドピアノは1台20万ドルで販売されており、アリシア・キーズやビリー・ジョエル、エルトン・ジョンなどの世界的なアーティストも使用している。クライアントは、ピアノ以外にもチェロ、バイオリン、サクソフォン、ドラムといったあらゆる種類の楽器を製造しており、これらも比較的高い値段で販売されているが、最高レベルにあるグランドピアノの価格には遠く及ばない。ある日、クライアントのCEOはわれわれを呼んで、米国内の高価格帯ヘッドホン市場に参入することを検討していると伝えてきた。彼らが考えているのは、Beats（世界中の有名人が使用していることで有名なヘッドホンブンド）のような、耳にあてがうタイプのヘッドホンである。CEOは、市場の分析と、彼らが新規参入すべきかどうかについてのアドバイスを求めている。

ケース問答例

　問題の内容を整理させてください。クライアントの業界最大手楽器メーカーが、高価格帯のヘッドホン市場への参入を検討しており、われわれに市場の分析と、参入可否の判断を求めているということですね。これ以外に、私が頭に入れておくべきクライアントの目的や目標はありますか？

　　— はい。CEOは、市場に参入してから1年以内に、5％以上のマーケットシェアを獲得することを期待しています。5％のシェアは、販売数量ベースでも、売上高ベースでも、どちらでもかまいません。

　1つ質問があります。CEOは、なぜこの市場に参入したいのでしょうか？

　　— 楽器の市場は年率2％で成長しているのに対して、ヘッドホン市場の年間成長率は75％となっており、今後数年間も同水準の成長が続くと見込まれているからです。CEOは、今こそ製品の多角化を行うべきであり、彼らの強

いブランド力は新しい製品市場でも十分通用すると考えています。

　私の考えを整理するための時間を、少しいただきたいと思います。

（受験者は1分半でメモ用紙に論理構造図を書きとめて、それを面接官に見せる）

　私はこの問題を、3つの段階に分けて考えたいと思います。まず、クライアント自社に関する分析を行い、次に高価格帯ヘッドホンの市場状況を調べた後で、市場に参入すべきと判断した場合の、さまざまな参入方法を検討します。

　　　――いいでしょう。進めてください。

　まずは、クライアント自社について分析します。知るべき情報は、過去3年間の売上高と利益の推移がどうなっているかということと、製品の構成比率です。製品については、エレキギターや電子ピアノも作っているのか、アコースティック楽器のみを作っているのかも調べます。次に、クライアントのブランド力について分析します。消費者がクライアントの会社名を聞いたときに、どのような音楽を思い浮かべるのか、現在の顧客セグメントはどうなっているのか、が検討項目となります。最後に、流通チャネルについて調べます。クライアントの製品は、どこで、どのように販売されているのか、現在の流通チャネルはヘッドホン販売にも利用可能なのか、が考慮すべき点です。

　自社分析を行った後は、高価格帯ヘッドホン市場の状況を分析します。具体的に調べることは、市場規模と成長率、どのような顧客セグメントで構成されているか、ここ数年の間に業界内での大規模なM&Aや新技術の導入などの大きな変化が起きていないか、といった点になります。私が知っているのは、アップルがBeatsを買収したことと、ワイヤレスタイプのヘッドホンが現在の売れ筋になっている、ということです。また、ここでも流通チャネルがどうなっているかの分析は必要です。さらに、業界内の競合の顔ぶれと、各社のマーケットシェア、各社の製品はクライアントの製品とどのような点が異なるのかを

調べます。

　最後に、市場へ参入する際にはどのような方法が最善かを検討します。参入方法は主に４つあり、一から自社のみで体制を構築する方法、既存企業の買収、他社とのジョイント・ベンチャー設立、第三者へのアウトソーシングがそれに当たります。

　現時点での私の仮説は、この市場は競争が激しく、既存企業のブランドイメージが確立していて、少数の大企業が支配的な地位を築いているため、クライアントは参入すべきではないというものですが、それが正しいかはこれから検証していきたいと思います。

　　　 — わかりました。あなたが挙げた質問のいくつかに答えましょう。まず、クライアントの昨年度の業績は、売上高が850百万ドルで、純利益は175百万ドルでした。

　ということは、純利益率が20%強になりますが、この利益率は楽器メーカーとして一般的な水準でしょうか？

　　　 — クライアントの利益率は、ほかの楽器メーカーに比べて高い水準にあります。また、クライアントはアコースティック楽器しか作っていません。

　電子楽器は、今までも作ったことがないということでしょうか？

　　　 — ありません。

　そうすると、クライアントにはヘッドホンを製造するためのノウハウがなく、生産設備も持っていないということでしょうか？

　　　 — 現時点ではそのとおりです。あなたからのほかの質問に答えると、アリシア・キーズやビリー・ジョエルなどのポップ・ミュージシャンが愛用しているという事実がありながら、消費者がクライアントの会社名を聞いたときに

思い浮かべるのは、クラシック音楽です。クライアントに関する質問は、ほかに何がありましたか？

流通チャネルと顧客セグメントについてです。

— 流通チャネルに関しては、クライアントの全製品をそろえている大型専門店が５店舗ありますが、彼らの売上げの大部分は、個人経営の楽器店や、チェーン展開している楽器店で購入されています。また、彼らの顧客は、主にプロとして活動しているミュージシャンが中心であり、そのほかにはオーケストラ楽団、学校、コンサートホールなどにも楽器を販売しています。

クライアントが高価格帯ヘッドホン市場で５％以上のシェアを達成するためには、現在の流通チャネルと顧客層のみでは不十分で、双方ともに対象を広げる必要があると考えます。市場の状況に関する質問への回答はいかがでしょうか？

— これから、市場に関する多数のデータを提供します。それらの情報を分析して、読み取れることを少なくとも５つ以上挙げてください。
　　高価格帯ヘッドホンの市場は、年率75％で成長しています。「高価格帯」とは、１個100ドル以上で販売されているものを指します。業界首位にあるのはＡ社で、60％のマーケットシェアを占めており、年間の売上高は400百万ドルです。第２位はＢ社で、マーケットシェアは20％です。残りの20％は、Ｃ社からＺ社までの24社で占められています。この24社の中には、知名度の高い大企業も一部含まれています。次に、価格についての情報ですが、ここでは簡素化のために、各社は高価格帯ヘッドホンを１種類しか販売していないと仮定します。Ｇ社の販売価格は１個100ドルで、Ｃ社は125ドル、Ａ社は225ドル、Ｂ社は425ドルとなっています。

（受験者はメモ用紙に次の表を作成し、分析を行う）

	販売単価	シェア
A社	$225	60%
B社	$425	20%
C社〜Z社	$100〜?	20%

いただいた情報からまず言えることは、クライアントが販売数量ベースでのシェアを5％以上取ることは，ほぼ不可能だということです。この市場は、2大企業がシェアの80％を占めていて、残りの20％を24社の企業が競い合う状況となっています。クライアントには、5％以上のシェアを1年以内に獲得できるほどのブランド認知力は、この市場ではありません。もし可能性があるとすれば、売上高ベースでのシェアで5％以上を取ることですが、これも相当難しいと考えます。2つめのポイントは、この市場の顧客はそれほど価格に敏感ではないということです。ブランドイメージや品質が良ければ、高い価格でも購入する意志があると読み取れます。3つめにわかることは、市場規模の大きさです。A社のシェアが60％で売上高が400百万ドルなので、全体の市場規模は400百万÷0.6を計算して……666百万ドルとなります。簡便化のために数字を丸めて、市場全体の売上規模は660百万ドルとします。クライアントがこのうちの5％を取るためには、年間33百万ドルの売上高を達成する必要があります。

— ほかには何がありますか？

この33百万ドルという数字が、クライアントの昨年度の売上高である850百万ドルに対して、どれほどのインパクトがあるかを調べます。850百万の10％が85百万、5％が42.5百万なので、33百万ドルはクライアント全体の売上高の3〜4％に相当し、それほど大きな比率ではありません。この程度の売上増加であれば、高価格帯ヘッドホン市場に新規参入するようなリスクを取らずとも、達成する方法はほかにいくつかあると思います。ただ、この市場が年率75％もの成長率で伸びているという事実は非常に魅力的であり、簡単に参入をあきらめるのも難しい判断です。

——ほかにありますか？

　最後のポイントとしては、クライアントの売上高が850百万ドルであるのに対して、高価格帯ヘッドホンの総市場規模が660百万ドルだということは、クライアントの売上規模は、高価格帯ヘッドホン市場全体の売上規模を上回っていることがわかります。

　　——そのとおりです。この事実がわかったとして、まずあなたが考えるのはどういうことですか？

　高価格帯ヘッドホン市場は、クライアントにとって規模が十分ではないということです。

　　——ほかには何を考えますか？

　他社の買収を検討します。

　　——そうですね。あなたは先ほど、市場への参入方法をいくつか挙げましたが、それぞれのメリットとデメリットを説明してください。

　メモを取って整理してもよろしいでしょうか？

　　——いいえ、頭の中で整理して説明してください。

　わかりました。参入方法の1つめは、自社のみで一から体制を構築する方法です。この参入方法のメリットは、製品のデザインや機能を自分たちの好きなように作り上げることができるという点と、長期的に見れば高い利益率を得ることができるという点です。デメリットは、クライアントにはヘッドホンを製造するノウハウや人材、生産設備がないということ、ヘッドホンの販売に適した流通チャネルを持っていないこと、そして最大のデメリットは、一から体制

を構築するのは時間がかかることです。特に、高価格帯ヘッドホン市場は成長が著しいので……

　　―― 次に進んでください。

　２つめの参入方法は、既存企業の買収です。この方法のメリットは、クライアントが現在持っていない製品、生産設備、マーケットシェア、顧客層、流通チャネル、ノウハウなどのすべてを、買収を通じて獲得できるという点です。デメリットとして挙げられるのは、市場の上位２社や、その他の24社の中でも大企業は買収できる可能性が低いので、クライアントが買収のターゲットとするのは比較的規模が小さい企業となり、目標とする５％のマーケットシェア達成は難しいという点です。また、この市場は急成長しているので、買収価格が高すぎる結果となるリスクも大きくなります。さらに、買収する企業のヘッドホンが、クライアントのブランド名を冠するにふさわしい品質を備えているかは、確認しておく必要があります。

　　―― 次に行きましょう。

　ちょっとお待ちください。買収を検討する際に最も重要なことは、自社と買収相手の企業文化がうまくマッチするのかどうかを確認することです。企業文化がまったく異なる相手を買収すれば、悲惨な結果となることは避けられません。クライアントは職人による手作りの木製グランドピアノに象徴される保守的なイメージが強いのに対して、買収相手となるのはプラスチックから精密機械でヘッドホンを製造する、若々しいイメージの強い企業です。このようにイメージのかけ離れた２つの企業が、買収後にうまく融合することは想像できません。

　　―― 良い指摘ですね。次に進みましょう。

　３つめの参入方法は、他社との共同出資によるジョイント・ベンチャーの設

立や、他社との戦略的提携です。この方法のメリットは他社の買収と共通して いるので、繰り返しは避けます。デメリットは、共同出資なので経営の自由度 に制限が生じることと、たとえば50%ずつの折半出資であれば、33百万ドルの 売上目標に対して実際は66百万ドルの売上高を達成しなければならなくなると いう点です。

　参入方法の最後は、第三者へのアウトソーシングです。この方法のメリット は、自社でそれほど手をかけずに、ノウハウを持っている企業に製品の製造を 委託できることと、ほかの方法に比べてコストが安くすむことです。また、市 場への参入のみならず、撤退する場合も動きがとりやすいという利点もありま す。何らかの理由で参入後のビジネスがうまくいかなかった場合、速やかに市 場から退出することが可能です。デメリットとしては、製造を外部の第三者に 委ねるので、製品設計の自由度に限りがあるということと、流通チャネルは自 社自身で構築する必要があるということです。

　　　— そろそろ、CEOのために結論を出す必要があります。あなたなら、CEOに
　　　　どのような提案をしますか？

　考えを整理したいので、少し時間をいただけますでしょうか？

　　　— いいえ、CEOはもう目の前に座っていて、われわれの提案をすぐに知りた
　　　　がっていると考えてください。

　私の提案は、高価格帯ヘッドホン市場には参入しないことです。この市場で は２大企業がシェアの80%を占めて、残りの20%を24社で競い合っている状況 です。さらに、非常に高い市場成長率に目をつけて、新たに参入する企業も出 てくると考えられます。このような状況を踏まえると、現時点でブランド認知 も顧客ベースも持っていないクライアントが、１年以内に５％以上のシェアを 達成することは、ほぼ不可能だと思います。また、この市場でのシェア５％は、 クライアントの年間売上高の３〜４％にしか相当しません。私としては、高価 格帯ヘッドホン市場のシェア５％と同等の売上増加を達成する、代替的な方法

を2つ提案します。1つは、現在よりも低価格の楽器を製造して、より多くの顧客がクライアントの製品を購入できるようにします。2つめは、クライアントの企業イメージを変えることです。現在のクラシック音楽を想起させる企業イメージから脱却して、もっと幅広い音楽ジャンルのイメージを消費者に持ってもらうような活動を展開します。この活動では、アリシア・キーズをイメージキャラクターとして起用するのも一案です。これにより、クライアントの顧客層は今よりも広がり、ブランド認知力も高まることが期待されます。

　― 私は、あなたの結論は間違っていると考えます。私であれば、高価格帯ヘッドホン市場への新規参入を提案します。具体的には、最も高品質のヘッドホンを作っているB社に製造を委託します。B社への製造委託で問題となりうるのは、クライアントのヘッドホンの販売価格を500ドル以上にする必要があるということです。これ以下の販売価格では、B社のヘッドホンと直接的に競合することとなり、B社が製造の委託を引き受けてくれないからです。実際のところ、クライアントはピアノ市場で最高峰の品質と価格を誇っているので、ヘッドホンの販売価格を800ドルにしてもよいと考えます。ヘッドホン市場でも最高に近い価格設定をしなければ、クライアントのブランドイメージが損なわれます。仮にヘッドホンの価格を800ドルとして、4万個強を販売すれば、目標の33万ドルに到達します。この販売数量は、月ベースで考えると、わずか3,000個強です。クライアントの既存顧客は超高所得層なので、800ドル程度であれば迷うことなく支払うでしょう。また、あなたは33百万ドルがクライアントの現在の売上高の3〜4％にすぎないと言いましたが、高価格帯ヘッドホン市場は年率75％で成長しているので、この数字は来年には58百万ドル、その翌年は101百万ドルへと増えていきます。最後に、ヘッドホンのイヤーカップ（ヘッドホンで耳に接するカップ状の部分）は一部木製となっています。クライアントは木製グランドピアノの製造で培った技術を活かして、800ドルの最高水準価格にふさわしい、洗練されたデザインのヘッドホンを作ることが可能です。

　説明いただいた案は非常によく練られていると思いますが、2点の疑問が残

ります。まず、一般的にヘッドホンを購入する顧客は誰かという点です。大部分の顧客は、10代から30代の比較的若い世代だと思います。彼らにとって800ドルは大金であり、ごく一部の例外的な顧客を除いて、とてもヘッドホンに費やすとは考えられません。2点めの指摘として、仮に800ドルものヘッドホンを購入するのであれば、少なくとも5年間はそれを使い続けることを期待するのが通常です。とすれば、説明された戦略は持続性に欠け、毎年75%もの増加を達成できるとは思えません。

　　　— あなたの説明にも一理ありますね。しかし、私としてはこの高成長市場に何らかの形で関わって、利益を享受したいと考えます。

　もしA社が上場企業なのであれば、A社の株式を買うという考えもあります。この形であれば、市場の高成長に応じた高配当や値上がり益が期待できますし、自社のコアビジネス以外に経営資源を投入することで株主から非難される必要もありません。また、もし市場が想定どおりに成長しなかったとしても、市場で株式を売却すればよいだけなので、撤退もしやすくなります。

　　　— それは検討に値する有効な策かもしれませんね。今日はありがとうございました。

✤ 筆者コメント：
- 新規市場参入シナリオのケースでは、市場分析の前に自社分析を行うことが定石である。こうすることで、自社の状況を踏まえたうえでの市場分析が可能となる。
- 新規市場参入シナリオでは、「なぜその市場に参入するのか？」を必ず確認することが重要である。
- 提示された数字から、なるべく多くの情報を引き出すこと。この受験者は、市場規模の大きさを計算するにとどまらず、シェアの5％がクライアントの売上高に対してどれだけの比率を占めるかも計算した。ここまで考えられる受験者はごく少数である。数字を扱う際は、視野を広く持って考える必要がある。
- 大局的な視点で捉えること。私はこのケースを学生たちに200回以上出題したが、クライアントの売上高が高価格帯ヘッドホン市場規模全体を上回っていることを指摘できたのは、たった2人だった。
- 面接官が受験者の発言を途中でさえぎって、先へ進むように促す場面もあったが、受験者は自分の

立場を崩さず、重要な論点を面接官へ伝えることに成功している。

- 面接官が受験者の結論は誤っていると指摘した際も、彼は感情的になりすぎることなく冷静に対処し、適切な反証を行って挽回している。

キオスク型DVDレンタル会社
—— 成長戦略の策定

▶ われわれのクライアントは、キオスク（無人自動レンタル機）型DVDレンタル市場で米国首位の企業である。彼らは、キオスクをドラッグストア、スーパーマーケット、コンビニエンスストア、ファストフードチェーンなどの店舗入口付近に設置している。クライアントは過去7年間にわたり、4万機以上のキオスクを設置してきたが、今年度は初めて500機以上のキオスクを撤去することとなった。昨年度の売上高は20億ドルで、売上高成長率は3％だったが、今年度の売上高は横ばいとなり、来年度以降の数年間は減少することが予想されている。クライアントの経営陣は、このトレンドに先手を打って、来年度は売上高を10%伸ばし、その後4年間の売上高年間成長率を5％にするための方策をわれわれに求めている。

ケース問答例

　私の理解が正しいかを確認するために、問題の内容を整理させてください。われわれのクライアントは米国首位のキオスク型DVDレンタル会社で、過去7年間に4万機以上のキオスクを設置してきたものの、今年度はその1％以上に相当する500機のキオスクを撤去する状況に直面しています。また、クライアントの昨年度の売上高は20億ドルで3％の成長を遂げたものの、今年度は横ばいにとどまり、来年度以降の数年間は減少することが見込まれています。クライアントがわれわれに求めているのは、今後5年間の成長戦略の策定で、具体的には来年度の売上高を10%伸ばし、その後の4年間は年率5％の成長率を達成するというものです。これ以外に、私が頭に入れておくべきクライアントの目的や目標はありますか？

　　　—— いいえ、ありません。

　いくつか質問をさせてください。クライアントの過去5年間の売上高はどのように推移していますか？

— 過去3年間までの売上成長率に関するデータはあります。3期前の成長率は41％、2期前は0％、昨年度が3％です。

クライアントはなぜ500機以上のキオスクを撤去したのでしょうか？

— レンタル回数が減って、儲からなくなったからです。キオスクを設置する際には、各店舗に賃料を支払わなければなりませんし、それに加えて映画配給会社にライセンスフィーを支払う必要があります。

私の考えを整理する時間をいただいてもよろしいでしょうか？

— けっこうです。

（受験者は1分半でメモ用紙に論理構造図を書きとめて、それを面接官に見せる）

私はこの問題を3つの視点に分けて考えたいと思います。3つの視点は、クライアント自社、DVDレンタル市場、そして売上高を伸ばすための方法です。まず、クライアント自社に関する分析ですが、彼らは来年度の売上高を10％伸ばすことを目標としている一方で、過去3年間の成長率は、41％、0％、3％となっています。この過去3年間で何が起きていたのかを調べます。次に、クライアントの商品構成と流通チャネルを分析します。彼らはキオスクでのレンタル専業なのか、オンラインでのストリーミングやダウンロードによるレンタルも行っているのかは知りたいところです。また、価格設定についても分析する必要があります。クライアントが最近値上げを行ったのはいつのことで、その結果はどうだったのかは重要な情報です。さらに、クライアントのコスト構造を確認します。

— なぜコスト構造を知る必要があるのでしょうか？　われわれの課題は売上高を伸ばすことであり、利益を増加させることではありません。

そうですね。おっしゃるとおりです。次に、市場分析を行います。この市場で成長を遂げるために重要な要因は何か、過去3年間の成長率はどうなっているか、業界内での大規模なM&Aや技術革新などの大きな変化が起きていないか、といったことが調べるべき点です。また、競合に関する分析も必要です。競合もクライアントと同様の問題を抱えているのかといったことや、ストリーミングやダウンロード形式で同様のサービスを提供しているネットフリックス、HBO、アマゾンなどが、どのような状況になっているのかを調べます。また、海賊版に関する問題も検討対象となります。

　最後に、クライアントが売上高を伸ばしていくための施策を考えます。これには、販促キャンペーンの展開といった伝統的な手法のみならず、商品構成の見直しも含まれます。

　現時点での私の仮説は、実物のDVDを介したレンタルの需要は減ってきており、それがクライアントの売上高伸び悩みにつながっているというものです。

　それでは、自社分析から始めたいと思います。クライアントの売上成長率が、3期前の41％から2期前は0％となったのは、どのような理由によるものだったのでしょうか？

　　　― 3期前までは新しいキオスクを設置していましたが、2期前からそれをやめ
　　　　たからです。

それでは、なぜ昨年度は売上高が3％伸びたのでしょうか？

　　　― 商品構成を変えたからです。クライアントは、売れ行きがあまりよくないブ
　　　　ルーレイの数を減らして、人気があるビデオゲームの本数を増やしました。
　　　　DVDやブルーレイが一晩で用済みになるのに対して、ビデオゲームは比較
　　　　的長期間レンタルされる、という利点があります。

クライアントの現在の商品構成は、どうなっているのでしょうか？

　　　― クライアントがレンタルしている商品は、DVD、ブルーレイ、ビデオゲー

ムの３種類です。DVDは売上全体の70％を占めており、一晩のレンタル料は1.2ドルです。ブルーレイは売上全体の５％でレンタル料は1.5ドル、ビデオゲームは売上全体の25％でレンタル料は２ドルとなっています。

（受験者はメモ用紙に以下の表を作成し、分析を行う）

	レンタル料	売上比率
DVD	$1.2	70%
ブルーレイ	$1.5	5%
ビデオゲーム	$2.0	25%

　まずは、簡単なことから確認させてください。クライアントが直近でレンタル料の値上げを行ったのはいつで、その結果はどうだったのでしょうか？　売上高や会員数は激減したのでしょうか？

　　　クライアントは3年前にDVDのレンタル料を１ドルから1.2ドルに値上げしましたが、レンタル回数はほとんど減りませんでした。仮にレンタル料を1.2ドルから1.5ドルへ値上げした場合、売上高にどのような影響を与えるのかを計算してください。レンタル回数は減らないと仮定します。

　1.2ドルから1.5ドルへの値上げは、単価ベースで25％の増加となります。DVDレンタルの売上高は全体の70％なので、14億ドル（20億ドル×70％）となり、この25％は3.5億ドルです。この3.5億ドルは、クライアントの来年度の売上増加目標である２億ドル（20億ドル×10％）を優に上回ります。これによって、クライアントはしばらく売上げの成長を保つことができます。

　　　― 次はどうしますか？

　もう少し、商品構成について考えたいと思います。クライアントはキオスクを使って、現在の３種類以外の商品からも収入を得ることができるのではないでしょうか。彼らが設置しているキオスクは、改造が可能でしょうか？

― ある程度であれば可能です。

　クライアントの顧客層はどうなっていますか？

　　　― あなたはどう思いますか？

　いくつかの顧客セグメントに分かれると思います。具体的には、低所得から中所得の世帯、主に10代から30代のゲーマー、退職後の高齢者、インターネット環境が悪い地域に住んでいる人々といったところでしょうか？

　　　― まったくそのとおりです。キオスクを使って、どのような商品を提供します
　　　　か？

　そうですね……、低・中所得層の世帯を対象に考えると、多少値段が高くなるかもしれませんが、子供向けにディズニーや人気キャラクターのサインが入ったブロマイドや、デザインをかたどったヘッドホンやイヤホンなどを販売することが考えられます。また、子供用の教育プログラム・ゲームをレンタルすることによって、レンタル期間の長期化が期待できます。ゲーマー層に対しては、コントローラーのレンタルを行います。こうすれば、より多くの顧客が対戦型ゲームを持っている友人と一緒に楽しむことができるようになります。実際には難しいことかもしれませんが、これらの新しい商品を展開する際には、キオスクを設置する店舗で販売されている商品とは重ならないような配慮が必要と考えます。次に、ビデオゲームの議論に進んでもよろしいでしょうか？

　　　― クライアントがレンタルできるビデオゲームの本数は、すでに上限に達して
　　　　います。ビデオゲームは無数のソフトが存在し、映画は古いものでも鑑賞さ
　　　　れる一方で、古いゲームは誰もやりたがりません。ひとまず、ここで区切り
　　　　ましょう。来年度に向けた対策としては、DVDのレンタル料を値上げする
　　　　とともに、新しい商品を加えることとします。次はどうしますか？

市場分析を行います。この市場での重要な成長要因は何でしょうか？　私は、ほかの競合もクライアントと同様の問題を抱えていると推測します。

　　── 市場の主な成長要因は、流通チャネルと提供するコンテンツの質です。家庭用娯楽機器の市場は、ほぼ横ばいで推移していますが、流通チャネルには変化が見られます。デジタル・ダウンロードによるレンタルや販売が年率46％で成長し、ネットフリックスやHuluなどのストリーミングも年率33％伸びている一方で、キオスクでのレンタルは３％下落しています。キオスクによるレンタルは３社によって占められており、各社のシェアはクライアントが80％、Ｂ社が15％、Ｃ社が５％です。また、ネットフリックスなどが行っている固定会費制での宅配レンタルは年率19％減少しており、ネットフリックスは会員をこのサービスからストリーミングへ移行させるように手を打っています。

　やはり、競合もクライアントと同様の問題に直面しているのですね。私としては、ネットフリックスの戦略転換で思いどおりのDVDが借りられず、ストリーミングよりもDVDレンタルの形式を望む顧客を、ネットフリックスから奪うことを考えます。このような顧客に対してマーケティング・キャンペーンを打つのもよいでしょう。

　　── 短期的な戦略としてあなたが挙げたのは、DVDレンタル料の値上げと、商品構成の見直し、マーケティング・キャンペーンの展開ですね。長期的な戦略はどうしますか？

　一度撤去した500機以上のキオスクを、設置しなおします。といっても、元の場所にただ戻すのでは以前と同じ問題を繰り返すだけです。撤去した理由はレンタル回数が少ないということだったので、もっと人通りが多い場所を選んで再設置します。たとえば、電車の駅構内、バスの停留所、空港敷地内などが考えられます。

— 空港内にキオスクを設置することの、メリットとデメリットを挙げてくださ
　　　　い。

　メリットは、レンタル収入の増加です。空港でのレンタルには一晩３ドルの
レンタル料を設定して、搭乗する都市で借りたものを、到着する都市で返却で
きるようにします。飛行機の機内でもインターネット接続サービスを提供して
いますが、接続の強さはストリーミングがスムーズに行えるほど十分ではなく、
ほとんどの人が自分でコンテンツを持ち込む必要があります。デメリットは、
現在市販されているPCにはDVDドライブが内蔵されているものが少なくなっ
ているという点です。これに対処するには、コンテンツをUSBフラッシュド
ライブに書き込むという方法が考えられます。ただし、これを行うには、顧客
がコンテンツをコピーできないようにする対策が必要です。もう１つのデメリ
ットは、飛行機の機内でも映画を鑑賞するプログラムが提供されていることで
す。また、大多数の搭乗者は事前に読みたい本を持参していたり、観たい映画
を自分のPCにダウンロードしているのが実態です。搭乗中の時間利用には多
数の選択肢があり、競争は厳しいと言えます。

　　　— ほかの長期的な戦略は何がありますか？

　アマゾンやアップルのように、デジタル・ダウンロードのサービスを提供す
ることは、考えたことがあるのでしょうか？

　　　— 検討はしましたが、非常にコストが高く、競争も激しいので選択肢から外れ
　　　　ています。

　わかりました。クライアントのキオスクは、すべて米国内に設置しているの
でしょうか？

　　　— はい、そうです。

そうであれば、カナダやメキシコなどの海外国にキオスクを設置することを検討します。これらの国は、米国ほどインターネットのダウンロード環境が良くありませんし、国民も米国の映画を好んで鑑賞します。

― ブラジルにキオスクを設置することの、メリットとデメリットを挙げてください。

私自身はブラジルに行ったことはないのですが、最大のメリットは人口の多さだと思います。また、米国に比べて所得水準が低いので、PCは持っていないがDVDプレイヤーは持っている、という国民が多いと推測します。インターネット環境があまり整備されていないという点も、メリットの1つです。キオスクでのレンタル事業展開は、ブラジル国内の映画配給会社にとっては流通チャネルが広がるので、受け入れられやすいでしょう。しかしながら、デメリットも多数存在します。まず、ブラジルの公用語はポルトガル語なので、吹き替えを行う必要があります。また、レンタル料の決済にはクレジットカードが必須ですが、ブラジル国民の多くはクレジットカードを所有していないと考えられます。海賊版の流通も大きな問題の1つです。1枚50セントで買える映画DVDを、一晩1ドルでレンタルしようと思う人などいません（1ドル＝100セント）。また、比較的治安が整備されている都市部は問題ないと思いますが、地方部でのキオスク設置はリスクや危険を伴います。

― 海外国へのキオスク設置においては、どのようなサービス展開を考えますか？

地元の大手企業と提携するのが基本的な方法ですが、たとえば、コカ・コーラと提携してジョイント・ベンチャーを設立する、という案はどうでしょうか？ コカ・コーラであれば、世界中のあらゆる国で大規模に事業を展開しています。既存のサービス業者を買収する資金力もありますし、レンタルするDVDの中で広告キャンペーンを打つことも可能です。

― 面白い考えですね。最後に、ケースの要点をまとめてください。

　クライアントは、キオスク型DVDレンタル事業において、売上高の低迷、市場の飽和、代替サービスへの需要の移行という問題に直面しています。われわれに与えられた課題は、今後5年間の成長戦略を策定して、来年度は10%、その後4年間は年率5%の売上成長率を達成することです。私はまず、クライアント自社に関して、主に価格設定と商品構成を分析しました。その結果、来年度に向けた短期的な戦略としては、DVDレンタル料を25%値上げすることで、10%成長に必要な目標額を1.5億ドル上回る売上高を達成できるとの結論に達しました。同時に、商品構成の見直しを行うことについても検討しました。次に、市場分析を行い、競合各社もクライアントと同様の問題を抱えていることや、実物のDVDを介したレンタルの需要は減ってきている、という仮説が正しいことを検証しました。クライアントが長期的にとるべき戦略としては、キオスクを米国以外の海外国に設置し、コカ・コーラとジョイント・ベンチャーを設立して事業展開を行うことを提案しました。これによって、今後5年間の売上成長目標を達成できる可能性は高まりますが、クライアントはより長期的な成長と生き残りに向けて、ビジネスモデルを拡充していく必要があると考えます。

　　　― よくできました。これでケースは終了です。今日はお越しいただき、ありがとうございました。

✦ **筆者コメント:**
- この受験者の論理構成はよくできているが、最初に短期的戦略と長期的戦略を分けて考えると、もっと良いものになっていただろう。
- 受験者は、売上高の増加を目的としている問題でコストの観点を述べたことに対して、面接官から指摘を受けた。彼女はすぐに自分の発言がケースに無関係であったことを認めて、何事もなかったかのように議論を進めたが、これは正しい対処法だ。コストについて考えることはけっして間違いではないが、この状況では自分の考えに固執せずに議論を進行させるほうが得策である。
- 受験者は面接官に対して適切な質問を投げ掛けている。売上高や利益に関する問題が出題された場合は、必ず過去3年間の推移を確認すること。戦略コンサルタントは、物事を大局的な視点から見るために、データの傾向を捉えて、数字を比率に置き換えて考えることを癖としている。
- 受験者が論理構成を説明した後に、自分なりの仮説も述べている点はプラス評価である。

- 売上高に関する問題は、販売単価と販売数量に分けて考えるのが定石である。これによって、2つの要素を漏らさずに分析することの意識付けができる。この問題を出題した学生たちのうち、DVDレンタル料の値上げを指摘したのは、40%弱しかいなかった。
- 受験者の計算能力はしっかりしている。計算過程を面接官に説明しながら行っているのも良い点だ。
- 受験者は、商品構成の見直しを論じる際に、顧客セグメントの特徴に応じた案を提示しており、考えが非常にわかりやすく整理されている。
- 戦略案のメリットとデメリットについて聞かれた際も、両者を混同したり、行ったり来たりすることなく、きちんと分けて回答できている。
- 海外事業展開において、コカ・コーラとジョイント・ベンチャーを設立するという案は、非常に創造的であり、一般的に想定される回答案を上回っている。

レッドロケット・スポーツ社
── 現状分析と成長分野の選択

▶ レッドロケット・スポーツ社は、運動靴とスポーツアパレル用品の企画・販売を行う企業であり、数多くのブランド商品を展開している。彼らの製品は基本的にすべて似たような製造プロセスで生産されており、また、流通チャネルや顧客層も共通している部分が多い。

▶ 以下の表を分析して、レッドロケット・スポーツ社のビジネスの現状と、彼らが今後どの分野に注力していくべきかについての意見を説明してほしい。制限時間は30分である。

商品別売上高	X1年	X2年	X3年
運動靴	$ 2,050,000	$ 2,226,700	$ 2,430,300
アパレル用品	$ 1,050,000	$ 1,258,600	$ 1,355,000
合計	$ 3,100,000	$ 3,485,300	$ 3,785,300

地域別売上高	X1年	X2年	X3年
米国	$ 1,807,650	$ 2,020,000	$ 2,070,060
英国	$ 415,800	$ 444,700	$ 474,700
欧州（英国を除く）	$ 607,400	$ 695,500	$ 810,400
その他	$ 269,150	$ 325,100	$ 430,140
合計	$ 3,100,000	$ 3,485,300	$ 3,785,300

（30分間、上の表を分析してから以下の問答例を読み進めること）

ケース問答例

（30分後に面接官が戻ってくる）

── それでは、あなたの分析結果を教えてください。

　私はまず、商品別、地域別に各年度の売上高の変化率をまとめてみました。一部の数字は丸めて計算しましたが、ほぼ正確だと思います。

（受験者は以下の表を面接官に見せながら説明する）

＜商品別＞	X1年-X2年	X2年-X3年
運動靴	10%	10%
アパレル用品	20%	10%

＜地域別＞	X1年-X2年	X2年-X3年
米国	12%	2%
英国	7%	7%
欧州	15%	15%
その他	20%	30%

　この表からは多くのことが読み取れ、それらをまとめると次のようになります。

- 運動靴の売上高成長率は、ここ2年連続で10%と安定している。
- アパレル用品の売上高成長率は、20%から10%へ低下しており、成長が鈍化している。
- 米国は突出して大きい市場であるが、売上高成長率は12%から2%へと大幅に低下している。
- 英国市場の成長率は7%で安定している。
- 欧州市場も英国同様、成長率が15%で安定している。
- 最も有望な市場は「その他」の地域であり、おそらくアジア諸国や南米諸国が該当するものと思われる。これらの国に対する売上高は、X2年で20%、X3年で30%もの成長率を示している。このままのペースでいけば、X4年には売上高が英国を上回ると予想される。将来の伸びが最も期待できるのは、「その他」地域の市場であることは間違いないと考えられる。
- 成長率が鈍化しているものの、製品別ではアパレル用品の販売をてこ入れすべきである。

　次に、私は製品別、地域別の売上高が、全体の何%を占めているかを調べてみました。

<商品別>	X1年	X2年	X3年
運動靴	65%	65%	65%
アパレル用品	35%	35%	35%

<地域別>	X1年	X2年	X3年
米国	60%	60%	55%
英国	15%	12%	12%
欧州	20%	20%	20%
その他	8%	8%	11%

この表からわかることは、以下のとおりです。

- 運動靴の売上高は全体の約2/3を占めており、この比率はここ3年間変わっていない。
- 米国は群を抜いて最大の市場であり、全体の半分以上を占めているが、その比率は徐々に低下している。
- 英国市場向けの売上比率も15%から12%へと低下傾向にある。
- 欧州市場向けの売上比率は20%で安定している。
- 「その他」地域の市場向けの売上比率が上昇しており、X3年には全体の11%を占めている。

これらを要約すると、レッドロケット・スポーツ社の伝統的な市場である米国と英国が飽和状態にある一方で、「その他」地域の市場が占める割合が増加していることがわかります。しかしながら、これらの伝統的な市場は、依然として全体の2/3以上と売上高の大部分を占めていることも事実です。製品別では、X3年の成長率が低下したものの、アパレル用品が売上全体の伸びを牽引してきた図式が読み取れます。

　　— なぜ、そう言えるのですか？　あなたがアパレル用品にそれほどの自信を見せる根拠はどこにあるのですか？

私たちは、売上高に占める割合だけではなく、数字そのものも見る必要があります。X1年からX3年にかけて、全体の売上高は3,100,000ドルから3,785,300ドルへと685,300ドル増加しています。たしかに、売上全体に占めるアパレル

用品の売上比率は35%にすぎませんが、全体の売上増加のうち約半分は、アパレル用品によってもたらされたものです。

　　— わかりました。では、レッドロケット・スポーツ社はどうすればよいのでしょうか?

　私が提案するのは、以下の３つのアクションです。

アクション１：高い成長率が見込まれる地域、特に「その他」の市場に注力して、以下を実施する。
- 商品ラインを拡大する（特にアパレル用品）。
- 流通チャネルを拡大する。
- 営業力を強化する。
- 大規模なマーケティング・キャンペーンを展開する。

アクション２：伝統的な市場での売上げを死守するために、以下を実施する。
- 飽和状態の市場でも売上高を伸ばせるように、マーケティング・キャンペーンを展開する。
- 業績が良い流通チャネルや店舗に絞って、集中的に経営資源を投下する。

アクション３：市場のトレンドを調べ、将来的に起こると思われる変化を予測するために、以下を実施する。
- 業界アナリストにインタビューを行い、将来的なトレンドについての意見を聞く。
- 専門家の見解や情報に基づく商品戦略と地域戦略を練る。

　これらの提案は、２×２のマトリクスを使って、簡単に図式化することができます。

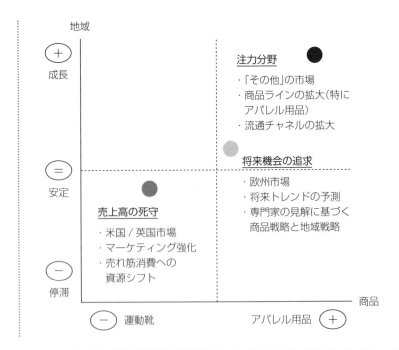

地域

（＋）成長

注力分野
・「その他」の市場
・商品ラインの拡大（特に
　アパレル用品）
・流通チャネルの拡大

（＝）安定

将来機会の追求
・欧州市場
・将来トレンドの予測
・専門家の見解に基づく
　商品戦略と地域戦略

売上高の死守
・米国／英国市場
・マーケティング強化
・売れ筋消費への
　資源シフト

（－）停滞

商品

（－）運動靴　　　　アパレル用品（＋）

✤ **筆者コメント：**
- この受験者は、表や箇条書きをうまく使ってプレゼンテーションを行っている。
- 30分という時間的な制約があり、電卓も使えないことから、受験者は必要に応じて数字を丸めながら計算を行っている。
- 戦略コンサルタントは、自分の提案をクライアントにわかりやすく伝えるために、表、グラフ、パワーポイントを多用するため、あなたにも同様のスキルが求められているという点は、覚えておく必要がある。

コカ・コーラ

—— 価格戦略

▶ コカ・コーラ社は、日本国内で販売しているコーラの価格を値上げすることによって、売上高を伸ばすことができないか検討している。今のところ、彼らが値上げの対象として考えているのは、取扱量は多いが利幅が少ない、いわゆる薄利多売となっている食料品スーパー向けの販売である。コカ・コーラが値上げを行った場合の経済効果を示したうえで、はたしてこれが良いアイデアなのかどうかを教えてほしい。

ケース問答例

　問題の内容を確認させてください。コカ・コーラが、食料品スーパー向けの販売価格を値上げすることによって、売上高を伸ばすことを検討しており、これが良いアイデアなのかどうかを判断するということですね？

　　　— そのとおりです。

　コカ・コーラの主な目的は、売上高を増加させることですが、これ以外に私が頭に入れておくべき目的はありますか？

　　　— 彼らは、マーケットシェアを失いたくないと思っています。

　値上げの対象となるのはコーラだけですか？　それとも、彼らが食料品スーパーに販売しているほかの商品も値上げするのでしょうか？

　　　— この問題では、コカ・コーラが販売しているすべての飲料水を、「コーラ」とひとくくりにしていると考えてください。

　コカ・コーラの現在のマーケットシェアは何％ですか？

──この問題とは関係がありません。

　コーラ1缶当たりの製造コストはいくらでしょうか？

　　──それも、この問題とは関係のない情報です。

　コカ・コーラは国内の食料品スーパーに対して、年間何本のコーラを、1缶いくらで販売しているのでしょうか？

　　──昨年1年間は、年間1億本のコーラを、1缶当たり平均23円で食料品スーパーに販売しました。もし、この販売価格を据え置けば、今年1年間のコーラの販売数量は6％増加することが見込まれています。一方、コカ・コーラは食料品店向けの販売価格を27円に値上げすることを考えていますが、値上げをした場合の年間販売数量の増加率は、たった1％にとどまることが予想されます。

　わかりました。では、それぞれの場合で、今年1年間の売上高がどうなるかを計算してみましょう。

（受験者はメモ用紙で計算を行う）

- **価格を据え置く場合：1億本×23円×1.06 ＝24.38億円**
- **値上げをする場合：1億本×27円×1.01 ＝27.27億円**
- **差額：2.89億円（値上げをする場合のほうが多い）**

　以上のとおり、値上げをすることによって年間販売数量は5％、すなわち500万本少なくなりますが、一方で売上高は3億円弱増加することが見込まれます。

　　──価格を据え置く場合に比べて、値上げにより売上高は何％押し上げられるこ

とになりますか？

　正確に計算すると、2.89÷24.38で求められる数値になりますが、ここでは計算を簡略化します。3÷24＝1/8＝12.5％ですが、実際より分子が大きく、分母が小さく計算されていることを考慮すると、だいたい12％前後になると思います。したがって、値上げを行うことにより、約12％の売上高押し上げ効果が働くこととなります。

　　― コカ・コーラが現在のシェアを維持するためには、大々的なマーケティング・キャンペーンを展開し、ブランドイメージを強化することによって、消費者需要を喚起する必要があります。もしあなたがペプシ側のコンサルタントであり、コカ・コーラが置かれているこのような状況を認識していると仮定した場合、ペプシはどのような行動をとるべきでしょうか？

　ペプシには3つの選択肢があります。具体的には、⑴コカ・コーラに歩調を合わせて、同じ価格まで値上げする、⑵価格を現在のまま据え置く、⑶コカ・コーラとは逆に値下げを行う、のいずれかです。

　もしコカ・コーラが多額の資金を投じてマーケティング・キャンペーンを展開し、これがうまくいってスーパーに多くの顧客を呼び込むところまでは成功したとしても、ペプシはコカ・コーラよりも低価格で商品を提供することによって、コカ・コーラの宣伝に引き寄せられて来店した顧客を、購買直前の時点で奪い取ることが可能です。このケースにおいて顧客の獲得を争う場は食料品スーパーですが、スーパーでコーラを買う顧客は商品の販売価格に非常に敏感な主婦層が中心です。仮に、コーラ6本パックをコカ・コーラは299円で、ペプシは259円で販売していれば、ほとんどの顧客は価格が安いペプシを選ぶと思います。

　また、ペプシはコカ・コーラの値上げをマーケットシェア獲得の好機と捉えて、価格を据え置くことからさらに一歩踏み込んで、値下げを行うべきであるとの理屈も考えられるでしょう。

　ヨットレースでは、後れを取っているチームが前を行くチームに追い付き、

追い越すためには、先行するチームと同じ進路をとるのではなく、彼らとは異なる戦略で進路を選択することが必要だと言われています。ペプシの場合でも、コカ・コーラの戦略とは逆に値下げを行い、マーケティング活動も広く世間一般を対象としたものではなく、スーパー店舗内でのプロモーション強化に集中すれば、商品が選択される時点で、コカ・コーラから効果的に顧客を奪うことが可能となります。

　　　— つまるところ、ペプシはどうすればいいのでしょうか？

　結論を出す前に、数字でも検証したいと思います。先ほど述べた３つの選択肢のそれぞれについて、ペプシの食料品スーパーに対する販売価格と販売数量はどうなると見込まれるでしょうか？

　　　— ペプシは昨年１年間で8,000万本のコーラを、１本当たり23円で食料品スーパーに販売しました。もしペプシがコカ・コーラの動きに追随して、同じ値段（27円）まで値上げする場合には、今年１年間の販売数量の予想増加率は３％になります。ペプシが値段を据え置く場合には、販売数量の予想増加率は12％となり、ペプシが値段を１本当たり21円に値下げする場合の販売数量は20％伸びることが予想されます。

　それぞれの選択肢について計算すると、次のようになります。

（受験者はメモ用紙で計算を行う）

- 値上げをする場合：8,000万本×27円×1.03 ＝22.25億円
- 価格を据え置く場合：8,000万本×23円×1.12 ＝20.61億円
- 値下げをする場合：8,000万本×21円×1.20 ＝20.16億円

　以上の計算結果から、数字の面で言えば、ペプシはコカ・コーラに追随して値上げをすべきである、という結論が得られます。

― ペプシがコカ・コーラに追随して値上げを行う場合は、コカ・コーラの販売
　　　　数量の増加率が１％ではなく３％になることがわかっているとしても、あな
　　　　たの結論は変わりませんか？

　はい、その場合でも、結論は変わりません。

　　― 興味深い結果ですね。ありがとうございます。

✦筆者コメント：
- この問題は、純粋な計算の比重が大きいケースである。
- 受験者は、面接官から聞かれる前に、売上増加のインパクトを比率（％）でも示すべきであった。

アップイン・スモーク・シガレット社
―― 物流のアウトソーシング

▶ アップイン・スモーク・シガレット社は、たばこの製造会社である。彼らは現在、物流に用いるトラックの配備を、外部の企業にアウトソーシングすることを検討している。もし彼らが今までどおりに自社で物流を行う場合は、政府が新しく発表した規制を満たすために、トラックの大規模な入れ替えが必要となる。この規制は、商業用トラックの平均速度、最大速度、継続走行時間、運転手の休憩時間といったすべての走行記録を、政府に提出することを義務付けるものである。

▶ アップイン・スモーク・シガレット社の社長はわれわれを起用して、彼らが物流をアウトソーシングすべきか、トラックの入れ替えを行って自社で継続すべきかのアドバイスを求めている。

ケース問答例

　問題の内容を確認させてください。われわれのクライアントであるたばこ製造会社が、物流機能をアウトソーシングすべきか、自社で継続すべきかの判断を求めているということですね。これ以外に、私が頭に入れておくべきクライアントの目的はありますか？

　　　― いいえ、ありません。ところで、たばこを製造している企業をクライアントとすることは、あなたにとって問題ありませんか？

　私はたばこを吸わないので理想的とは言えませんが、問題はありません。

　　　― 私たちは常にクライアントを選べるわけではありません。もし問題があるようであれば、今の時点でそう言ってください。

　ありがとうございます。しかし、まったく問題ありません。

── わかりました。それでは進めてください。

　どちらの方法をとるかを決めるために、私は各選択肢の経済性とリスクの観点から分析を行いたいと思います。
　まず、経済性については、トラックの改良に必要な費用と、外部企業へアウトソーシングする際の費用を比較します。
　リスクについては、内部要因と外部要因に分けて考えます。内部要因のリスクとして挙げられるのは、企業文化や従業員に与える影響で、ストライキの可能性などが含まれます。外部要因のリスクとしては、ガソリン価格や政府による規制の動向といったマクロ的なものや、競合の動きに対抗する際の柔軟性が挙げられます。

── いいでしょう。どこから始めますか？

　まずは経済性の分析を行います。トラックを入れ替えるために必要な投資額と、アウトソーシングする際の費用は、それぞれいくらでしょうか？　また、トラックの入れ替えに要する費用は、何年間で回収することをクライアントは求めているのでしょうか？

　　　── トラックの入れ替えを行うのに必要な費用は100万ドルです。この金額は、現在所有しているトラックを下取りに出したときの、売却額を差し引いて計算されています。クライアントのトラックはすでに老朽化しており、政府の新しい規制がなかったとしても、いずれは新しいトラックに切り替える必要があると社長は考えています。クライアントは、新規投資を行う場合の必要回収期間を、4年以内と定めています。物流を自社で継続する場合と、アウトソーシングする場合の詳細なコスト比較は、こちらの表を見てください。

（面接官が表を受験者に見せる）

	自社継続	アウトソーシング
年間配送回数	400回	400回
配送費/回	－	$2,400
労務費/回	?	－
保険料/回	$200	$100
ガソリン代/回	$200	－
保守費用/回	$100	－

　自社継続とアウトソーシングのコストの差額を計算するためには、労務費を把握する必要があります。労務費の内容について、もう少し詳しく教えてください。クライアントは何人のトラック運転手を雇用しており、彼らの平均賃金はいくらでしょうか？

　　　— フルタイムのトラック運転手は10人で、月間の賃金は福利厚生を含めて平均5,000ドルです。

　ということは、年間の賃金は5,000ドル×12か月で60,000ドルとなり、これを年間配送回数の400回で割ると、配送1回当たりの労務費は1,500ドルとなります。これにその他の費用をすべて足し合わせると、自社物流での配送1回当たりの費用は2,000ドルです。これに対して、アウトソーシングする場合の配送1回当たりの費用は2,500ドルです。

　以上より、自社物流のほうが配送1回当たりで500ドル、年間ではこれに400回を掛けて20万ドル安くすみます。

　しかし、トラックの入れ替えには100万ドルを要するので、投資回収期間が5年となり、クライアントが基準としている4年間を超えてしまいます。

　　　— 投資回収期間の5年というのは、どうやって求めたのですか？

　投資額の100万ドルを、投資による年間節約額の20万ドルで割りました。

　　　— わかりました。あなたの結論はどうなりますか？

経済性の観点だけを見れば、外部企業へのアウトソーシングを選択するという結論になります。しかし、最終判断を下す前に、リスクについても検討したいと思います。

　先ほど述べたとおり、内部的なリスク要因として、企業文化に与える影響が懸念されます。もしアウトソーシングを選択するとなれば、10人の運転手を解雇することになりますし、従業員のストライキが起きる可能性も考えなければなりません。

　　　── 良い指摘ですが、10名の運転手は労働組合に属しておらず、アウトソーシングを行うことが企業文化に与える影響は、それほど大きくないと想定されています。ほかに何かありますか？

　外部的なリスク要因を考えると、アウトソーシングにはいくつかのメリットがあります。特に、アウトソーシング先と長期契約を結ぶことができれば、将来のガソリン価格が上昇するリスクや、政府の規制がさらに厳しくなるリスクを、ヘッジすることが可能です。これらのリスク要因はクライアントの経営に重要な影響を与えるので、非常に大きなメリットとなります。また、アウトソーシングを行うことによって、将来的に事業規模を拡大する際の柔軟性も高まると考えます。

　　　── 非常に良い回答です。ここで視点を変えて、自社物流を継続して成功するための方法を考えましょう。何が必要だと思いますか？

　いくつかの変数に分けて考えます。自社物流を継続するためには、年間のコスト節約額による初期投資の回収期間が、クライアント社内で定めている期間を下回る必要があります。この観点から、クライアントがとるべき行動としては、以下の選択肢があります。

⑴トラックの入れ替えに要する初期投資額を下げる。具体的には、購入ではなくリースを活用すれば、投資額を下げられる可能性がある。

(2)社内で定めている必要投資回収期間を現在の4年よりも延ばす。

(3)自社物流による年間のコスト節約額を増やす。具体的な方法としては、以下が挙げられる。

- トラック運転手の作業効率向上を図り、年間の配送回数を増やす。

- トラックのメンテナンスのみを外部企業にアウトソーシングし、保守費用を削減する。

- より効率的な配送ルートを探索する新しいソフトウェアを導入し、ガソリン代や保守費用を削減する。

  — 大変良くできました。今日はありがとうございました。

✿筆者コメント：

- 戦略コンサルタントは、常に自分が望むクライアントを選べるわけではない、ということは頭に入れておくべきだ。多くの戦略コンサルティング・ファームは、受験者が特定のケースに取り組みたくない正当な理由があれば、できる限りほかのケースを出題するようにしてくれるが、スケジュール上の都合などによって、それがかなわない場合もある。

- この受験者は、良い回答をしている。非常に簡潔な資料を分析して、空欄（？マーク）となっている箇所の数字を埋めることができた。また、内部要因と外部要因の双方を分析し、それぞれに対する有効な対応策を提示している。

カバナ・フィート社

—— 人気商品の需給ギャップ解消

▶ カバナ・フィート社は、ゴム草履のメーカーである。彼らの製品は、見た目は通常の
ゴム草履と変わらないが、草履の中底がジェル状で、非常に履き心地が良いと評判にな
っており、製品のサイズとカラーも豊富に取りそろえられている。今年の初めに、ブラ
ッド・ピットが最新作の映画の中でカバナ・フィートのゴム草履を履いていたことから
一気に大流行となり、今やカバナ・フィートは製品の需要に生産が追いつかない状態で
ある。カバナ・フィートは、製品の生産を米国内のみで行っている唯一のゴム草履メー
カーであり、過去10年間、カバナ・フィートのマーケティング活動は、この点をセール
ス・ポイントとして打ち出してきた。このような経緯があることから、彼らは他国のゴ
ム草履メーカーに生産活動をアウトソーシングできないままでいる。下の表を分析した
うえで、カバナ・フィートが検討すべき短期的な戦略と長期的な戦略を提示してほしい。

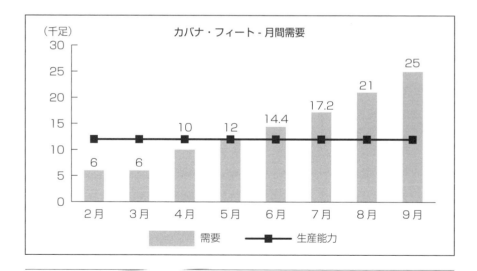

ケース問答例

　問題の内容を確認させてください。われわれのクライアントであるカバナ・
フィート社は、中底がジェル状になっているゴム草履のメーカーであり、以前

は月に6,000足程度の需要に相当するゴム草履を製造していたと推測しますが、ブラッド・ピットが映画の中でカバナ・フィートの草履を履いていたことから、需要が一気に急増しました。しかし、彼らは製品の生産を米国内のみで行っている唯一のゴム草履メーカーであり、過去10年間、カバナ・フィートのマーケティング活動も「純米国産」をセールス・ポイントとして打ち出してきたので、生産活動を外国の業者にアウトソーシングできない状態となっているということですね。

　　　― そのとおりです。

　私に与えられた課題は、製品の需給ギャップを解消するために、クライアントが検討すべき短期的な戦略と長期的な戦略を提示することですが、このほかに、私が頭に入れておくべきクライアントの目的や目標はありますか？

　　　― いいえ、ありません。

　いくつか質問をしてもよろしいでしょうか？

　　　― どうぞ。

　グラフからは、クライアントの月間生産能力は12,000足と読み取れますが、これで正しいでしょうか？

　　　― そのとおりです。

　ブラッド・ピットの映画が公開されたのは、４月からでしょうか？

　　　― はい。

　現在は９月の初旬なので、９月の需要として記されている25,000足は、予測

値ということでしょうか？

　— はい、そのとおりです。

　これまでのところ、クライアントは顧客の需要を満たせているのでしょうか？　それとも、大量の商品が入荷待ちの状態となっているのでしょうか？

　— これまでは余剰の手持ち在庫があったので、顧客の需要を満たすことができましたが、今月末で在庫も切れてしまいます。

　この傾向はしばらく続くと思ってよいのでしょうか？　映画のDVDは、いつ頃発売される予定ですか？

　— DVDは12月に発売予定です。今後の傾向については、あなた自身はどう思いますか？

　DVDが発売されて以降は、需要が横ばいで安定するのではないかと思います。しかし、われわれが提示する戦略は、あらかじめ2つのシナリオを考慮に入れておく必要があります。第一のシナリオは、ブラッド・ピットが次回作の映画でごついワークブーツを履いた結果、ゴム草履の売上げが月6,000足のレベルまで低下してしまった場合に、どのようなことが起きるかということであり、第二のシナリオは、需要が25,000足前後で安定した場合、クライアントはどのように対処すればよいかということです。

　— わかりました。あなたの考えを教えてください。どうすれば、クライアントは顧客の需要を満たすことができるのでしょうか？

　いくつかのアイデアがあります。まず、現在の生産シフトがフルタイムになっていないのであれば、シフト数を増やすことを考えます。従業員に、週末や深夜帯でも働く意志があるかどうかを聞いて、彼らが追加労働を拒むようであ

れば、新しい従業員を雇います。次に、現在の生産プロセスに無駄がないかを徹底的に分析します。具体的には、どこかにボトルネックがないかを調べて、製品の質を落とさずに、より多くの製品が作れないかを検討します。3つめのアイデアとしては、新しく生産ラインを追加する必要がなく、労働力を削減できるような機械設備がないかを調べます。4つめは、現有の工場に新しい生産ラインを追加するか、場合によっては新しい工場を建てることを考えます。5つめに考えられるのは、製品の価格を値上げして需給調整を行うことです。そして、最後の6つめに挙げられるのが、生産の一部を外部企業にアウトソーシングすることです。

　　　― 最後のアウトソーシングについては、米国内で対応可能なメーカーが存在しません。したがって、海外のメーカーを探すことが唯一の選択肢となります。

ということであれば、海外メーカーへのアウトソーシングを検討します。

　　　― あなたの考えは、過去10年間にわたるクライアントのマーケティング活動を、放棄するということですか？　そんなことをしたら、マスコミからの攻撃対象になりませんか？

適切に対処すれば、必ずしもその心配はないと思います。海外企業へのアウトソーシングはあくまでも一時的な手段であり、顧客の需要を満たすためにはやむをえない措置であるということ、そして、将来的に米国内の生産のみで需要に対応できるようになれば、生産活動をすべて元通りに戻すということを、マスコミにきちんと説明するのです。次のように考えてください。クライアントの製品に対する需要は、月に6,000足から25,000足へ急増しています。もともとの6,000人の顧客のうち、5,000人が「純米国産」にこだわりを持っている顧客だと仮定しましょう。この数字はかなり高い割合に設定していますが、とりあえずここでは、これが事実であると仮定します。これが意味するところは、ゴム草履が米国内で作られているということよりも、足元のコーディネーションをブラッド・ピットに似せるということに、より関心のある顧客が2万人も

いるということです。

　クライアントは、この好機を逃す手はありません。クライアントがゴム草履を市場に売り出さないのであれば、必ずやほかの競合が需要を奪いにかかります。そうなると、クライアントはコピー商品への対処法や、新しい競合への対抗策に頭を悩ませなければならなくなります。

> ― わかりました。ところで、クライアントの製品に対する需要は、3月から4月にかけて何%増加しましたか？

　6,000足から10,000足に増加していますから、$(10-6)/6 = 0.66666\cdots\cdots = $ 約67%です。

> ― これからあなたにいくつか新しい情報を与えます。工場で働く作業員の賃金は1時間当たり15ドル、シフト長の時給は20ドルです。1つのシフトには10人の作業員と1人のシフト長がいて、1シフトの作業時間は8時間です。また、1か月のうち、実際の作業日数は20日と仮定してください。ここまではよろしいですか？

　はい。

> ― 作業員とシフト長に支払う賃金のほかに、福利厚生費が賃金の30%分かかり、さらにその他の雑費が1シフトにつき毎日232ドルかかるとすると、1シフト当たりの労務費は全部でいくらになりますか？

　まず、作業員の賃金は、1シフト当たりで15ドル×8時間×10人＝1,200ドルであり、シフト長は20ドル×8時間×1人＝160ドルです。福利厚生費は、1,360ドル×30%＝408ドルとなり、これに雑費の232ドルを加えると、1シフト当たりの労務費の合計は1,360ドル＋408ドル＋232ドル＝2,000ドルとなります。

> ― いいでしょう。ここで、1シフト当たりの総コストが、変動費と固定費をす

べて含めて2,000ドルだと仮定します。カバナ・フィートは、ゴム草履1足当たり8ドルの利益を得ます。このとき、1シフト当たりの損益分岐点はどうなりますか？　つまり、損益分岐点をクリアするためには、1シフト当たり何足のゴム草履を作らなければなりませんか？

2,000ドル÷8ドル/足＝250足です。

　　— カバナ・フィートの生産能力は1か月当たり12,000足です。1日のシフト数は2つ、1か月の作業日数が20日間、1シフトの作業時間が8時間とした場合、1シフト当たりの最大生産数量は何足になりますか？

1シフト当たりですか？

　　— そうです。1シフト当たりです。計算をする際は、私にもわかるように声に出してください。

わかりました。まず、12,000足÷2シフトより、1シフトの月間生産能力は6,000足です。次に、6,000足÷20日より、1シフト当たりの最大生産数量は300足になります。

　　— もし、第3のシフトを導入したら、クライアントの月間生産能力は何足になりますか？

12,000足＋6,000足＝18,000足になります。

　　— 仮に、現在の従業員のみを使って第3のシフトを導入した場合、第3シフトにかかるコストはいくらになりますか？　そして、ゴム草履1足当たりの利益はどのように変化しますか？　ここで、第3シフトの賃金は時給が1.5倍となることに注意してください。福利厚生費と雑費も、これまでと同様に考える必要があります。

時給が1.5倍になるので、作業員の賃金は22.5ドル×8時間×10人＝1,800ドルであり、シフト長は30ドル×8時間×1人＝240ドルです。福利厚生費は、2,040ドル×30％＝612ドルとなり、これに雑費の232ドルを加えると、第3シフトにかかる労務費の合計は2,040ドル＋612ドル＋232ドル＝2,884ドルとなります。つまり、これまでの2,000ドルに884ドルの追加コストが生じることになります。884ドル÷300足＝2.95ドルですから、ゴム草履1足当たりの利益は8ドル－2.95ドル＝5.05ドルに変化することとなります。

　　　― 現在の従業員のみを使って第3シフトを導入することのメリットとデメリットは、どのようなものが考えられますか？

　考えを整理するために、少し時間をいただいてもよろしいでしょうか？

　　　― どうぞ。

（受験者がメモ用紙にメリットとデメリットを整理した表を作成して、面接官に見せる）

メリット	デメリット
多額の追加投資を行わずに、18,000足までの需要を満たすことができる。	作業員の過重労働となる懸念がある。
今よりも多くの利益を得ることができる。	1足当たりの利益率が下がる。
競合の新規参入を阻止することができる。	機械の消耗・故障が多くなる。
新しい従業員を教育・訓練するコストがかからない。	製品の品質が低下したり、不良品の比率が高まったりするリスクがある。
将来的に需要が元に戻った場合、従来の生産体制に戻すことが容易である。	機械をメンテナンスする時間が少なくなる。
機械の稼働率が高まる。	サプライヤーからの供給がクライアントの需要に追いつかないおそれがある。

　　　― 第3シフトを導入しても、クライアントは月に18,000足の製品しか作ることができません。一方で、先ほどあなたは、製品の需要が今後25,000足く

らいに落ち着くと言いました。仮にクライアントが、シフト数を増やすのではなく、1日当たり800足のゴム草履を製造する新しい生産ラインを追加するとすれば、需要はすべて満たせることになるでしょうか？

1日当たり800足ということは、1か月の作業日数を20日とすれば、月当たりで16,000足となります。これに現在の生産能力の12,000足を足せば28,000足となり、25,000足の需要を満たせることになります。もし、需要がこれ以上増加した場合には、従来の生産ラインと新しい生産ラインにそれぞれ第3シフトを導入すれば、28,000足×1.5倍＝42,000足まで需要を満たすことが可能です。

― 最後に、ケースの要点をまとめてください。

われわれのクライアントであるカバナ・フィート社のゴム草履に対する需要は、月当たり6,000足から25,000足へと一気に増加しています。今後数か月は需要がさらに伸びる可能性も考えられますが、将来的には25,000足程度で安定すると考えます。これに対して、クライアントの現在の月間生産能力は12,000足であり、これまでは手持ちの在庫を処分することで対応してきましたが、この在庫も切れる寸前の状態となっています。私は、この問題を解決するための短期的および長期的な戦略を6つ提示しました。その主なものとしては、1日当たりのシフト数を増やす、生産プロセスを徹底的に合理化する、外国のメーカーにアウトソーシングする、などが挙げられます。

ケースの後半では、1シフト当たりの損益分岐点となる生産数量が250足であり、これに対して1シフトの生産能力は300足であることを調べました。また、第3シフトを導入した場合には、製品1足当たりの利益が8ドルから5ドルへ減少することも頭に入れながら、シフト数を増加することのメリットとデメリットをまとめました。最後に、新しい生産ラインを追加した場合には、シフト数を3つにすれば月間生産能力は最大で42,000足となり、現在の生産能力である12,000足に比べて250％の生産能力増強が図れるということを理解しました。

― けっこうです。今日はありがとうございました。

✧筆者コメント：

- この受験者の回答は、非常に優れている。彼は、それほど時間をかけずに、問題解決に向けた短期的戦略と長期的戦略を提示した。
- 海外メーカーへアウトソーシングを行う案について、面接官が突っ込んだ問いを投げ掛けてきたが、受験者は落ち着いて対処している。
- 受験者の計算能力はしっかりしており、できる限り数字を使って答えようとする姿勢もうかがえる。

＊訳注：厳密に考えると、254ページの損益分岐点を求める計算と、第3シフト導入後の1足当たり利益の変化を求める計算は、問題の前提条件が不明確であり、相互に矛盾している点がある。

たとえば、254ページの計算では、「総コストが変動費と固定費を含めて2,000ドル」「1足当たり8ドルの利益」と言っているが、後の損益分岐点販売数量を求める計算式が「2,000ドル÷8ドル＝250足」となっていることより、2,000ドルはすべて固定費（変動費はゼロ）、8ドルは固定費を控除した後の"本当の"利益ではなく、「限界利益（＝販売単価－単位当たり変動費）」とならなければならない。

※「損益分岐点販売数量＝固定費÷単位当たり限界利益」の公式より※

仮に8ドルというのが固定費も控除した後の「本当の利益」を指しているのであれば、そもそも問題で与えられた条件だけでは、損益分岐点販売数量を求めることは不可能である。

一方で、第3シフト導入後の1足当たり利益の変化を求める計算では、「利益」という言葉を固定費も控除した後の「本当の利益」として扱っている。なぜなら、ここで言う利益が「限界利益」を指しているのであれば、いくら固定費が2,000ドルから2,884ドルに増えようと、限界利益そのものは8ドルで変わらないからである。

このように、本問題では変動費と固定費の内訳や、「利益」という言葉の定義があいまいであり、厳密な意味で正しい回答とはなっていない。

ただし、本書の意義は回答例の精緻さにあるのではなく、ケースインタビューでどのような受け答えや思考プロセスを展開していくかの疑似体験を学べる点にあり、上述の不正確さをもって本書の価値が著しく損なわれるものではないと訳者は考える。

携帯電話会社
—— 契約者数減少の原因究明

▶ われわれのクライアントは、業界3位のシェアを占めている日本の携帯電話会社である。彼らは直近の四半期決算で利益を35%伸ばしたが、その一方で既存の契約者数が大幅に減少してしまった。いったい、何が起きているのだろうか？

ケース問答例

　問題の内容を確認させてください。われわれのクライアントである携帯電話会社は、利益を伸ばした一方で、既存の契約者数が減少してしまっており、その原因究明をわれわれに求めているということですね。

　　—— そのとおりです。

　直近の四半期で、クライアントの既存契約者数は何人減ったのでしょうか？

　　—— この表を見てください。

（面接官が表を受験者に見せる）

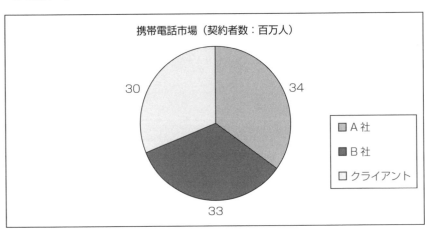

― クライアントの契約者数は3,000万人ですが、直近の四半期でクライアント
　　　は2.5%、つまり75万人の顧客を失いました。

　四半期で2.5%ということは、年率に換算すると10%の減少に相当するという
ことですね。

　　― そのとおりです。

　既存の契約者数が大幅に減少している原因を突き止めること以外で、私が頭
に入れておかなければならないクライアントの目的はありますか？

　　― いいえ、ありません。

（受験者はメモ用紙にE（P＝R－C）Mの式を書きとめる）

　まず、業界全体の状況について分析します。クライアントの競合であるA社
とB社も既存契約者数を減らしているのでしょうか？

　　― はい。しかし、クライアントと比べると、減少幅はそれほど大きくありませ
　　　ん。過去の傾向から言うと、携帯電話会社は四半期ごとに既存契約者の1%
　　　を失いますが、それ以上に新規の契約者数が増えるのが通常です。

　クライアントも、失った顧客以上の新規顧客を獲得したのでしょうか？

　　― はい。この四半期における新規契約者数は100万人でした。

　クライアントは、なぜ75万人もの既存契約者を失ったのでしょうか？

　　― あなた自身はどう思いますか？

いくつかの理由が考えられます。たとえば、ほかの携帯電話会社がクライアントより接続状態が良い通信網を構築した、効果的な宣伝広告を行った、値下げを行った、デザインの良い機種を販売した、より良いカスタマーサービスを開始した、などが挙げられます。

　　　— それらはすべて正しいのですが、クライアントが既存顧客を失っている大きな要因ではありません。ほかには何が考えられますか？

　クライアントの通信衛星に問題が生じて、一定期間サービスが利用できなかった、ということはありましたか？

　　　— いいえ、ありません。

（受験者がなかなかほかの理由を挙げられないでいると、面接官がヒントを出す）

　　　— クライアント自身が、意図的に既存の契約者数を減らしたのだとすれば、どうですか？

　おっしゃっている意味がよくわからないのですが……

　　　— クライアントにとって大きな悩みの種となるのは、携帯電話使用料の未払いです。遅延料金の支払催促と回収には多大な時間、労力、コストを要しますが、これらのコストはどんどん上昇しています。一方で、われわれは新規顧客を獲得するためにも非常に多くの時間を費やしますが、顧客の信用状態を事前に十分吟味しているとは言えません。ここで、あなたに見てもらいたいグラフがあります。このグラフから、どんなことがわかりますか？

（面接官がグラフを受験者に見せる）

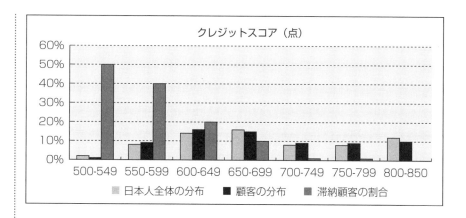

このグラフからは、クレジットスコアが500点から600点の顧客に問題がある
ことがわかります。これらの顧客は、クライアントにとって価値があるかどう
か疑わしいところです。具体的に、これらの顧客が何人くらい存在するかを確
かめたいと思います。クライアントの顧客数は全体で3,000万人です。このグ
ラフによると、クレジットスコアが500点〜549点の人は全体の1％であり、彼
らの50％が料金を滞納しています。ここで質問ですが、料金を滞納している顧
客が50％ということは、どの月をとっても、全体の半数が料金滞納を起こして
いるということを意味しているのでしょうか？

　　— 必ずしもそうとは限りません。たとえば、ある時点だけを見れば、このグル
　　　ープに属する人全員が料金を滞納していたり、ある人は他の人よりも滞納期
　　　間が長いということもありえます。

　もしクライアントが、このグループに属する顧客との契約をすべて解消した
とすると、その数は30万人になります。クレジットスコアが550点〜599点のグ
ループも状況はあまり変わらず、40％の人が料金を滞納しています。しかし、
このグループは契約者数が大きくなり、クライアントの顧客の9％に相当する
270万人が存在します。もしクライアントがこのグループも顧客リストから外
すとすれば、先ほどのグループと合わせて300万人の顧客が減ることとなり、
全体の契約者数は2,700万人になります。これは、業界No.2のB社より600万人

も少ない数字となります。

　　　—　なるほど。それで？

　滞納顧客から料金を回収する際にかかるコストは、1人当たりいくらでしょうか？

　　　—　約5,000円です。

　契約者の平均的な月間使用料金はいくらでしょうか？

　　　—　7,500円です。

　クライアントは7,500円を回収するために5,000円のコストをかけているということですね。クライアントの利益率は、回収コストをカバーできるほど高いのでしょうか？

　　　—　いいえ。クライアントの利益率は25%です。

　料金の滞納を起こしている顧客には、延滞料金を課していますか？

　　　—　いいえ。

　料金をまったく支払わずに、踏み倒してしまう人は全体の何%いるのでしょうか？

　　　—　良い質問ですが、残念ながらその数字は持ち合わせていません。ここで、あなたに計算してほしいことがあります。クライアントがこれら300万人の顧客との契約をすべて解消したとすると、いくらのコスト削減につながるでしょうか？

このグループに属する人は全体で300万人いて、平均的な月間利用料金が7,500円なので、料金の合計額は225億円です。このうち、クライアントの利益率は25%なので、その額は56.25億円です。次に、料金回収のコストを考えます。これら2つのグループで料金滞納を起こしている人の割合は、それぞれ50%と40%なので、全体の平均は45%と仮定します。300万人の45%は135万人であり、これらの人々から延滞料金を回収するために1人当たり5,000円をかけているので、コストの合計額は67.5億円になります。したがって、クライアントはこれらの顧客にサービスを提供することによって11.25億円の赤字（56.25 − 67.5）となっており、契約を解消することで、この金額分のコスト削減につながります。

　　　— では、あなたはクライアントにどのような提案をしますか？

　クライアントには、いくつかやるべきことがあります。まず、料金の滞納を起こすリスクが高い契約者はどんどん減らしていき、新規の契約時には顧客の支払能力を厳格に調べます。たとえば、新規の契約者はクレジットスコアが600点以上の人に限定するというのも一案です。また、料金の滞納に対しては別途延滞料金を請求することとし、遅延料金の回収作業を毎月ではなく、2か月に1回とします。これによって、同じ5,000円のコストをかけて回収する料金は7,500円から15,000円に増加します。

　　　— わかりました。ありがとうございます。

✚ 筆者コメント：

- この回答は、まずまずの出来である。
- 受験者の計算能力はしっかりしており、四半期ベースの数字を年間ベースに置き換えて回答している。
- 受験者は途中で回答に窮して、面接官からヒントが与えられたが、これをすぐに回答へつなげられなかった。
- 受験者は、クライアントに対する提案をしっかりと提示している。
- 受験者は、2つめのグラフに対して良い分析を行っている。このグラフはうまく整理されておらず、

情報量も多いため、非常にわかりにくいものとなっている。ケース面接では、相手の分析力を試すために、意図的にわかりにくいグラフが与えられることが多い。

証券会社
—— 売上高の目標達成

▶ 下の表を見てほしい。われわれのクライアント（表中の企業F）は、仲介手数料が安いことを売りとする証券会社であり、売上高の大部分をオンライン・トレードの手数料から得ている。クライアントの昨年度（Y1）の売上高は業界6位に位置していたが、今年度（Y2）は売上高が10%伸びたにもかかわらず、業界内で7位に落ちてしまった。クライアントは、業界売上高6位の地位を奪回することを望んでいる。来年度（Y3）における競合他社の売上高成長率も考慮に入れたうえで、クライアントが業界6位に復帰するためには、来年度の売上高を何%伸ばす必要があるか？

企業	売上順位 (Y1)	売上高 (Y1)	成長率 (Y1-Y2)	売上高 (Y2)	売上順位 (Y2)
A	1	1,000	1%	1,010	1
B	2	900	2%	918	2
C	3	800	0%	800	4
D	3	800	5%	840	3
E	5	700	5%	735	5
F	6	600	10%	660	7
G	6	600	20%	720	6
H	8	500	20%	600	8
I	8	500	10%	550	9
J	10	400	30%	520	10
K	11	300	20%	360	12
L	11	300	30%	390	11

ケース問答例

　問題の内容を確認させてください。われわれのクライアントである企業Fは証券会社であり、昨年度（Y1）から今年度（Y2）にかけての売上高が600億円から660億円へと10%伸びたにもかかわらず、業界内の売上順位が昨年度の6位から今年度は7位に落ちてしまっています。われわれに与えられた課題は、クライアントが来年度（Y3）の売上順位を6位に戻すためには、売上高を何%

伸ばす必要があるかを調べるということですね。

　　　― はい、そのとおりです。

　来年度における競合他社の売上高成長率は、今年度と変わらないという仮定は妥当でしょうか？

　　　― はい、その仮定でけっこうです。

　この表の上に数字を書き足してもよろしいでしょうか？

　　　― かまいません。

　できるだけ無駄な作業をしないように、不必要な計算は省きたいと思います。まず、今年度の売上高がクライアントよりも小さく、かつ成長率も低い企業と、成長率がクライアントより高くても、今年度の売上高がクライアントに比べてかなり小さい企業については計算する必要がありません。具体的には、企業Ｉから企業Ｌまでの下位４社を計算対象外とします。

　次に、企業Ａと企業Ｂの２社は、来年度も業界のトップ２を占めることが明白ですので、これも計算する必要はありません。したがって、クライアントも含めて、企業Ｃから企業Ｈまでの６社に絞って計算を行えばいいこととなります。そこで、まずはクライアントを除く５社に関する来年度（Y3）の予想売上高を計算します。

（受験者は表に数字を書き足して、次の表を作成する）

企業	売上順位 (Y1)	売上高 (Y1)	成長率 (Y1-Y2)	売上高 (Y2)	売上順位 (Y2)	売上高 (Y3)	売上順位 (Y3)
A	1	1,000	1%	1,010	1	—	1
B	2	900	2%	918	2	—	2
C	3	800	0%	800	4	800	5
D	3	800	5%	840	3	882	3
E	5	700	5%	735	5	772	6
F	6	600	10%	660	7	726	7
G	6	600	20%	720	6	864	4
H	8	500	20%	600	8	720	8
I	8	500	10%	550	9	—	—
J	10	400	30%	520	10	—	—
K	11	300	20%	360	12	—	—
L	11	300	30%	390	11	—	—

　もし、クライアントの成長率が10%のままだとすると、来年度の売上高は726億円になり、業界内の売上順位は変わらず7位となってしまいます。業界6位の座を奪うためには、企業Eの売上高を上回る必要があるので、772億円が来年度の売上ターゲットとなります。この数字を達成するために必要な売上高成長率は、726÷660＝1.17より、17%以上の成長率が必要ということになります。

　――もし、あなたがどこか1社に投資するとすれば、どの企業を選びますか？

　私ならば企業Gを選びます。ただし、企業Gが今後も20%の成長率を維持できることが前提であり、その点については現実的かどうかを事前に十分調べる必要があります。

✦筆者コメント：
- このケースは純粋な計算問題である。受験者は、不必要な計算を最初から省くことによって、時間を効率的に使っている点が評価できる。

政府系機関・非営利組織のケース

　多くの戦略コンサルティング・ファームは、民間企業と公的機関の双方をクライアントとして持っているが、どちらの場合であれ、クライアントから求められるスキルは共通している。コンサルタントは通常、いずれかのセクターを専門的に担当しているが、時と場合によっては双方のセクターにまたがってプロジェクトに参加することもある。幸いにも、コンサルタントに必須となる4つのスキル——論理的思考、自信、コミュニケーション能力、創造力——は、民間企業のプロジェクトであれ、公的機関のプロジェクトであれ、同じである。一方で、両セクターの間には、いくつかの重要な違いも存在する。

　公的機関のケースでは、民間企業の場合よりも、プロジェクトに関わる利害関係者のことを強く意識する必要がある。公的機関では多くの場合、結論に至るまでに関係者間の事前合意や、異なる組織間での調整、課題認識の共有に向けた作業が必要とされる。また、最終的な意思決定者は誰か、提案を策定するのは誰か、大きな影響力を有しているのは誰か、抵抗勢力となりそうなのは誰か、指揮命令系統はどうなっているか、といったことを注意深く考慮しなければならない。

　利害関係者となりうるのは、公的機関に従事する職員、一般市民、資金提供者、労働組合、監視・監督委員会、国会、別の公的機関または民間企業の提携先、公共サービスを享受する人、公共サービスを提供する事業者などが挙げられる。

　公的機関は、民間企業が利益の追求を主たる目的としているのとは異なり、自らのミッション（社会的使命）を果たすことを最大の目的としている。できる限りコストを抑えることや、与えられた予算を守ることは重要な側面ではあるが、これらは常に、ミッションや利害関係者に与える影響と結び付けて考慮されなければならない。公的機関は、希少な経営資源を効率的に活用することによって、自らのミッションをより効果的に果たすことが可能となる。また、予算をどのように割り当てるかは、ミッションや提供する公共サービスを享受する、利害関係

者への影響を考慮して決めることとなる。

　公共機関と民間企業では、課題への対処法に関してもいくつかの違いがある。民間企業では、ある問題への対処法として、従業員のリストラ、アウトソーシング、M&A、最新技術の導入などが検討されることが通常だが、公的機関の場合は、リストラではなく人員の再配置や再教育が、アウトソーシングではなく請負契約や提携関係の締結が検討対象となる。また、公的組織間の統合は、各組織のミッション、文化、利害関係者への影響を慎重に考える必要があるため、民間企業間のM&Aよりも長い時間を要する傾向がある。

　公的機関は、自らの社会的使命を公に示すことによって、民間企業とは一線を画する存在となっている。多くの場合、公的機関は個人や企業からの資金提供や、国会の予算承認を競い合っており、自らが負っているミッションとの関連性や、公的ニーズへの対応、国民社会への影響をアピールすることで、新しいプロジェクトに必要な資金を確保しようとする。より広大なミッションと、より大きな影響を及ぼすことが期待される公的機関が、限られた資金を獲得することとなる。

　公的機関の中でも政府系組織の場合は、民間企業のケースで見られるような、競合による脅威が存在しない。政府系機関のケースで脅威となるのは、プロジェクトが失敗した場合にミッションへの信頼や利害関係者のキャリアに傷がつくことと、担当した戦略コンサルティング・ファームが二度と呼ばれないことである。

▶ケースのタイプ

　公的機関のケースは、クライアントが誰かによってタイプが異なる。主な公的機関は、政府系機関、非営利組織、地方自治体などである。公的機関のケースに取り組む際は、組織を取り巻く社会情勢、組織が負っているミッション、利害関係者について検討する必要がある。

　公的機関のケースでよく見られるケースのタイプを、以下に示す。

- 国会から予算を獲得するための新規プロジェクトを企画する。
- 新しいシステムや技術の導入、役割や機能の見直しによって、組織の運営方法を変える。
- 異なる組織が提供している公共サービスを統合したり、シェアード・サービスの仕組みを導入したりする。
- 社会ニーズをより満たすために、提供しているサービスの内容を見直す。
- 老朽化している組織内インフラやシステムを刷新する。

別の言葉で言い換えると、イノベーション、公共サービスの拡充、組織運営戦略、資源の最適化、コスト削減、新規投資、サプライチェーン戦略、組織行動論、民間部門との協働、ミッションの周知化などが問題で扱われるテーマとなる。また、マーケット・サイジング問題の要素が組み込まれているものもある。

▶求められるスキル

公的機関のケースに取り組む際に求められるスキルは、民間企業のケースとほぼ同じである。面接官は、受験者の論理的思考、自信、コミュニケーション能力、定性的・定量的分析力、創造力を評価している。受験者の誰もが思いつきそうなありふれた回答の域を越えて、リスクに対処できる柔軟性があり、費用対効果が大きい提案を、短期的なものと長期的なものに分けて提示できれば理想的である。

公的機関のケースでは、組織のミッションと利害関係者に与える影響を考慮すると同時に、公的機関に特有の制約要因を検討する必要がある。

▶公的機関に特有の制約要因

1. **結果責任**——最終的な結果に対する責任は、誰に帰属するのか？
2. **内部承認の取得**——解決案の実行を外部に求める場合、必要な条件は何か？契約締結の承認を得るまでには、どれくらいの時間がかかるか？
3. **予算**——解決案を実行するために必要な資金が確保されているか？
4. **ミッション**——解決案は、組織が負っているミッションに沿ったものか？
5. **人材**——組織に属する職員は、解決案の実行に求められるスキルを持っているか？

6. **政治力学**——解決案は、政治情勢や利害関係者の関心事に即しているか？

7. **時間**——解決案は、いつまでに実行する必要があるのか？　短期的、中期的、長期的にとるべき行動は何か？

　公的機関のケースでは、使用する用語が民間企業の場合と異なるので、注意が必要である。具体的には、「会社」ではなく「組織」を、「株主」ではなく「資金提供者または納税者」を、「利益」ではなく「ミッションへの影響」を、「人員のリストラ」ではなく「人員の再配置」を、「アウトソーシング」ではなく「請負契約」を用いなければならない。

　民間企業の事例から得た経験や教訓を公的機関のケースに当てはめて考えることも、時には有効であるが、背景がまったく異なるケースを無理にこじつけようとしてはならない。前例を使って説明する場合には、それがどのように公的機関のケースに適合し、ミッションや利害関係者にどのような影響を与え、制約要因によって阻害されることがないかを明確にする必要がある。

　公的機関では一定の政治力学が働いて、さまざまな制約要因となりうることは事実ではあるが、個人的な政治思想を前面に出してはならない。一般的な政治情勢を考慮することは必要だが、自分の支持政党はいったん横に置いておこう。あくまでも、あなたに求められているのは、公益のためにサービスを提供する公的機関に対して適切な助言を行うことである、という点を認識する必要がある。

▶結論の提示

　結論の提示は、そこに至った理由、どのように実行するのか、想定されるリスク要因、短期的・中期的・長期的にとるべき行動を挙げて、明確に述べなければならない。公的機関のケースは、現状の無駄を排除して合理化を進めることを主たる目的とする、統合化、自動化、簡素化、省略可が戦略上のテーマとなることが多い。

　また、公的機関のケースでは、人（People）、プロセス（Process）、技術（Technology）の頭文字を取った、PPTの視点から分析するとうまくいく場合が

多い。

- **人（People）**：現在の職員はどのような構成になっているか？　どのようなスキルを持っているか？　インセンティブ制度や教育プログラム制度が導入されているか？　指揮命令系統はどうなっているか？
- **プロセス（Process）**：現在の一般的な業務運用プロセスはどうなっているか？　業務運用プロセスは書面でマニュアル化されているか？　マニュアルに沿った運用がきちんと行われているか？　プロセスの良否を判断する指標は何か？
- **技術（Technology）**：どのような技術（情報システムなど）が使われているか？　技術は社内で広く周知されているか？　データはどのように収集されているか？　手作業によるデータ収集作業が残っており、誤入力や抜け漏れなどの人的エラーが生じるリスクはないか？

解決案を実行する際に想定されるリスク要因は、リスクが顕在化する可能性と、顕在化した場合の影響度の大きさの観点で、その重要性を判断する必要がある。

公的機関のケースに臨む際のちょっとしたアドバイスを以下に示す。

事前の対策は、民間企業のケースと何ら変わることはないので、本書の第2章や第3章を読み返してほしい。面接官が誰か事前にわかっている場合は、所属ファームのウェブサイトにアクセスして、過去にどのようなプロジェクトを担当しているか、調べておくとよいだろう。コンサルティング・ファームが最近発表している、公的機関に関する記事やレポートにも目を通しておこう。また、公的機関やコンサルティング・ファームでの勤務経験がある卒業生や知人へのツテがあれば、彼らと直接会って話をし、生の声を聞くことで理解がより深まるだろう。

最新の情報は漏らさずチェックしよう。公的機関に関するニュースは巷にあふれているので、それらを読んで、なぜそのような事象が起きているのか、利害関係者は誰か、利害関係者にはどのような影響があるのか、問題の根本的な原因は何か、といったことを自分なりに考えるとよい。なお、これらを分析する際は、

現政権が掲げている政策や自分の支持政党の思想に引きずられず、公平な視点で捉える必要がある。

　主要な公的機関については、彼らのミッションと略称（英語の頭文字を取ったもの）を知っておこう。ただし、自分の理解が不確かな略称を面接官が述べた場合は、質問をすること。中途半端に知ったかぶりをして、それが間違っていた場合には、面接官の信頼を損ねることになる。面接の場でそのような振る舞いをする人物は、クライアントの前でも同じことをするからだ。

▶ 公的機関のケース問題例

[地方自治体に関する例題]

- われわれのクライアントは、東海岸地区の主要都市の市長である。市長は、アマゾンの本社誘致に関する入札に対して、どのような案を作成すべきかのアドバイスを求めている。
- プエルトリコ（カリブ海の北東に位置する米国の自治連邦区）はハリケーンで甚大な被害を受け、多くの社会インフラ、電力、道路、貴重な労働者を失ってしまった。プエルトリコ知事はわれわれを起用し、経済回復と産業活性化に向けた案の策定を求めている。
- ある大都市の市長がわれわれを起用し、閉店が相次ぐ商店街の活性化と、増加し続けるホームレス問題への対策に関する提案を求めている。

[政府系組織に関する例題]

- 米国退役軍人省の予算が10％削減された。国民に対するイメージを損なわず、提供するサービスの質をできる限り落とさないようにするためには、省の機能や人材をどのように再配置すべきだろうか？
- プエルトリコはハリケーンで甚大な被害を受け、多くの社会インフラ、電力、道路、貴重な労働者を失ってしまった。米連邦緊急事態管理局（FEMA：Federal Emergency Management Agency）はわれわれを起用し、経済回復と産業活性化に向けた案の策定を求めている。
- 保険社会福祉省（HHS：The Department of Health and Human Services）は、

業務運営の変革に対する高い評価を得るため、省内での新しい取り組みを職員が共有するプログラムを企画した。HHSはわれわれを起用し、このプログラムの認知度を高め、同様のプログラムをほかの省庁にも広げていくための、ロードマップ作りを求めている。プログラムを広く周知させていくことに向けて、どのような手順を踏んでいく必要があるだろうか？

［非営利組織に関する例題］

- 教育者の社会的地位向上をミッションとする非営利組織Aが、歴史上の教育者の功績を称える記念館の設立を国会から承認された。この予算承認では、Aの活動基盤を飛躍的に拡大していくことが期待されている。Aはわれわれを起用し、記念館の設立を成功に導くまでの、ロードマップ作成を求めている。

- われわれのクライアントは、ホームレスに一時的な仮住居を提供する非営利組織Bである。Bとその資金提供者は、仮住居の提供は目先の問題への対処法としては有効であるものの、ホームレス問題の根本的な解決には至らないことを認識している。抜本的な問題解決の一案として、Bはホームレスによる再犯率を低下させ、自立的な生活を営めるようになるための支援を提供できる、ほかの非営利組織との統合を検討している。Bは、具体的にどのような組織を統合対象とすべきだろうか？

- 近年著しい成長を遂げている非営利組織Cは、低所得患者の診療を行う医師の不足を問題視しており、1日の中で特定の時間帯は低所得患者の診療に専念する医師団の組成を検討している。Cはわれわれを起用し、このプロジェクトに賛同して参加してくれる医師の確保を、どのように行うべきかの手助けを求めている。プロジェクトの成功確率を上げるためには、どのような要因を考慮すべきだろうか？

次ページ以降で、公的機関のケース問答例を2つ紹介するので、取り組んでみてほしい。

ビル&メリンダ・ゲイツ財団
—— ワクチン物流体制の改善策

▶ ビル&メリンダ・ゲイツ財団（G財団）は、380億ドルの財産を有する世界最大の慈善基金団体であり、世界各国におけるポリオとはしかの予防接種支援や研究活動に、2.18億ドルの資金を投じている。G財団の責任者はわれわれを起用し、ワクチンの供給量を増やしながら、サプライチェーンで生じるコストの削減を図るための方法を求めている。

ケース問答例

　問題の内容を確認させてください。クライアントのG財団が、ワクチンの供給量を増やしながら、サプライチェーン間でのコストを削減するための方法を求めているということですね。これ以外に、私が頭に入れておくべきクライアントの目的や目標はありますか？

　　　—— いいえ、ありません。

　G財団が現在行っているワクチン供給プログラムがどのようなものかを、簡単に教えていただけますでしょうか？

　　—— ワクチンは、過去に開発されたものの中で、最も費用対効果が高い治療手段です。ワクチンの予防接種により、天然痘は撲滅され、はしかによる幼児の死亡率は74％減少し、ポリオも撲滅寸前のところまできています。
　　　　一方で、世界中の子供のうち、5人に1人が必要最小限のワクチン予防接種を受けられていません。この結果、年間に150万人の子供が、はしかやポリオで死亡していると推測されており、これは約20秒に1人が命を落としている計算になります。はしかやポリオはワクチンの接種で防ぐことが可能な病気ですが、ワクチンは最貧国にとって価格が高すぎて供給不足になっていることと、十分な知識を備えている医療従事者が現地で不足していることが、大きな問題となっています。また、別の問題として、信頼に足るワク

ンの輸送保管体制が整備されていないことが挙げられます。ワクチンは輸
　送中、冷凍保存しておく必要があります。

　ワクチンの供給不足について述べられましたが、現在はどのような会社がワ
クチンを製造しているのでしょうか？　また、価格面以外で、ワクチンが供給
不足となっている理由は何かあるのでしょうか？

　　　― ワクチンのメーカーは２社あり、フランスのSP社とインドのSI社です。こ
　　　れら２社によるワクチンの生産量は、需要の40％程度しかまかなえておら
　　　ず、世界の約50か国が十分な供給を受けていません。供給不足となってい
　　　る理由については、あなた自身はどう思いますか？

　単純に考えられるのは、ワクチンの原材料が十分に確保できていないという
理由ですが、もしかすると、メーカーは意図的に生産量を絞っているのではな
いかという、うがった見方も捨てきれません。生産が需要に追い付いていない
限り、メーカーには注文が入り続けます。もしワクチンが十分に供給されて、
ポリオやはしかが撲滅されると、メーカーはこのビジネスを失ってしまいます。

　　　― 面白い意見ですが、事実とは異なります。メーカー２社は、いずれも信頼で
　　　きる優良企業です。

　わかりました。考えを整理するために、少し時間をいただきたいと思います。

（受験者は２分間でメモ用紙に論理構造図を書きとめる）

　私はこの問題をいくつかの視点に分けて考えたいと思います。具体的には、
主要な利害関係者、サプライチェーン・コストを削減するための方法、ワクチ
ンの供給を増やすための方法です。
　まず、主要な利害関係者としては、Ｇ財団、WHO（世界保健機関：World
Health Organization）などの国際機関、ワクチン供給が不足している50か国と

その意思決定者、NGO（民間非政府組織：Non-Governmental Organization）、ワクチンメーカー、輸送・保管業者などが挙げられます。

　2つめのサプライチェーン・コストを削減する方法については、現在の物流プロセスがどうなっているかを把握したうえで、ボトルネックとなっていたり、無駄が生じていると思われるプロセスの統合化、自動化、簡素化、省略化ができないかを検討します。

　3つめのワクチン供給を増やす方法については、供給不足と物流体制の整備という、現在直面している問題を解決する方法と絡んでくるものです。

　1つめの点として、主要な利害関係者や意思決定者に関する情報を、もう少し詳しく教えていただけますでしょうか？

　　— 想像に難くないことですが、この種の取り組みには非常に多くの利害関係者が絡んできます。ざっと挙げるだけでも、各国の政府、資金提供者、WHO、ユニセフ、GAVIアライアンス（予防接種プログラムの拡大を通じて、世界の子供の命を救い、人々の健康を守ることをミッションとした国際同盟）などの国際機関、民間のパートナー企業、医学界、市民団体、宗教組織などが関係します。これらの組織は、おしなべてワクチン供給プラグラムへの関与を望んでいます。

　利害関係者の数が多すぎるように思えますし、これだけいると重複して無駄な部分があるはずです。このプログラムにおける、G財団の役割は何でしょうか？

　　— G財団の役割は、ワクチンに関するデータの収集と分析、プログラムの成否を判断する指標の測定と評価といったものです。また、G財団は医療従事者が使用する診療器具の調達支援や、ワクチンの保管・輸送・配給を含む物流体制の改善に向けた支援も行っています。

　今挙げられた活動に対して、多額の資金を投じることがG財団の役割ということでしょうか？

—— 資金的な支援も重要な一面ではありますが、金銭面以外での貢献も数多く行っています。

　承知しました。この問題は、大局的な視点で捉える必要があると考えます。ワクチンの予防接種を必要としている世界中の子供が数百万人いて、プログラムへの強い関与を望む利害関係者も多数存在します。これらの利害関係者は、善意から支援の手を差し伸べようとしているのでしょうが、数があまりに多すぎることで状況を複雑なものにしています。プログラムが直面している２つの大きな問題は、ワクチンの供給不足と、ワクチンを子供たちのもとへ届けるまでの物流体制の未整備です。Ｇ財団は多額の資金援助と幅広い貢献活動を行っていますが、問題の解決までには至っていません。

—— 状況についてはそのとおりです。Ｇ財団に何を提案しますか？

　Ｇ財団は、プログラムの主導権をより握れるように、ワクチンメーカーであるSP社かSI社のワクチン製造部門を買収すべきです。この部門が会社にとってそれほど重要な位置づけではなく、全体に占める比重が大きくないのであれば、SP社かSI社は売却に興味を示すのではないかと考えます。ワクチン製造部門の買収によって、Ｇ財団の仕入コストは今よりも低下し、将来的には、必要とされる数量までワクチンの生産を増やしていくことが可能となります。また、はしかやポリオ以外の幼児疾患に対するワクチンの製造が、できるようになることも期待されます。

—— ワクチンメーカーの２社は、いずれも巨大企業です。SI社はオーナー企業であり、そう簡単には事業を手放さないと予想されますし、SP社の昨年度の売上高は約400億ドルにものぼります。仮に、SP社のワクチン製造部門の売上高が全社の３％程度にすぎないとしても、その額は12億ドルとなり、買収資金には少なくとも30億ドルが必要となります。また、SI社は最近4.3億ドルを投じてカナダに新しいワクチン製造工場を建てたばかりであり、ワクチンの生産数量は増加していくことが見込まれます。

ということは、現在の問題の1つである供給不足については、じきに解消されていく方向にあると理解します。もう1つの問題として残っているのが、物流体制の整備ですが、この点に関しては、FedEx、UPS、アマゾンなどの民間輸送業者と提携関係を結び、彼らに物流全般を委託することを提案します。民間の輸送業者のほうが、現在物流機能を担っているNGOよりも物流に関するノウハウを豊富に持っており、コスト効率も良いと考えます。

> ── あなたは、政府や公的機関が関与するプロジェクトでは、ある程度の非効率さを許容する忍耐が必要だ、ということを理解していません。これは、多くの利害関係者が絡むプログラムであり、問題はあなたが考えているよりも複雑なのです。あなたが言うとおり、現在の取組体制には無駄な部分があることは事実でしょう。もしかすると、一部のプロセスでは腐敗行為が行われている可能性も否定できません。しかし、……

　私の真意がきちんと伝わっていないようです。私は、本プログラムに関わっているNGOに敬意を抱いていますし、私の発言が彼らの善意や活動を過小評価しているように聞こえてしまったのであれば、申し訳ありません。しかし、私にはどうしても、アマゾンやFedExのほうがNGOよりも物流機能を適切に遂行するはずだと思わざるを得ません。たしかに、G財団がFedExと提携することになれば、それまで物流を請け負っていたNGOが多額の資金源を失うことになるのかもしれません。しかし、このプログラムの究極的な目的は、予防接種を満足に受けられない子供たちを救うことであり、子供たちこそが最も重要な利害関係者です。

> ── あなたの意図は理解しました。では、あなたが考える提携案について、最適な輸送業者を1社選んで説明してください。

　FedExは、世界のすべてとは言わずとも、ほとんどの国への配送網を築いています。また、これまでにも多くの有名企業と提携して、貨物の輸送業務を請け負った実績があります。G財団は、提携先の輸送業者に対して、ワクチン

を保管するための冷凍コンテナを購入することで貢献します。民間輸送業者は、ワクチンを配給する国の都市部までは配送網をすでに築いているでしょうが、辺境の農村部までの配送網は持っていないかもしれません。これは、2つの可能性を意味します。まず、提携する民間輸送業者が新たに農村部までの配送網を築くのであれば、これらの農村部にワクチン以外の生活物資を届けられるようになります。また、農村部で作ったものを、ほかの地域や海外といった新しい市場へ流通させることも可能となります。一方で、民間輸送業者が新しい配送網を築かないのであれば、民間輸送業者はワクチンを都市部まで運び、都市部から農村部までの配送を既存のNGOが請け負うという形が考えられます。つまり、NGOはある国の全地域への配送を行うのではなく、ラストワンマイルの部分のみを請け負う形とします。

　提携先の候補となる民間輸送業者の中でも、FedExは2015年に発生したネパール大地震への救助支援活動で、政府から表彰を受けています。私の記憶が正しければ、このときFedExはダイレクト・リリーフ（貧困や緊急事態に苦しむ人々の健康と生活を支えるため、必要な医薬品などを提供することをミッションとする非営利団体）やほかのNGOと提携して、欠かすことのできない医薬品、医療器具、食料、シェルター、水浄化装置などを、米国からカトマンズ（ネパールの首都）へ輸送しました。このような人道支援プログラムへの精力的な取り組み実績は、G財団がFedExを提携先として選ぶ際の、有力な判断材料となります。

　　—　あなたはこれからG財団の責任者と会って、ワクチン供給プログラムの今後について話すこととなっています。彼に何を提案しますか？

　ワクチンの保管・輸送・配給を含む物流体制を改善するために、FedExと提携して輸送業務を委託することを提案します。G財団は、現在生じているボトルネックや無駄な部分をできるだけ排除して、ワクチンの供給を迅速化する必要があります。FedExと提携すれば、すでに彼らが世界中で築いている配送網を利用することができますし、物流に関する彼らの豊富なノウハウを活用して、ワクチン輸送の効率化や、輸送中の品質維持に向けた新しいアイデアを取り入

れることも期待できます。

　また、FedExには過去において、世界の辺境国で発生した災害支援への取り組み実績があります。この実績は、クライアントのワクチン供給プログラムを今よりも効率的に推進するうえで、大いに役立つでしょう。加えて、FedExの配送網を活用することにより、辺境地域へより多くの生活物資を届けたり、地産物を他の市場へ販売したりすることで、これら地域の経済を活性化できる可能性もあります。

　一方で、この提案にはリスク要因も存在します。NGOや各国政府の役人の中には、G財団がFedExと提携することで自分たちの関与が薄れることを嫌がり、強い抵抗を示してくることが想定されます。このリスクに対処するため、クライアントが短期的にとるべき行動は、FedExとの提携を認めてもらうように、NGOや政府の意思決定者への根回しを入念に行うことです。これと並行して、FedExとは密接に連携を取り、物流コストの削減や配送の効率化を実現するための議論を重ねていく必要があります。

　長期的に取り組むべきものとしては、ワクチンの製造工場から近隣空港への直送をFedExが請け負うことや、政府と連携してワクチン輸出の税関手続きを迅速化することなどが考えられます。

　　― 非常に良い提案ですね。今日はありがとうございました。

✦筆者コメント：
- 受験者は主要な利害関係者についてきちんと触れている。また、公的機関のケースに特有の、民間企業とは異なる適切な用語を用いている。
- 導入部で適切な質問を投げ掛けることにより、クライアントのプログラムが直面している主要な問題（ワクチン供給不足と物流体制の未整備）を引き出している。
- 結論に至るまでの論理構造がしっかりしている。
- 民間輸送業者との提携を論じた際に、面接官からネガティブなコメントがあったが、落ち着いて対処し，うまく自己弁護を図っている。
- ワクチンメーカーの一部買収案はすぐに却下されたが、すぐに代替となる創造的なアイデア（民間輸送業者との提携）を提示している。
- 結論は明確に述べられており、そこに至るまでの根拠や、想定されるリスク要因、短期的・長期的にとるべき行動についても触れられている。

政府系機関
── 他機関との統合案に対する分析

▶ われわれのクライアントは、国立公園、国定記念物、史跡、保護区域などの管理を行う政府系機関である。現政権の下で、国会は政府系機関の業務合理化を推し進めており、クライアントの内部調査を行ったうえで、大気汚染や水質汚染、健康被害から国民を守ることをミッションとしている他の政府系機関との統合を提案している。クライアントは、この国会提案が彼らの活動にどのような影響を与えるか、その分析と評価をわれわれに求めている。

ケース問答例

　問題の内容を確認させてください。われわれのクライアントは、国立公園や国定記念物などの管理を行っている政府系機関ですが、現政権の下で、国会は政府系機関全般の業務合理化を推進しており、環境を保護することや健康被害から国民を守ることをミッションとしている別の政府系機関とクライアントの統合を提案している状況にあります。われわれに求められているのは、この国会提案がクライアントの活動にどのような影響を与えるか、分析と評価を行うことですが、より具体的に言うと、統合の形式にはどのような選択肢があり、それがクライアントのミッションや利害関係者にどのような影響を与えることになるか、を分析することだという理解でよろしいでしょうか？

　　── その理解でけっこうです。

　ありがとうございます。一見したところ、国会は統合対象となる両政府系機関の間に、多くのシナジーが存在すると考えているように思われます。クライアントは、国立公園、国定記念物、史跡などの維持管理を行っていますが、これは各施設における環境保護の取り組みとも結び付くものです。しかし、両政府系機関の目的が本当に一致しているのかを確認するため、各機関のミッションをより深く理解する必要があると考えます。私は以前、家族と一緒にグラン

ドキャニオン国立公園を訪れたことがありますが、そこでは単なる観光の域を越えた、貴重な時間を過ごしました。クライアントが行っている業務には、管理対象施設の状態を整然と保つことや、ある施設を国が正式に管理対象として認定する際の基準の策定、施設への来場者に対する公共サービスや教育プログラムの提供なども含まれるのでしょうか？

　　　— すべて、あなたの言うとおりです。良いスタートですね。クライアントのミッションとして、ほかには何が考えられますか？

　国立公園のパークレンジャーなど、各施設には管理官が配置されていますので、彼らの安全保護もクライアントの責務に入ると思います。また、各施設において寄付を募る活動を行っていたり、一部の施設は有料なので、これらの資金を管理することも役割の一つです。

　　　— 素晴らしいですね。あなたは、クライアントのミッションを漏らさず理解しているようです。次はどうしますか？

　政治的な背景と、利害関係者について考察します。国会は政府系機関の業務合理化を推進しているとのことですが、これは現政権の政策に沿ったものという理解でよろしいでしょうか？

　　　— はい。国会と現政権の思惑は一致しています。現政権の方針に何か問題があるのでしょうか？

　個人的には、現政権の考えに賛同しているわけではありませんが、私に課せられた目的は、国会の提案を所与として、それがクライアントの活動にどのような影響を与えるかを分析して、クライアントが適切にミッションを遂行する手助けをすることですので、私個人の政治思想とは切り離すべきです。

　　　— そのとおりですね。政治に関する議論は横に置いておきましょう。続けてく

ください。

　次の論点として、統合相手となる政府系機関のミッションを理解する必要があります。この機関の主なミッションは、環境汚染と健康被害から国民を守ることであり、クライアントのミッションといくつかの点でシナジーが存在しているように思われます。また、国が定める環境規制の基準を策定したり、環境破壊の現状や保護するための方法について国民へ周知するための啓蒙活動を行うことも、この機関の責務に入ると考えます。なお、彼らが管理の対象としているのは、大気や水質のみならず、土壌も含まれると思います。

　　　— あなたは、政府が公表している情報に目を通していないのでしょうか？　いくつかの重要な点をあなたは見落としています。この公的機関は、あなたが挙げたもの以外で、燃料、石油、殺虫剤も管理の対象としていますし、市民による環境活動への支援も行っています。

　重要な情報を共有していただき、ありがとうございます。分析の際には、それらの点も考慮するようにします。両政府系機関のミッションについては基本的な理解を得たので、次は利害関係者について検討します。最初に挙げられる利害関係者は、統合を提案している国会です。また、政府系機関の業務合理化と緊縮財政を掲げている現政権も、重要な利害関係者として考慮する必要があります。国会と現政権の考えは基本的に一致しており、最終的な意思決定は国会が行うという理解でよろしいでしょうか？

　　　— 理解のとおりです。国会も現政権も緊縮財政を志向しており、意思決定権は国会にあります。

　ありがとうございます。ほかの利害関係者についても検討を進めたいと思いますが、一般市民はこの統合で大きな影響を受ける可能性があります。両機関の統合によって、環境保護に向けた動きが弱まらないかということや、各施設へのアクセスが今よりも不便になるのではないかという点は、考慮する必要が

あります。私が知る限り、民間企業同士のM&Aでは期待されたシナジーが実現しないことも多く、統合後の社内システムや業務プロセスの調整には多大な時間と労力を要します。公的機関の場合は、内部の権力争いや、使用しているITシステムの違い、政府から認められている権限の違い、人員の専門知識やスキルの違い、といった制約要因が民間企業よりも強く働き、統合を成し遂げるまでにはよりいっそうの困難を伴うことが予想されます。

　　— シナジーに関しては、必ずしもそうとは言い切れないと思います。シナジーが期待どおりに実現したM&Aの例も多数見ています。

　私は以前、大規模な造園業者に勤務していた経験がありますが、この会社は不動産会社に買収されました。当初は、両社ともにこのM&Aには大きなシナジーが見込まれると考えていました。不動産会社は、自分が扱う物件の改装や補修を外部の企業ではなく、この造園業者に行わせることでコストを低く抑え、売却時に多額の利益を得ることができると期待していたのです。理論的には、この考えは正しいように思われましたが、実際には両社の企業文化があまりに異なっていたために、この買収は結果的にうまくいきませんでした。造園業者は、物件のデザインや周辺地域との美的バランスを最も重視していましたが、不動産会社が最も重視していたのは、物件の売却から最大の利益を得ることだったのです。当初の目論見に反して統合後の利益は大きく落ち込み、結果的に不動産会社は、造園業者に勤務していた従業員の多くを解雇し、物件の改装や補修を外部の企業と行うようになりました。

　　— 面白い話ですが、それが今回の政府系機関の統合と、どのように関係するのでしょうか？

　私が申し上げたいのは、今回の統合でも理論上はシナジーが見込まれるかもしれませんが、それを実現させるためには労苦を伴うということです。私が話した体験談は、お互いの文化やミッションがうまくマッチしていなければ、統合はけっしてうまくいかないという教訓を示すものです。造園業者は美的要素

を重視し、不動産会社は利益の追求を第一に考えていました。彼らが行った M&Aは、目指すべき方向がまったく異なる会社を、1つのグループに収めて しまうものでした。

　ここで、また別の、非常に重要な利害関係者について検討する必要があります。それは、両機関に勤務している職員です。両機関の人員構成がどのように なっているのかは、知っておくべきポイントです。私が想像するに、クライアントは管轄施設の保全管理や、来訪者への情報提供といった総務サービスに従 事している人が多く、一方、統合相手の機関は、環境保護の基準に関する調査 や研究を行う、技術系の人が多いのではないかと思います。

　　　— 良い指摘です。まさにあなたの言うとおりで、クライアントは80％の職員 が施設の保全管理、来場者への情報提供、入場券の販売といったサービス業 務に従事しており、残りの20％は政府がある施設を国の管理対象と認定す る際の、基準作りや調査活動に従事しています。統合相手の機関は、80％ が研究職や技術職で占められ、20％がサービス系の業務に従事しています。 この違いには、何か問題がありますか？

　われわれは、今回の統合が両機関のミッションや利害関係者に与える影響を 考える必要があります。たとえば、現在はサービス系の業務に従事しているク ライアントの職員が、統合後に新しい職務を行わなければならず、そのための 再教育が必要になるのか、統合後も今と同じ業務をそのまま行うのかといった ことや、統合後は管理対象施設が増えるため、研究者や技術者を新たに雇用す る必要があるのかといったことは、調べておかなければなりません。統合相手 の政府系機関は、国が定める環境基準の策定や研究調査を主たる責務としてい ますが、これはクライアントが現在行っていないものです。クライアントは、 相手の政府系機関で求められている資格基準を満たすために、職員の構成を見 直さなければならないかもしれません。国会は、これらすべてのことを、事前 に考慮しておく必要があります。

　　　— 今のところ、国会はそこまで考えていないようですが、たしかに考慮しなけ

ればならないことですね。続けてください。

　労働組合からの反応についても考慮する必要があります。おそらく、両機関には労働組合があると思われますが、労働組合は、統合後における職員の職務がどうなるのか、再教育の必要があるのかなどについて、明確な回答を求めてくるはずです。

　　── 良い指摘です。労働組合は、多くの人が見落としているポイントです。

　ありがとうございます。ほかにも、両機関の社内システムについて検討が必要です。両機関とも基本的な資金管理システムを導入しているはずですが、クライアントに関しては施設の入場券販売も行っているので、売上高を管理するシステムも利用していると思われます。また、両機関が業務関連データをどのような形で収集・分析・保存しているか、調べておくべきです。さらに、両機関が使用している社内システムに互換性があるかを確認することも重要なポイントです。

　　　── クライアントと相手の政府系機関が使用している人材管理や資金管理などの
　　　　社内システムは、どれも異なっており、互換性がありません。データ管理の
　　　　方法も異なっています。加えて言うと、クライアントの決算月は毎年９月で
　　　　あるのに対して、相手側の決算月は毎年12月となっています。

　それは重要な情報です。そのような状況であれば、統合後の社内システムや業務関連データの調整には相当な苦労を要し、究極的にはサービスの受益者である国民に対して、ネガティブな影響を及ぼすおそれがあります。社内システムの相違によって統合のプロセスが長期化し、見込んでいるシナジーの実現に支障をきたすおそれもあります。

　　　── 統合が両政府系機関のミッションに与える影響については、どのように考え
　　　　ますか？

その点については、これから話すところでした。クライアントは管理施設の入場券を販売することで資金を獲得し、これを彼らが提供するサービスのさらなる充実化に充てています。クライアントには、自分たちが管理する施設を訪れる市民により素晴らしい体験をしてもらうために、より多くの入場券を販売しようという動機があります。先ほど話した民間企業のM&Aにたとえれば、美的要素を重視する側に属します。一方で、統合相手となる政府系機関においては、政府が定める規制の調査や研究といった、実務的な要素が重視される傾向にあると思われます。つまり、両政府系機関が重視している要素は互いに異なっており、双方のミッションにはミスマッチが生じている可能性があります。どちらか一方のミッションを優先すれば、もう一方のミッションを犠牲にせざるを得なくなるかもしれません。

　　── つい先ほど国会から連絡があり、統合を急いで進めたいので、現時点での分
　　　　析結果を知りたいと言ってきました。彼らにどう伝えますか？

　統合が提案されている両政府系機関の間には、一見すると多くのシナジーがあるように思われます。しかし、より細かく深掘りして分析すると、この統合は双方の利害関係者にネガティブな影響を与え、各機関のミッションが今よりも効率的かつ効果的に果たされなくなるリスクをはらんでいます。たとえば、それぞれの機関に勤めている職員は、業務上で重視する思想や必要とされる技術的スキルが異なるので、人材面の統合には困難を伴うことが想定されます。また、職員に対する再教育や、データ移管、業務運営プロセスの調整など、目に見えないコストが重荷として統合後の組織にのしかかってくる可能性があります。統合プロセスがうまく進まなければ、環境汚染や健康被害から国民を守るという相手側の責務にも支障をきたし、究極的には一般市民へ悪影響を及ぼすことになりかねません。

　最も重要な点は、双方のミッションは必ずしも整合性が取れておらず、ミスマッチが生じている可能性もあるということです。統合相手の政府系機関が重視しているのは、政府が定める規制の調査や研究といった実務的な要素と思われます。統合後の組織において、資金がこれらの活動へ優先的に充てられれば、

クライアントが管理している国立公園や他の施設で提供しているサービスの質が落ちることにつながりかねません。結論として、国会は今の統合案に代わる、ほかの代替案を検討すべきだと考えます。

　　── わかりました。現在の統合案には、目に見えないコストが隠れているということですね。あなたの考える代替案を具体的に教えてください。

　国会は、双方の政府系機関が今と変わらず独立したままの形で、本質的な目的である業務の合理化を推進することができないかを検討すべきです。具体的には、一部の業務を民営化して業務領域を縮小することや、国が管理対象として認定する際の基準を厳格化して施設数を減らすこと、施設の入場料を上げること、クライアントとミッションがよりマッチしてシナジーの実現可能性が高い、ほかの統合相手を探すことなどが考えられます。

　　── 良くできました。今日はありがとうございました。

✤ 筆者コメント：
- 受験者は、クライアントのミッションを明確にすることから議論を始めて、それが単純に考えられているよりも広範囲に及んでいることを理解し、幸先の良いスタートを切っている。
- 政府系機関、職員、サービスを受ける国民などの重要な利害関係者に及ぼす影響をしっかりと分析している。
- 自分が国立公園を訪れた際の体験を交えながら、知的好奇心があることをうまくアピールしている。
- 政治的な議論に陥りそうな流れを、うまくかわしている。現政権に対する考えを簡単に述べながらも、本来の目的からはずれないように議論を進めようとしている。
- 面接官からの懐疑的な反応に対処しながら、自分が前職の民間企業で経験したM&Aの失敗事例と、それが今回の統合にどう関係してくるかをうまく説明している。
- 結論部分では、人（People）、プロセス（Process）、技術（Technology）のPPTの視点をきちんと押さえて、統合が利害関係者に及ぼす影響と、現在の案に代わる合理化案を説明している。

パートナー・ケース

　パートナー・ケースは、あなたが友人など（パートナー）の協力を得て行うものである。協力してくれるパートナーは、必ずしもケース問題の出し方を知っておく必要はない。ここでは、中難度のレベル2を4題、高難度のレベル3の問題を5題紹介している。パートナーには、後段で記載している「パートナーの手引き」と、ケース問題を事前に読んでもらう必要がある。ケース問題の箇所には、パートナーがあなたとの議論をスムーズに進めて楽しめるように、出題する際のアドバイスや、問題に関連する情報が多数記載されている。

　いくつかの問題では、ケースで用いるグラフや表を巻末（P.357）の「パートナー・ケースの図表」に載せているが、その中には、数分間もあれば自分の手で作成できる簡単なものもある。

　ケース問題に唯一の正解などは存在せず、さまざまな解決法が考えられるので、とにかく問題に関する議論をパートナーと楽しんでほしい。あなた自身がケース問題への回答を行った後は、今度はあなたが出題者になって、その問題を違う友人に出すことをお勧めする。ケース問題を出題する立場で相手と議論することからは、問題に回答する立場で取り組むのと同じくらい多くのことを学べるからだ。戦略コンサルティング・ファームへの入社を真剣に希望している学生は、少なくとも30前後のケースを、私や友人との面接形式で練習している。多くのケース問題例を文章で読み込むことも重要だが、生身の相手と実際にケースを議論することに勝る練習法はない。

パートナー・ケース索引

パートナーの手引き

　パートナー・ケースを行う際に協力してくれる友人などのため、どのようなことを、どのように行うのかをまとめた手引きを、以下に示す。

▶ 事前の準備・心構え

- ケースを出題する前に、問題と回答例を一通り読んでおくこと。
- ビジネス・ケースには、「適切な回答」が複数存在するということを認識しておく（ケースに唯一絶対の答えはない）。

- 回答者の議論が誤った方向へ進み始めたときは、助け舟を出して軌道修正を図ること。
- 自分がすべてを知っているかのような、偉そうな態度は取らないこと。

▶ ケースの初期段階におけるチェック項目

- 回答者は、ケースの要点をメモに書きとめているか？
- ケースを出題してから回答者が話し始める前に、長い沈黙がないか？
- 回答者は、最初に問題の要点をまとめているか？
- 回答者は、クライアントの目的や目標を確認しているか？
- 回答者は、自社・業界・競合（3C）や、製品・サービスに関する質問を投げ掛けているか？
- 回答者は、結論に至るまでの大まかな道筋や論理構成を示しているか？

▶ ケースの中盤におけるチェック項目

- 回答者は、ケースに対して、熱意を持って、ポジティブな姿勢で臨んでいるか？
- 回答者の論理構成は、一般的な商慣習に照らして、筋が通っているか？
- 回答は整然とまとめられているか？
- 回答者は、自分なりの仮説を立てているか？
- 回答者の答えには、独創的な視点が盛り込まれているか？
- 回答者は、自分の意見を一方的に主張するのではなく、面接官（パートナー）との双方向コミュニケーションを心掛けているか？
- 回答者は、論点を明確化するための適切な質問を投げ掛けているか？
- 回答者は、できるだけ数字を使って答えようとしているか？
- 回答に行き詰まったときは、素直に助けを求めているか？

▶ ケース終了後の全般的なチェック項目

- 全体を通して、回答は論理的にまとめられていたか？　時間管理は適切に行われていたか？
- 細かい部分にこだわりすぎて、議論が行き詰まってしまうことはなかったか？
- 議論が途中で脇道にそれてしまうことはなかったか？

- 論点を明確化するための適切な質問を投げ掛けていたか？

- ビジネス用語を正しく使っていたか？

- 数字やパーセンテージの計算を素早く、正確に行っていたか？

- 面接官（パートナー）に問題を答えさせようとはしていなかったか？

- 面接官が与えた情報をうまく回答に結び付けていたか？

- 思考しながら話していたか？

- ポジティブな姿勢でケースに臨んでいたか？

- 結論を簡潔にまとめていたか？

- 面接官からの批判的なコメントに対して、感情的になりすぎず、自己弁護を図りながら冷静に対処していたか？

ミッキー社

—— ウォルマートとの新契約への対応策

▶ われわれのクライアントであるミッキー社は、米国第3位のピーナッツ・バター製造会社である。ミッキー社は、年間120百万瓶のピーナッツ・バターを販売しているが、競合のスキッピー社とジフ社の後塵を拝している。業界第4位に位置しているのはピーターパン社であり、マーケットシェアはクライアントと2%しか差がなく、クライアントのすぐ後を追っている。ミッキー社は米国全土のスーパーマーケットやコンビニエンスストアで製品を販売しており、この流通チャネルへの販売が会社全体の売上高の60%を占めている。そのほかに、コストコやBJ'sなどの大規模小売店への販売が売上高の25%を占めているが、最大の顧客はウォルマートであり、1社のみで売上高の15%を占めている。

▶ 最近、悪い知らせがクライアントの耳に入ってきた。ウォルマートが、ミッキー社から購入していたピーナッツ・バターを、自社ブランド商品に切り替えるというのである。一方で、この知らせには良い点もあり、ウォルマートは自社ブランド商品の製造を、ミッキー社に委託したいと言っている。自社ブランド商品は、中身も瓶の形状も今までとは一切変わらず、変更されるのは商品のラベルのみである。クライアントからの要求は、大きく2つに分かれている。1つは、ミッキー社が自社ブランド商品の委託生産を受けるか否かを判断するにあたって考慮すべき、戦略上のポイントや懸念される点を列挙することであり、もう1つは、委託生産がミッキー社の業績にどのような影響を与えるかの、試算を行うことである。

▶ パートナーへのガイダンス

　回答者が最初に質問してくることが予想されるのは、以下の2つである。それぞれの質問に対する面接官の回答も載せておく。

(1)クライアントの売上高は、過去どのように推移しているか？

　(回答) 過去2年間の売上高は横ばいであり、今後2年間も横ばいで推移すると予想されている。

(2)ウォルマートが自社ブランド商品へ切り替える理由は何か？

（回答）自社ブランド商品への切り替えは、大規模量販店の経営におけるトレンドの1つとなっており、ウォルマートはピーナッツ・バター以外にも、いくつかの商品で自社ブランド商品化を進めている。

1つめの問題に対して列挙すべき項目は、回答者がMBAであれば6～7個、大学生であれば4～5個程度が必要となる。以下に、検討が必要と思われる項目を記すので、回答者が取り上げなかったものについては、面接官から話を振ってみるのがよい。話を振る際は、面接官のほうから詳細な情報を提供するのではなく、あくまでも回答者に考えさせるような形で問いを発してほしい。私が学生を相手に面接官役をするときは、学生に対して、まず自分なりの考えを述べてから質問をするように求めている。

検討すべき項目の例

- **クライアントの利益確保**：自社ブランド商品化に伴う新しい契約で、クライアントは十分な利益を確保できるか？　ウォルマートは、取引先の利益を削り取ることで有名な企業である。
- **ブランドイメージへの影響**：クライアントの商品とウォルマートの自社ブランド品の中身がまったく同じだと消費者が気づいたときに、クライアント商品のブランドイメージは傷つくことにならないか？　ウォルマートの陳列棚からクライアントの商品が消えた場合、クライアント商品のブランドイメージにどのような影響が出ると思われるか？
- **生産能力の有無**：新しい契約上での販売数量は、どのようになっているか？　クライアントにはその数量を供給できる生産能力があるか？
- **カニバリゼーションの可能性**：ウォルマートの自社ブランド品を販売することによって、クライアント商品の売上高が大きく落ち込むことにはならないか？
- **マーケットシェアへの影響**：自社ブランド商品化の契約を締結する、しないにかかわらず、クライアントのシェアは第4位に転落することが予想される。ウォルマートへの売上高は全体の15％を占めており、ウォルマートの自社ブランドによる販売数量は、クライアントのシェアには算入されないからである。

- **ウォルマートへの依存度**：現在、ウォルマートへの売上高は全体の15%となっているが、新しい契約によって販売数量が増加する場合、売上高に占める割合は20%程度になることも予想される。売上高全体の20%が１つの客先に集中するのは一般的に考えてもリスクが大きく、相手が取引先への要求が厳しいウォルマートともなれば、なおさらである。
- **ほかの販売先に対する自社ブランド商品供給の可能性**：もしウォルマートと新しい契約を結ぶのであれば、ほかの販売先とも同様に自社ブランド商品を供給する可能性が出てくる。ほかの販売先は、自社ブランド品の委託先としてミッキー社を選ぶだろうか？
- **委託生産を受けない場合の影響**：もしクライアントがウォルマートの提案に応じなければ、どのようなことが起きると予想されるか？　ミッキー社は売上高の15%を失うことになり、それをほかの取引先への販売で埋め合わせることは不可能に近いと考えられる。その場合、ミッキー社は生産の一部を停止し、従業員を一時解雇しなければならなくなる可能性が高い。

▶ 関連データ

２つめの問題に対しては、以下の情報を回答者に提供する。

- 競合のスキッピー社、ジフ社、ピーターパン社は、いずれもピーナッツ・バターを１瓶3.99ドルで販売しているのに対して、ミッキー社の販売価格は１瓶3.69ドルである。
- ミッキー社の生産能力は、最大で年間150百万瓶である。
- ミッキー社の１瓶当たりの利益は、スーパーマーケットとコンビニエンスストア向けが1.2ドル、大規模小売店向けが１ドル、ウォルマート向けが0.5ドル（現在の商品）である。
- ウォルマートとの新しい契約内容は、契約期間が１年間、販売数量が年間50百万瓶、１瓶当たりの利益は0.25ドルである。

回答者への問い掛け：ウォルマートとの新しい契約は、ミッキー社にとって良い取引か？　ミッキー社は、新しい契約を結ぶことによって、利益が増加す

るのか、減少するのか？

現在の契約の利益：販売数量＝120百万瓶×15％＝18百万瓶、利益＝18百万瓶
×0.5ドル＝9百万ドル

新しい契約の利益：50百万瓶×0.25ドル＝12.5百万ドル

　上記の計算からは、新しい契約を結ぶことによって利益が3.5百万ドル増加するが、クライアントの年間生産能力を2百万瓶上回ってしまうこととなる（120百万瓶－18百万瓶＋50百万瓶＝152百万瓶）。これには、どのように対処すべきか？（回答者は、新しい契約を結ぶことでクライアントの生産能力を上回ってしまうことに、すぐ気づいたか？）

　生産能力を上回ってしまうことへの対応策として、回答者が提示してくると予想される案を以下に列挙するが、いずれの案に対しても、「それはできません」と答えること。回答者がこれらの案を述べようとした場合、途中で発言をさえぎって、回答者がどのように反応するかを見てほしい。あなたが発言をさえぎったときに、回答者は冷静に対処しているか？　あなたの振る舞いに対して、怒ったり、強引に自分の主張を押し通そうとしたりしないか？　回答者が面接でどのように振る舞うかは、回答そのものよりも重要な評価対象となる。

回答者が提示する対応策の例

● ミッキー社は、不足する2百万瓶を外部のメーカーにアウトソーシングすることができる。

　（回答）それはできない。ウォルマートとの契約では、商品の製造をミッキー社以外に委託することは禁じられている。また、このピーナッツ・バターはミッキー社の主力商品であり、品質管理の観点からも、外部のメーカーへ製造をアウトソーシングすることは好ましくない。

● ミッキー社は、製造ラインを増やすことで生産能力を増強できる。

（回答）それはできない。製造ラインの増強には時間がかかるが、ウォルマートが１年後に契約を延長する保証はない。また、設備投資に要するコストが高すぎて、費用対効果に見合わない。

- ミッキー社は、労働者の残業やシフト数を増やすことで、生産数量を増やせる。

（回答）それはできない。残業勤務の時給は通常の1.5倍であり、コストがかかりすぎる。また、現時点でも週７日、１日３シフト体制を敷いており、これ以上シフト数を増やす余地はない。

- ミッキー社は小規模な競合を買収することによって、生産数量を増やすことができる。

（回答）それはできない。競合の買収には時間がかかるが、ウォルマートが１年後に契約を延長する保証はない。また、買収に要するコストが高すぎて、費用対効果に見合わない。

- ミッキー社はウォルマートへの販売数量を48百万瓶に減らしてもらうように、交渉することができる。

（回答）それはできない。ウォルマートとの契約で生産数量は50百万瓶と決められている。もしクライアントがこの条件を満たせないのであれば、ウォルマートはほかのメーカーに生産を依頼することになる。

- ミッキー社は大規模小売店への販売数量を２百万瓶減らすことによって、ウォルマートへの不足分を補うことができる。

（回答）それはできない。大規模小売店への販売数量を２百万瓶減らすと、利益が２百万ドル減少することになり、１年間しか保証されていない3.5百万ドルの利益増加では割に合わない。また、大規模小売店への販売数量減少は、クライアントのマーケットシェアをさらに低下させることになる。クライアントは、スーパーマーケットや大規模小売店への販売数量を減らさずに、ウォルマートの要求を満たすことを望んでいる。

▶ 問題解決案

この問題に対して考えられる解決案を以下に記す。

問題解決案

- スーパーマーケットとコンビニエンスストア向けの販売価格を0.2ドル値上げする。
- 0.2ドルの値上げを行っても、競合の販売価格よりまだ安く、クライアントの利益は1瓶1.4ドルへ増加する。
- 値上げによって、スーパーマーケットとコンビニエンスストア向けの販売数量は減少することになる。
- 値上げによる販売数量の減少は10%と予想されることを回答者に示して、この販売チャネルにおけるクライアントの利益がどのようになるかを、回答者に計算させる。
  - **現在の利益**：販売数量＝120百万瓶×60%＝72百万瓶、利益＝72百万瓶×1.2ドル＝86.4百万ドル
  - **値上げ後の利益**：販売数量＝72百万瓶×90%＝64.8百万瓶。数字を丸めて65百万瓶とする。利益＝65百万瓶×1.4ドル＝91百万ドル。
  - **結論**：値上げを行うことにより、スーパーマーケットとコンビニエンスストア向けの販売数量は約7百万瓶減る一方で、利益は約5百万ドル増加する。

▶ 結論のまとめ

ケースの最後で、回答者に結論をまとめることを求める。回答者は、ここで沈黙の間をつくらずに、自分の考えを整理しながら、スラスラと述べる必要がある。良い結論は、議論したことのすべてを繰り返すようなものではなく、問題の要点と、面接官に伝えたい重要なポイントを2つか3つ抽出して、1分から1分半でまとめられたものである。望ましい結論の例を以下に示す。

結論の例

われわれのクライアントであるミッキー社は、最大の顧客であるウォルマートに販売している商品が自社ブランド品へ切り替えられる一方で、自社ブランド品の製

造はミッキー社に委託する考えであることを、ウォルマートから伝えられました。ウォルマートとの新しい契約内容は、契約期間が1年間で、生産数量は50百万瓶、1瓶当たりの利益は0.25ドルというものであり、これによってクライアントの利益は今よりも3.5百万ドル増加することが見込まれます。ブランドイメージやマーケットシェアに与える影響なども総合的に考慮した結果、ミッキー社はウォルマートの提案を受け入れるべきとの結論に至りました。しかし、新しい契約を締結すると、ミッキー社が生産しなければならない商品の数量が、年間の生産能力を2百万瓶上回るという問題に直面します。この問題への対応策としては、スーパーマーケットとコンビニエンスストア向けの販売価格を0.2ドル値上げすることが考えられます。この値上げによって、スーパーマーケットとコンビニエンスストア向けの販売数量が約7百万瓶減少する一方で、利益は約5百万ドル増加することが期待されます。

回答者がこの問題で良い評価を得るためには、以下の点が満たされている必要がある。

- 最初に問題の要点をまとめるとともに、問題で触れられていること以外にクライアントの目的や目標がないかを確認している。
- 自分の考えに対して面接官が否定的な発言をした場合でも、冷静さを保っている。
- 面接官からヒントを与えられずに、値上げを行う案を思いついている。
- 新しい契約を結ぶと、生産能力の問題が生じることをすぐに理解している。
- 与えられた2つの問題の両方に触れながら、最も重要なポイントを抽出して簡潔に結論をまとめている。
- メモ用紙に問題の要点を読みやすい形で書きとめている。メモ用紙に以下のような表を作成していれば、大きな加点要素となる。

販売チャネル	売上比率	販売数量 (百万本)	利益/瓶	総利益 (百万ドル)
スーパー/CVS	60%	72	$1.2	$86
大規模小売店	25%	30	$1.0	$30
ウォルマート	15%	18	$0.5	$9
		120		$125

- このケースは面接のファースト・ラウンドで出題されるような問題だが、解決案として考えられるものの多くが却下の対象となっており、基本的には1つの解決策（値上げ）に絞られてしまうため、ファースト・ラウンドとしては難しい内容となっている。

- 実際のところ、私はこのケースを200人以上の学生に出題したが、スーパーマーケットやコンビニエンスストア向けに値上げを行うという解決案にたどりついたのは、10%にも満たない。

- 私がこのケースを出題する際には、主に以下の2点を評価している。
  (1)新しい契約では生産能力の問題が生じることをすぐに把握したか？
  (2)生産数量不足への対応策で、提示するほとんどの案が却下され、発言の途中でさえぎられてしまうこともある場合に、どのように対処しているか？
  私個人の意見としては、(2)で適切な対応をしているかどうかが、正しい答えにたどり着くことよりも重要な評価ポイントである。

学生起業家
—— 新型アプリケーションの戦略分析

▶ われわれのクライアントは2人の学生起業家であり、彼らはスマートフォンのGPSシステムに有名人の声をダウンロードできるアプリケーションを開発した。彼らは、このアプリケーションに対する潜在的な市場規模と、損益分岐点となるダウンロード数、価格設定、初年度の期待利益に関する分析をわれわれに求めている。

▶ パートナーへのガイダンス

　回答者が最初に問題の要点を整理して、クライアントの目的（市場規模の推定、損益分岐点の算定、価格設定、期待利益の試算）を確認しているかをチェックしてほしい。また、回答者は、問題文に明記されていること以外に、クライアントの目的や目標がないかも確認すべきである（この場合、面接官からは、「いいえ、ありません」と答える）。

　この問題を出されたときに、ほとんどの人は市場規模の推定から取り組もうとするが、ごくまれに価格を最初に決める人もいる。問題文で聞かれている順番どおりに回答する必要は必ずしもない。以下では、最初に価格設定の分析を行う例を載せている。

▶ 関連データ

- われわれのクライアントは先行者であり、ほかに同様のアプリケーションを開発している競合は存在しない。
- アプリケーションで用いる技術は特許申請中だが、1年も経てば特許の保護を巧みにかいくぐる競合が出てくると予想されている。
- **コスト**：価格を決めるためには、コストを調べる必要がある。回答者がコストについて質問してきたら、次のデータを教えること。
  - **固定費**：50万ドル

- ■ **変動費**：以下の2つ

  ⑴価格の1/3をアップルなどのプラットフォーマーに支払う。

  ⑵有名人にダウンロード1回当たり0.5ドルの特許使用料を支払う。

- ● **価格設定**：価格の設定方法には、主に以下の3つの方法がある。

  ⑴ **競合品との比較による価格設定**：クライアントはこの市場の先行者なので、直接的な競合品は存在しないが、すでにiTunesなどのプラットフォームで販売されている音楽、着信音、ゲームなどのアプリケーションの価格は比較の目安となる。これらのアプリケーションは、無料のものから10ドル前後のものもあり、クライアントのアプリケーションの価格も、この範囲のどこかに収まると考えるのが妥当である。

  ⑵ **コストベースの価格設定**：コストは50万ドルの固定費と、価格の1/3のプラットフォーム使用料、ダウンロード1回当たり0.5ドルの特許使用料である。販売価格は、これらの総コストをカバーするように設定する必要がある。

  ⑶ **価値ベースの価格設定**：この価格設定方法で考えるべきポイントは、顧客がいくらまでならこのアプリケーションに支払う意志があるか、顧客はこのアプリケーションに対して、ほかの着信音アプリと同等程度の価値を見込むのか、それとも、もう少し価値が高いものとして見込むのかなどである。

　計算を行う際に、数字を丸めたり、四捨五入したりして、計算しやすくするのは良い方法である。プラットフォーマーに価格の1/3を支払わなければならないことや、ほかの音楽や着信音のアプリケーションがだいたい1.29ドルで販売されていることを考慮して、回答者はクライアントのアプリケーションの販売価格を3ドルに設定したとしよう。そうすると、ダウンロード1回当たりで、プラットフォーマーに1ドル、声が選択された有名人に0.5ドルを支払うこととなり、クライアントの利益は1.5ドルになる。

- ● **市場規模**：アプリケーションの市場規模を推定するためには、米国内の携帯電話台数と、そのうちのスマートフォンの割合を出す必要がある。また、顧客セグメ

ントを世代別に分類して、どの年齢層がこのアプリケーションを購入しそうかを分析すべきである（高校生の16歳から壮年層の30代後半までが主な顧客層になると考えられるだろう）。

　回答者には、世代ごとの所有台数に関する仮説や考え方を説明させてほしい。

　ここでは、米国の人口を320百万人、平均寿命は80歳、各年齢の人口数は同じという前提に立ち、回答者が以下の表を作成したものとする。表中の数字は回答者によって異なるだろうが、その裏付けとなる考え方の説明がしっかりとしたものであれば、数字自体に問題はない。

年齢	人口数	携帯電話所有台数	スマートフォン所有台数	アプリケーション購入者数
0〜20歳	80百万人	25百万台	10百万台	1百万人
21〜40歳	80百万人	60百万台	40百万台	3百万回
41〜60歳	80百万人	60百万台	40百万台	0.5百万人
61〜80歳	80百万人	55百万台	10百万台	0.5百万人
合計	320百万人	200百万台	100百万台	5百万人

　上の表より、アプリケーションの潜在的な顧客数は5百万人存在し、各顧客が2つ分をダウンロードすると仮定すると、初年度の総ダウンロード回数は10百万回と推定される。

- **損益分岐点**：クライアントが損益分岐点を達成するためには、1回のダウンロード当たりの利益で固定費をカバーする必要があり、以下の式で求められる。

損益分岐点（ダウンロード回数）＝500,000ドル÷1.5ドル＝333,333回

- **初年度の期待利益**：上記の市場規模の推定に基づき、初年度のダウンロード回数を10百万回と仮定すると、クライアントの初年度の期待利益は以下の式で求められる。

期待利益＝1.5ドル×10百万ダウンロード－0.5百万ドル（固定費）＝14.5百万ドル

- **まとめ表の作成**：回答者は、問題の答えをまとめた以下のような表を、簡単に作成することができる。面接官は、まとめ表の記載が回答者の説明に沿った順番できちんと並んでいるかをチェックする。このまとめ表は、回答者の答えを図示化したものであると同時に、面接官が回答者の思考プロセスをたどりやすくする役割も果たす。回答者は、このまとめ表を作成した後に、それを面接官に示しながら、自分の思考プロセスを説明することが求められる。

価格設定	3ドル
市場規模	10百万ダウンロード
損益分岐点	333,333ダウンロード
初年度の利益	14.5百万ドル

▶結論のまとめ

　ケースの最後を締めくくることになる結論のまとめは、沈黙の間をつくらずにスラスラと述べる必要がある。もし回答者が上に示したようなまとめ表を作成しているのであれば、それに対する説明こそが結論のまとめとなる。もし回答者がまとめ表を作成していないのであれば、理想的な結論の提示は、議論したことのすべてを繰り返すようなものではなく、問題の要点と、面接官に伝えたい重要なポイントを2つか3つ抽出して、1分から1分半でまとめられたものである。望ましい結論の例を以下に示す。

結論の例

　われわれに求められているのは、クライアントが新しく開発したアプリケーションに関して、4つの主要な戦略的ポイントを定めることです。分析の結果、1つめの価格設定については3ドル、2つめの市場規模は年間10百万ダウンロード、3つめの損益分岐点は333,333ダウンロード、4つめの初年度における期待利益は14.5百万ドルという結論を得ました。この分析どおりの数字を達成できれば、クラ

イアントの新しいアプリケ　ションは大きな利益を生むビジネスとなります。

　回答者がこの問題で良い評価を得るためには、以下の点が満たされている必要がある。

- 最初に問題の要点をまとめるとともに、問題で触れられていること以外にクライアントの目的や目標がないかを確認している。
- 分析内容をまとめた表を作成している。
- 数字の計算を正確に行っている。
- （特に市場規模の推定で）合理的な仮説を立てながら、情報を見やすく整理したメモを取っている。
- 最も重要なポイントを抽出して簡潔に結論をまとめている。

✤ 筆者コメント：
- 私がこのケースを出題したとき、価格設定の分析から始めた学生はごくわずかであり、市場規模の推定から始めようとする人がほとんどだった。それ自体に問題はないが、多数の志願者の中で自分を際立たせるためには、ほかの人とは異なるアプローチが有効となる。新規商品開発のシナリオ（特に、この問題のように、まだ直接的な競合品が存在しない場合）では、価格設定を最初に分析することを心掛けておくとよいだろう。

玩具オンラインショップ
—— 物流機能のアウトソーシング

▶ われわれのクライアントは、米国内で玩具のオンライン販売を行っている企業である。彼らは現在、ボストンの郊外に営業倉庫を１つ借りており、玩具のメーカーから購入した商品を倉庫へ搬入し、売れた商品をFedEx便で顧客のもとへ配送している。彼らは、自社で営業倉庫を持たずに、物流機能をアマゾンなどの外部企業にアウトソーシングすべきか否かの分析をわれわれに求めている。クライアントからの要求は、大きく２つに分かれる。１つは、物流機能をアウトソーシングすることのメリットとデメリットを整理することであり、もう１つは、物流機能のアウトソーシンがクライアントの業績にどのような影響を与えるかの試算を行うことである。

▶ パートナーへのガイダンス

　回答者が最初に問題の要点を整理して、クライアントの目的を確認しているかをチェックする。また、回答者は、問題文に明記されていること以外にクライアントの目的や目標がないかも確認すべきである（この場合、面接官からは、「いいえ、ありません」と答える）。回答者の中には、要点を表形式にしてメモ用紙に書く人がいるかもしれないが、これは必ずしも必要なものではない。表は、物流機能をアウトソーシングすることのメリットとデメリットを整理したものや、クライアントの業績に影響を与える項目の計算結果をまとめたものになるだろう。

　回答者は、自分の考えを整理するための時間を面接官に求めてから、最初にアウトソーシング化のメリットを説明し、その後にデメリットを説明すべきである。もし回答者が考えを整理しないまま、１つのメリットやデメリットを長々と話し続けようとした場合には、発言をさえぎって、「わかりました。ほかに考えられることは何ですか？」と尋ねること。面接官のさえぎりに対して、回答者がすぐに軌道修正してほかのメリットやデメリットを挙げることができるかどうかは、チェックすべき点である。また、クライアントは玩具を販売しているので、注文の大半がクリスマス前の11月と12月の２か月間に集中するということに、回答者

は気がつく必要がある。この問題では、1月から10月までの10か月間は、倉庫の3/4が空いた状態になっているものとする。

　以下に、回答者が指摘すると予想される、アウトソーシング化のメリットとデメリットを列挙する。回答者がこれらのポイントを見落としている場合は、面接官からヒントを与えてもかまわない。

アウトソーシング化のメリット	アウトソーシング化のデメリット
倉庫の賃借料や、配送担当の従業員の人件費を削減できる。現在は10か月間も倉庫の3/4が空いた状態になっているので、これらは明らかに無駄なコストとなっている。	外部の配送業者に支払う各種手数料は、今よりも高くなる可能性がある。
営業倉庫の管理に頭を悩ませる必要がなくなり、クライアントが最も得意とするマーケティング機能の強化に集中できる。	顧客の要望に合わせて包装をカスタマイズするなどの、きめ細かなサービスができなくなる。アマゾンを起用した場合、商品はアマゾンの箱で配送されるので、クライアントのブランド認知度が低くなる。
外部の配送業者は米国内に倉庫を複数所有していると思われるので、顧客への配送期間が短縮化され、配送にかかるコストも安く上がる。このメリットは、事業規模が拡大するにつれて大きくなる。	アウトソーシング化に失敗したときのリスクが大きい。営業倉庫はすでになく、配送を担当する従業員も解雇しているので、より条件の良い別の配送業者を見つけなければならないが、これはそう簡単なことではない。特に、繁忙期の期間は、代替の配送業者を見つけることはほぼ不可能である。
11月と12月の繁忙期に配送業務を行う季節労働者を短期間雇い、数か月後に解雇するという、煩雑な業務を行う必要がなくなる。	現在、顧客に請求している配送手数料（以下の関連データを参照）がなくなるので、利益の一部が減ることになる。

▶関連データ

　回答者がアウトソーシング化のメリットとデメリットを列挙した後で、2つめの課題（アウトソーシング化がクライアントの業績に与える影響の試算）を行うためのデータとして、以下の情報を回答者に提示する。ここでは、アウトソーシングする配送業者としてA社を選んだものとする。

- 1月～10月の出荷数：1日当たり250注文を出荷。1か月の営業日数は20日。

- 11月と12月の出荷数：1日当たり2,000注文を出荷。1か月の営業日数は20日。
- 平均販売単価：1注文当たり20ドル
- 営業倉庫の賃借料、水道光熱費、補修費用：年間75,000ドル
- 営業倉庫の損害保険料：年間9,000ドル
- 配送担当の従業員（4名）にかかる人件費：年間200,000ドル（4名分の合計）
- 繁忙期（11月と12月）に一時的に雇用する季節労働者にかかる人件費：雇用者数＝30名、時給＝10ドル、1日の労働時間＝8時間、月間労働日数＝20日、雇用期間＝2か月
- 顧客に請求している配送手数料：1出荷当たり1ドル（クライアントにとっての利益要因）
- A社に支払う倉庫スペース利用料：1m³当たり0.45ドル、1月〜10月の使用倉庫スペース＝10,000m³、11月〜12月の使用倉庫スペース＝100,000m³
- 商品が返品された場合にA社へ支払う在庫保管費用：1商品当たり2ドル、商品の返品率＝3％
- A社へ支払う配送手数料：1出荷当たり1ドル

　面接官が上記の情報を提示している間、回答者がメモ用紙にわかりやすく書きとめているかをチェックすること。回答者は、計算をしている間も、どのような考えに基づいて計算しているかの思考プロセスを面接官に説明する必要がある。

- 年間の出荷数：
  - 1月〜10月の出荷数＝250出荷/日×20日/月×10か月＝50,000出荷
  - 11月〜12月の出荷数＝2,000出荷/日×20日/月×2か月＝80,000出荷
  - 年間の出荷数＝50,000出荷＋80,000出荷＝130,000出荷

- 年間の売上高：130,000出荷×20ドル/出荷＝2,600,000ドル

- 現在（自社物流）の年間物流関連コスト：
  - 配送担当者の人件費：200,000ドル
  - 季節労働者の人件費：30人×10ドル/時間×8時間/日×20日/月×2か月＝

96,000ドル

- 営業倉庫の賃借料、水道光熱費、補修費用：75,000ドル
- 営業倉庫の損害保険料：9,000ドル
- 年間物流関連コスト合計：200,000＋96,000＋75,000＋9,000＝380,000ドル
- 年間の配送手数料収入：1ドル/出荷×130,000出荷/年＝130,000ドル
  ※クライアントは顧客から1ドルの配送手数料を得ており、これはクライアントの利益要因となるので、実質的な物流関連コストを計算する際は、この収入分を差し引く必要がある。
- 実質的な年間物流関連コスト合計：380,000－130,000＝250,000ドル

- A社にアウトソーシングする場合の年間物流関連コスト：
  - 1月〜10月の倉庫スペース利用料：0.45ドル/m³×10,000m³×10か月＝45,000ドル
  - 11月〜12月の倉庫スペース利用料：0.45ドル/m³×100,000m³×2か月＝90,000ドル
  - 返品商品の在庫保管費用：2ドル/返品数×130,000商品×3％（返品率）＝7,800ドル
  - 配送手数料：1ドル/出荷×130,000出荷＝130,000ドル
  - 年間物流関連コスト合計＝45,000＋90,000＋7,800＋130,000＝272,800ドル

現在の自社物流のほうが、アウトソーシングを行うよりも年間コストが22,800ドル安いという計算結果になるが、クライアントがどちらの選択肢をとるべきかを決める際には、コスト以外の要素も総合的に考慮して判断しなければならない。面接官は、回答者にどちらの選択肢をとるかを必ず決めさせること。

回答者がどちらの方法を選ぶにせよ、面接官は、「私はあなたの考えが間違っていると思います。なぜなら……」と返してほしい。各選択肢に対する「なぜなら……」の後に続く反論は、以下のとおりである。

回答者が自社物流を選んだ場合の反論

- 物流関連コストが22,800ドル安いとしても、これは年間売上高（2,600,000ドル）の１％にも満たず、影響は微々たるものにすぎない。

- 物流をアウトソーシングすれば、クライアントは商品のマーケティング機能強化に集中できるので、今よりも商品の販売数が増えることとなり、コストの差額分程度は十分埋め合わせることができる。

- アウトソーシングを行う場合にＡ社へ支払う１ドルの配送手数料は、顧客への販売価格に転嫁して埋め合わせることができる。これができれば、物流コストはアウトソーシングしたほうが安くなる。

- 繁忙期の期間はクリスマス・キャンペーンで配送手数料を無料とすることが業界の慣習となってきているので、クライアントは現在顧客に請求している年間130,000ドルの手数料のうち、繁忙期を対象とする80,000ドル分が失われる可能性がある。

- アウトソーシング化が失敗した場合のリスクが大きいと考えるのであれば、最初の１年間は配送業者を２社選定して、１年後によりパフォーマンスが良かった配送業者を選択するという方法が考えられる。配送業者を２社に分けることで、ボリューム・ディスカウントは受けられなくなるかもしれないが、最初から１社に絞って失敗した後にほかの配送業者へ乗り換えるよりも、結果的にコストは安く抑えられる可能性がある。

回答者がアウトソーシング化を選んだ場合の反論

- 自社物流のほうが、顧客の要望に応じたカスタマイズ・サービスを提供したり、商品の配送日時を自社で選定できるなど、物流管理の自由度が大きい。また、ブランド認知度も維持できる。

- 現在、１月から10月の10か月間は3/4が空いている営業倉庫のスペースを、収益を生むような形で利用することが考えられる。たとえば、繁忙期を除く期間に売上げが集中するような商品を扱っているほかの企業に営業倉庫の空きスペースを賃貸して、賃貸料収入を得ることや、この企業の配送業務までも請け負って、配送手数料も追加で得ることなどが考えられる。

面接官が上記の反論を挙げながら、回答者の考えは間違っていると言ったときに、回答者がどのような反応を示すかをチェックしてほしい。回答者は、面接官の反論を冷静に受け止めつつも、巧みに自己弁護を図ることができたのか、面接官に反論されてすぐに自分の考えを変えたのか、それとも感情的に反応して怒りだしてしまったのか？（当然ながら、最初の反応が望ましい）

回答者がこの問題で良い評価を得るためには、以下の点が満たされている必要がある。

- 数字の計算を正確に行っている。
- 自分なりの仮説を立てながら考えている。
- 重要な情報を見やすく整理したメモを取っている。
- 結論を簡潔にわかりやすくまとめている。
- 面接官からの反論に対して冷静に対処し、うまく自己弁護を図っている。
- 22,800ドルのコスト差のみならず、大局的な観点も考慮に入れて、どちらかの選択肢を選んでいる。
- A社に支払う配送手数料は、顧客に転嫁できる可能性もあることを指摘している。
- 繁忙期は顧客へ請求する配送料を無料とすることが一般的なトレンドとなっており、それがクライアントの利益にどのような影響を与えるかを指摘している。
- 営業倉庫の空きスペースをほかの用途に有効活用する方法について述べている。

✦ 筆者コメント：
- 私はこのケースを200人以上の学生に出題したが、以下のアイデアを思いついた人はごくわずかだった。
  - 最初の1年間は配送業者を2社選定してアウトソーシングを行う：1人
  - A社に支払う配送手数料は顧客に転嫁できる可能性がある：1人
  - 営業倉庫の空きスペースをほかの用途に有効活用できる：4人
  - 配送料の無料化が一般的な慣習となっており、クライアントの利益にネガティブな影響を与える可能性がある：ゼロ

キッチン用家電製品メーカー
—— 新商品の戦略分析

▶ われわれのクライアントは、キッチン用家電製品メーカーのK社である。最近、家電業界の専門家がK社の商品を「凡庸で面白みに欠ける」と評する記事を発表したことに伴い、K社の株価は34ドルから30ドルへ下落した。K社のCEOは、社内の製品設計部門に主力商品の刷新を命じるとともに、大学の寮生を顧客ターゲットとした、小型の冷蔵庫と電子レンジが一体化した製品の開発を検討している。

▶ われわれに求められているのは、この新製品に対する市場規模の推定と、価格設定、期待される利益の算定である。

▶ パートナーへのガイダンス

　回答者が最初に問題の要点を整理して、クライアントの目的を確認しているかをチェックする。この問題では、回答者は株価の下落を比率（%）で言い換えることが望ましい（下落率は12%）。また、回答者は、問題文に明記されていること以外にクライアントの目的や目標がないかも確認すべきである（この場合、面接官からは、「いいえ、ありません」と答える）。

　回答者がこの問題に答えるために、どのような質問をしてくるかをチェックしてほしい。P.315に示すまとめ表に記載されている項目のすべてを聞いてくることが理想的だが、そこまでできる回答者はほとんどいないと思われる。回答者がこれらの項目について質問をした場合は、まとめ表に記載されている情報を与えるとともに、質問から漏れている項目については、回答者にさりげなくヒントを与え、彼らがヒントを活かして適切な質問をしてきたら、情報を与えてほしい。まとめ表では全部で8つの項目が挙げられているが、これらすべての項目について、回答者と議論する時間を設けること。また、面接官は、この問題に対して唯一の正解は存在しないということも認識しておくべきである。面接官が最も注意深く見るべき点は、プレッシャーがかかる状況において、回答者がどのように考

え、どのように面接官とコミュニケーションを図っているかである。

　回答者が、自分の考えをどのようにメモ用紙にまとめているかも、チェックすべき非常に重要なポイントである。回答者は、まとめ表と同様のものをメモ用紙に書きとめていることが望ましい。このような表は、回答者と面接官の議論をスムーズに進めることに役立つ。回答者は、数字の計算や考慮すべきポイントをまとめながら、この表を埋めていく。表が完成したら、回答者はそれを面接官に示しながら、自分の考えを整理して説明する。この説明こそが、この問題に対する回答者の結論となる。もし、回答者がメモ用紙に表を書きとめていなかったら、議論の最終段階でまとめの表を回答者に見せてほしい。

　回答者が最初に問題の要点とクライアントの目的を確認した後は、面接官から「何について知る必要がありますか？」と尋ねることから議論を開始する。

市場規模の推定に関するポイント

- これは、人口数をベースに市場規模の推定を行う、基本的なタイプのものである。
- 米国の人口を320百万人、平均寿命は80歳、各年齢の人口数は同じと仮定する。すわなち、各年齢の人口数は４百万人となる。
- 大学生に該当する年齢は、18歳から22歳までの５年と仮定すると、この年齢の人口数は20百万人となる。このうち、約4割の人が大学に通うと仮定すると、大学生の数は８百万人となる。つまり、１年生から４年生まで各２百万人がいることになる。
- 大学に入ったばかりの１年生は、ほぼ全員が大学の寮に入り、学年が進むにつれて寮から出る人が増えると仮定する。また、１年生の寮生はルームメートがいることが一般的なので、１部屋に２人住むと仮定すると、クライアントの新製品の潜在的な顧客ターゲットは１年生で１百万人となる。
- ２年生から４年生に関しては、寮を出ていく人が増える一方で、クライアントの新製品を購入してから１年間は寮で使い続けるであろうという点なども考慮して、各学年の顧客ターゲットは１百万人と仮定する。
- 上記に加えて、学生個人ではなく大学が、クライアントの新製品を購入するぶん

も加算する。大学はこの商品を購入して、学生にレンタルすることが考えらえる。このぶんも考慮して、クライアントの新製品に対する需要（市場規模）は年間2百万台と推定する。

- 市場規模の推定で重要なのは、回答者がどのような思考プロセスを経ているかという点であり、結果として出てくる数字自体はそれほど重要ではない。この問題では、回答者がどのような数字を出そうとも、年間の販売数が2百万台であるという前提で（回答者の答えを2百万台に修正して）先の議論を進めてほしい。

競合品と製品の差別化に関するポイント

- 回答者が競合品について質問してきた場合は、どの競合品も見た目や性能は似たり寄ったりであることを伝えたうえで、クライアントはどのように新製品の差別化を図るべきかを質問する。この質問に対する回答としては、電気消費量が少なく、若者に受けそうなデザインが優れた製品などが考えられる（まとめ表も参照のこと）。

回答者が検討すべき項目のまとめ表

回答者が検討すべき項目	面接官が提示する情報・チェックすべき項目
市場規模	年間販売台数＝2百万台
競合品・製品差別化	競合品は現在3機種販売されており、店頭販売価格は300ドルから350ドルとなっている。クライアントの新製品は4番目に販売されるモデルであり、外観のデザインが競合品に比して優れている。
新製品の製造コスト	1台当たり150ドル
価格設定	価格を設定するに際して、回答者は以下の点を考慮に入れる必要がある。(1)製造コスト、(2)競合品の価格、(3)顧客がいくらまでなら支払う意志があるか。なお、店頭販売価格には小売業者のマージン20％が含まれているので、クライアントの利益を計算するときには、このマージン分を除いた小売業者への販売価格とコストの差で計算する必要がある。回答者には、製品を小売業者経由で販売するか、小売業者を介さずに大学へ直接販売するかを選択させる。後者の直接販売の場合、大学はできるだけ長い期間製品を使用し続けようとするので、年間の販売数量は前者（小売業者経由）よりも少なくなるという点を、回答者は理解しなければならない。

期待マーケットシェア	新製品がどれくらいのマーケットシェアを取れるかは、価格設定をいくらにするかによる。1つの目安として、初年度のマーケットシェアは最大でも10%程度であり、それ以上のシェアはありえないと考えるべきである。
期待利益	期待利益がいくらになるかは、販売価格とマーケットシェアをどう設定するかで決まる。
競合からの反応	クライアントの新製品導入に対して、競合がどのように対抗してくるかを考える必要がある。価格競争に陥らないか？　競合が新しいデザインの製品を導入してこないか？　顧客を囲い込むために、長期契約の形態にすることはできないか？
その他	新製品はクライアントの既存製品とカニバリゼーションを起こすことにならないか？（回答は「カニバリゼーションは起きない」）　学生や大学以外に、この製品を販売することはできないか？（老人ホーム、病院など）

　回答者は、上記の項目を総合的に考慮したうえで、クライアントが新製品を開発すべきか否かを判断する。なお、回答者は、表に記載した項目とほぼ同じ順番で分析を進める必要がある。表に書いたとおり、販売価格をいくらにするかを決めなければ期待マーケットシェアが決まらないし、マーケットシェアが決まらなければ、期待利益を計算することができないからだ。回答者が全体像を見失わずに、上記の項目が互いに関係しあっていることを理解しているかをチェックしてほしい。

▶結論のまとめ

　ケースの最終段階で、回答者に結論のまとめを求める。最も望ましい結論のまとめ方は、まとめ表を使いながら、重要なポイントを整理して説明することである。ただし、すべての回答者がまとめ表を作成することを期待してはならない。むしろ、きちんとまとめ表を作成している回答者は少数派であり、大きなボーナスポイントを与えよう。まとめ表を作成しているか否かにかかわらず、回答者は結論のまとめを求められたら、沈黙の間をつくらずにスラスラと述べる必要がある。良い結論の提示は、議論したことのすべてを繰り返すようなものではなく、問題の要点と面接官に伝えたい重要なポイントを2つか3つ抽出して、1分から1分半でまとめられたものである。

回答者がこの問題で良い評価を得るためには、以下の点が満たされている必要がある。

- 最初に問題の要点をまとめるとともに、問題で触れられていること以外にクライアントの目的や目標がないかを確認している。
- 数字の計算を正確に行っている。
- 分析内容をまとめた表を作成している。
- まとめ表を使いながら、最も重要なポイントを抽出して、簡潔に結論をまとめている。

✦筆者コメント：

- 面接官は、回答者が例として示したものと同様のまとめ表を作成しているか、また、表に記載された項目とほぼ同じ順番で情報を整理しているかをチェックしてほしい。
- 学生以外にも、大学自体が顧客の対象となることを回答者は理解していたか？　顧客の属性を考えると、電気消費量が少ない製品が魅力的に映るということに気がついたか？
- 私自身が面接官の役を行うときは、競合からの対抗策で価格競争に陥るリスクを、回答者が指摘するかどうかにも注目している。もし回答者がこの点を指摘した場合、私は学生に対して、価格競争の議論には深入りしすぎないように注意している。競合の対抗策として考えられる項目のうち、価格競争は誰もが思いつくありふれたものであり、多くの戦略コンサルティング・ファームは加点要素として考えないからである。

工業用原料メーカー
—— 車両用防弾ガラス市場への参入分析

▶ われわれのクライアントは工業用原料メーカーである。彼らは、車両用の防弾ガラス市場への参入を検討しており、使い捨ての防弾ガラスを開発した。この防弾ガラスは、競合品に比べて重量が軽く、製造コストも安いという強みがある。このことが噂で広まり、クライアントの株価は15ドルから18ドルへ上昇した。彼らはわれわれを起用し、全世界における車両用防弾ガラス市場規模の推定と、価格設定をいくらにするか、生産工場の立地をどこにするか、そしてこの市場に参入すべきか否かの判断を求めている。

▶ パートナーへのガイダンス

　回答者が最初に問題の要点を整理して、クライアントの目的（市場規模の推定、価格設定、工場の立地選択、参入可否の判断）を確認しているかをチェックする。なお、回答者は株価の上昇を３ドルという金額ではなく、20%という値上げ率で言い換えることが望ましい。また、回答者は、問題文に明記されていること以外に、クライアントの目的や目標がないかも確認すべきである（この場合、面接官からは、「いいえ、ありません」と答える）。回答者は問題の要点とクライアントの目的を確認した後に、少し時間を取って自分の考えを整理する必要がある。回答者がメモ用紙に右ページのような論理構造図を書いていれば理想的である。

　この問題は新規商品開発のシナリオなので、回答者はクライアント自身と市場に関する分析を行った後で、市場規模の推定を行う前に、価格設定を分析するアプローチが良い。

〈問題〉
工業用原料メーカー
車両用防弾ガラス市場への参入

市場規模の推定
価格設定
工場の立地
参入すべきか否か

〈自社〉
● 売上高の規模
● 商品構成
● 成功の判断指標・目標値

〈市場〉
● 主要企業・マーケットシェア
● 参入障壁

商品の差別化状況 ← 優位性 ── 軽量・安価
                   価格設定 ── 競合品との比較
                               コストベースの価格設定
                               価値ベースの価格設定

〈工場の立地〉
● 既存の工場立地
● サプライチェーン分析
● 原材料の調達地
● 労働力の確保
● 輸送の容易さ
● 顧客分布

▶関連データ

　回答者が質問をしてきたときに役立つ情報を、以下に列挙する。もしこれ以外の質問をしてきた場合は、「それはこの問題に関係ありません」と答えればよい。逆に、回答者が以下に挙げる項目について質問をしてこなかった場合は、面接官からそれとなく投げ掛けるようにする（たとえば、「市場の参入障壁については、どのように考えますか？」など）。回答者の思考プロセスは注意深くチェックしてほしい。理想的には、以下に記す順番に沿って、自社分析、市場分析、価格設定、市場規模の推定、工場の立地選択、参入可否の判断と参入方法の選択を行っていくことが望ましい。多くの回答者は市場規模の推定から取り組もうとする傾向があり、それ自体はかまわないのだが、最適な手順ではない。

自社に関するデータ

- **売上高の規模**：年間売上高は150億ドル。すべてB2B（企業間取引）の売上げ。
- **商品構成**：テレビの液晶パネル、ソーラーパネル、半導体、防弾壁、建物用の防弾ガラス。自動車産業向けの既存商品はなし。
- **開発した防弾ガラスの特許**：特許を取得している。

- **成功の判断指標・目標値**：参入後3年以内に10%以上のマーケットシェアを獲得する。

市場に関するデータ

- **主要企業とマーケットシェア**：競合は4社。各社ともにマーケットシェアは25%。4社中2社は大企業の一部門が製造しており、残り2社は相対的に小規模の専業メーカー。4社の過去5年間における年間売上高成長率は10%。
- **競合品との差別化**：クライアント製品の特徴は、軽量、安価、使い捨てであること。ほかに使い捨ての防弾ガラスを製造している競合は存在しない。使い捨てであることは弱みでもあり、1回防弾に使用すると、ガラスが変質して防弾機能が低下してしまう。
- **参入障壁**：各車両メーカーや正規ディーラーとのOEM契約（車両に搭載する製品の委託生産契約）を正式に結ぶには、最低4年間の製造実績が必要となる。OEMによる販売が全市場の80%を占め、残り20%はアフターマーケットでの販売である（アフターマーケットは自動車業界用語の一種であり、正規ディーラーを通さない非正規・非純正品を扱う市場を指す。具体的には、中古車ディーラーや解体業者、カスタム・チューニングショップなどを介した販売市場）。

  ※**注意**：全市場の80%を占めるOEM（委託生産）による販売は、最低でも4年後にならないと実現しないので、クライアントが参入後3年以内に全市場ベースで10%以上のマーケットシェアを獲得するためには、アフターマーケットで50%以上のシェアを占める必要があるが、これはM&Aを行わない限り、非現実的な達成目標である。

価格設定に関するデータ

- **競合品の価格**：1平方フィート（約0.09m²。1フィート＝約0.3m）当たり400ドルから450ドル。競合各社の製造コストは、推測ベースで1平方フィート当たり300ドル。
- **コストベースの価格設定**：クライアントの製造コストは1平方フィート当たり250ドル。車両1台当たりの防弾ガラス使用面積は25平方フィート。

- **価値ベースの価格設定**：顧客はクライアントの製品に競合品よりも高い価格を支払うかどうかを考える。軽量であることは、使いやすいうえに、車の燃費が良くなるという利点もある。一方で、防弾ガラスを購入する顧客は、価格が安いということよりも、性能が最も優れていることを重視すると考えられ、価格に対してはそれほど敏感ではないと想定される。

市場規模の推定に関するデータ

　防弾ガラス車両の主な顧客は、軍隊、大企業、政府、著名人などが考えられる。
　まずは、いくつかの仮定を置きながら米国の市場規模を推定して、それをもとに全世界の市場規模を試算するのが、最善の方法である。また、総市場はOEM市場（新車市場）とアフターマーケット市場（中古車市場）に分けて考える必要がある。

- 米国における全車両のうち、防弾ガラスを搭載している車両の割合を1%と仮定する。
- 米国の車両台数は、全世界の車両台数の10%を占めると仮定する。
- 米国の車両台数を、世帯ごとに分けて考える。
  - 米国の人口数は320百万人、世帯数は100百万世帯と仮定する。
  - 全世帯を所得層別に分類して、仮定を置きながら所得層ごとの車両所有台数を試算する（以下のような表を作成する）。

所得層	世帯数	各世帯の 車両所有台数	車両台数計
高所得	10百万世帯	3台	30百万台
中間所得	60百万世帯	2台	120百万台
低所得	30百万世帯	0.5台	15百万台
合計	100百万世帯		165百万台

- 上記より、米国の全車両台数は165百万台と試算される。これに、軍隊、タクシー会社、レンタカー会社、政府などの、家庭以外で所有されている車両の台数を加算する。ここでは、細かいセグメントごとに車両台数を計算する必要まではなく、

家庭以外の車両所有台数をひとまとめにして、計算しやすい数字を用いてかまわない。たとえば、家庭以外の車両所有台数を35百万台と仮定すると、米国の全車両台数は200百万台となる。

- 車両の平均使用期間を10年と仮定すると、米国の年間当たり車両販売台数は20百万台と試算される。
- 防弾ガラスを搭載している車両の割合を1%とすると、米国の年間当たり防弾車両販売台数は0.2百万台となる（新車市場＝OEM市場の規模）。
- 新車以外の中古車は180百万台となり、このうち防弾ガラスを搭載している車両は180百万×1%＝1.8百万台となる（中古車市場＝アフターマーケット市場の規模）。
- 上記を合わせると、米国における防弾車両台数は2百万台となる。
- 米国の車両台数は、全世界の車両台数の10%を占めると仮定すると、全世界の防弾車両台数は20百万台と試算される。

> **※注意**：回答者が実際に答える数字は上記と大きく異なるかもしれないが、計算過程における仮定の置き方やロジックがしっかりしていさえすれば、数字の違い自体は問題にならない。

生産工場に関するデータ

生産工場の立地を決めるにあたっては、回答者はいくつかの質問をする必要がある。主な質問は、クライアントは現在どこに生産工場を持っているのか？　車両用防弾ガラスの地域別売上高はどうなっているのか？　主要顧客はどこに存在しているのか？　などである。

- クライアントは現在、アイルランド、ドイツ、イスラエル、米国、ブラジルに工場を持っており、防弾壁や建物用の防弾ガラスをアイルランド工場で製造している。

このほかにも、回答者はサプライチェーンの分析や、原材料の調達地、労働力の確保、輸送のしやすさ、顧客の分布状況などを考慮する必要がある。

- OEM（委託生産）の契約相手は、デトロイト、東京、ベルリン、サウスカロライ

ナに所在している。

- 競合4社のうち、相対的に小規模な2社のいずれかを買収することも、検討の余地がある。もし買収が可能であれば、その買収先が保有している生産工場の余剰生産能力を活用することができる。
- 車両用防弾ガラスの地域別売上高：中近東＝35％、南米＝25％、アジア＝20％、米国＝10％、その他地域＝10％。

市場への参入方法

回答者は、クライアントが車両用防弾ガラス市場に参入すべきか否かの判断を行うにとどまらず、参入する場合の方法についても検討しなければならない。

ここで回答者が競合4社のうち、相対的に小規模な2社のいずれかを買収することを、検討するかどうかをチェックしてほしい。特に、買収候補となる競合がOEM契約をすでに結んでいるかどうかは、非常に重要なポイントである。クライアントがOEM契約を結べるようになるまでには4年かかるが、すでにOEM契約を結んでいる競合を買収できれば、市場参入後3年以内に10％以上のマーケットシェアを獲得するというクライアントの目標は、一気に現実味を帯びてくる。競合各社はマーケットシェアを25％ずつ占めているからだ。

市場へ新規参入する際の方法を、以下に4つ挙げる。回答者は、これら4つの選択肢それぞれについて、そのメリットとデメリットを検討する必要がある。

- 自社のみで、一からすべての仕組みを構築する。
- 競合他社を買収する。
- 他社とジョイント・ベンチャーを設立する。
- 競合4社のすべてに対して、製造の下請先となる（競合4社のアウトソーシング先となる）。

まとめ表の作成

回答者は、問題が出題されて4つの課題が与えられたことを理解した後で、メモ用紙にまとめ表を作成することが望ましい。このまとめ表は、回答者がケース

の最終段階で結論を提示する際の手引きとなる。回答者は、議論の進行に合わせてこの表を埋めていき、表が完成したら、それを面接官に示しながら、自分の考えを整理して説明する。この問題に対するまとめ表の例を以下に示す。回答者はこれとは異なる表を作成するかもしれないが、ロジックがしっかりとしたものであれば、表の形式自体は問題とならない。

市場規模	20百万台
価格設定	500ドル/１平方フィート
工場の立地	アイルランド
市場参入可否	参入する

▶ 結論のまとめ

ケースの最終段階で、回答者に結論のまとめを求める。回答者は、ここで沈黙の間をつくらずに、自分の考えを整理しながらスラスラと述べる必要がある。良い結論は、議論したことのすべてを繰り返すようなものではなく、問題の要点と、面接官に伝えたい重要なポイントを２つか３つ抽出して、１分から１分半でまとめられたものである。もし回答者が上に示したようなまとめ表を作成しているのであれば、それに対する説明こそが結論のまとめとなる。

ほとんどの回答者は、クライアントが市場に参入すべきと判断するものと思われるが、この問題で私が特に注意して見ているのは、回答者が競合の買収について検討しているかどうかと、買収した場合のマーケティング戦略や生産工場の立地選択をどのように考えているか、という点である。

回答者がこの問題で良い評価を得るためには、以下の点が満たされている必要がある。

- 最初に問題の要点をまとめるとともに、問題で触れられていること以外にクライアントの目的や目標がないかを確認している。
- 自社分析から市場参入の可否判断まで、適切な順番に沿って問題解決までの論理

構造を組み立てている。

- 的確でポイントを突いた質問を行っている。
- 数字の計算を正確に行っている。
- 重要な情報を見やすく整理したメモを取っている。
- 分析内容をまとめた表を作成している。
- 最も重要なポイントを抽出して、簡潔に結論をまとめている。

✤**筆者コメント：**
- 私がこの問題で主にチェックしているのは、以下のポイントである。
  - 回答者は、面接官が持っている情報をすべて引き出すような質問をしたか？（重要な情報を聞き漏らさなかったか？）
  - 問題で聞かれていることのすべてに対して、きちんと答えたか？
  - 市場への参入可否判断のみならず、参入方法についても検討したか？
  - 市場規模の推定をスムーズに計算できたか？　計算の途中で思考停止に陥らなかったか？
  - メモ用紙にまとめ表を作成したか？

製薬会社
—— 新薬の販売戦略分析

▶ われわれのクライアントは、ジョンソン&ジョンソンのような、巨大な製薬会社である。彼らは、「スタチン・ブルー」という名前の、新しいコレステロール低下薬を開発した。スタチン・ブルーは低価格帯のセグメントを対象としており、その効能は一般的なコレステロール低下薬に比べると低い。クライアントは、この新薬を街中の薬局でも購入できる市販薬として販売するか、医師の処方箋が必要な処方薬として販売するかの、いずれかを検討している。クライアントがわれわれに求めているのは、以下の項目である。

- スタチン・ブルーを市販薬市場で販売するか、処方薬市場で販売するかの決定。
- 各市場における、損益分岐点（顧客数ベース）の算定。
- 各市場における、期待利益の算定。
- 各市場に参入する場合のメリットとデメリットの列挙。

▶パートナーへのガイダンス

　回答者が最初に問題の要点を整理して、クライアントの目的（参入市場の決定、顧客数ベースでの損益分岐点の算定、期待利益の算定、各市場に参入する場合のメリットとデメリットの列挙）を確認しているかをチェックする。また、回答者は、問題文に明記されていること以外に、クライアントの目的や目標がないかも確認すべきである（この場合、面接官からは、「いいえ、ありません」と答える）。この確認が終わった後は、各市場に参入する場合のメリットとデメリットの列挙から、回答者に答えさせるようにすること。

　回答者がメリットとデメリットを列挙する際に、自分の考えを整理するための時間を少し取ることを、面接官に求めているかをチェックする。この時間を取ることによって（長くても30秒から1分程度）、回答者は自分の頭に浮かんだ項目を、メモ用紙にどんどん書きとめていける。ただし、回答者が面接官に回答を説明する際には、市場ごとにメリットをすべて列挙してから、その次にデメリットを列

挙する必要があり、メリットとデメリットが行ったり来たりするような説明をしてはならない。

処方薬市場に参入する場合のメリットとデメリット

〈メリット〉

- 市販薬よりも価格を高く設定できる。
- 保険の対象となる。
- 効能が高いというイメージを患者に抱かせることができる。
- 薬を患者へ提供する人（薬剤師）に専門的な知識がある。

〈デメリット〉

- 競合との競争が非常に激しい（処方薬市場ではリピトール社（Lipitor）が49％のマーケットシェアを占めており、ドミナント企業として君臨している）。

市販薬市場に参入する場合のメリットとデメリット

〈メリット〉

- 顧客が薬を入手しやすい。
- 市場規模が大きい。
- マーケティングがしやすい。
- 会社のブランド認知を高めることができる。

〈デメリット〉

- 病状が進んでいる患者は、処方薬しか飲まない。
- 処方薬に比べて効能が低いというイメージを持たれる。

　回答者は、それぞれの市場に参入する場合のメリットとデメリットを列挙した後で、市場に関するいくつかの質問をする必要がある。回答者には、処方薬の市場から先に分析するように促してほしい。回答者が市場に関して質問すべき主な項目を、以下に示す。

- 主要なプレーヤーは誰か？
- 各プレーヤーのマーケットシェアはどうなっているか？

- 競合の製品は、スタチン・ブルーとどのような違いがあるか？
- 市場の参入障壁はあるか？
- クライアントはそれぞれの市場に対して、FDA（食品医薬品局：Food and Drug Administration）から許認可を取得しているか？

  ※**注意**：クライアントは、スタチン・ブルー以外のコレステロール低下薬は、製造していないものとする。

▶関連データ

自社に関するデータ
- 多種多様な医薬品を製造している巨大な製薬会社。
- 製品構成は、市販薬が50%、処方薬が50%。
- 市販薬と処方薬の双方に対して、流通・販売網を確立している。

処方薬市場に関するデータ
- 市場規模：米国の潜在的顧客数は14百万人。年間売上高は140億ドル。
- 保険が適用される場合は、患者は毎月15ドルの自己負担金を支払う。

市販薬市場に関するデータ
- 市場規模：明確なデータが手元にないので、市場規模を推定するしかない（後段で詳述する）。
- 1か月分の服用に必要な顧客の出費は15ドル。
- 保険は適用されない。

製品（スタチン・ブルー）に関するデータ
- リピトール製などの競合品に比べて、効能は低い。
- ほかのコレステロール低下薬と同様の副作用が生じるが、副作用の程度は相対的に弱い。副作用の症状は、筋肉痛、下痢、性機能障害、認知機能障害（アルツハイマー）、肝機能障害など。

製造コストに関するデータ

- スタチン・ブルーの製造コストは年間40百万ドル。これ以外の情報は回答に必要ないものとする。

価格に関するデータ

- クライアントがどちらの市場で販売する場合でも、最終消費者（患者・顧客）が支払う価格は変わらない。処方薬の場合も、市販薬の場合も、最終消費者が支払うのは月に15ドルである。

利益に関するデータ

- 処方薬市場で販売する場合、クライアントの利益は1瓶当たり20ドル。患者は月当たり1瓶、年間12瓶のスタチン・ブルーを服用する。つまり、患者1人当たりの利益は年間240ドルとなる。
- 市販薬市場で販売する場合、クライアントの利益は1瓶当たり5ドル。顧客は月当たり1瓶、年間12瓶のスタチン・ブルーを服用する。つまり、顧客1人当たりの利益は年間60ドルとなる。

処方薬市場の分析

以下に示す表を回答者に見せて、必要に応じて説明を加えること。

- コレステロール値が180未満の場合、きわめて健康体である。

コレステロール値	属性	処方薬市場に占める割合
250以上	きわめて重症 （スタチン・ブルーよりも強い薬を処方）	10%
220以上250未満	重症 （スタチン・ブルーよりも強い薬を処方）	80%
200以上220未満	軽症 （スタチン・ブルーのターゲット・セグメント）	10%
180以上200未満	健康 （定期的な運動と健康食品の摂取を推奨）	―
180未満	きわめて健康	―

- コレステロール値が180以上200未満の場合、一般的には健康体と判断されて薬の処方まではされないが、医師は患者に定期的な運動と健康食品（シリアルなど）の摂取を促す。
- コレステロール値が200以上220未満の患者が、スタチン・ブルーのターゲット顧客となる。このセグメントは、処方薬市場全体の10％を占める。ただし、クライアントが獲得できるのは、処方薬市場全体の4％のみと仮定する。つまり、処方薬市場におけるクライアントの想定顧客数は、14百万×4％＝0.56百万人となる。
- コレステロール値が220以上の場合は、医師はスタチン・ブルーよりも効能が高い薬を患者に処方する。
- スタチン・ブルーが開発される以前は、コレステロール値が210以上220未満の場合、医師はスタチン・ブルーよりも効能が高い薬を患者に処方していたが、この値の患者に対しては強すぎる面があり、副作用のリスクが高かった。

市販薬市場の分析

市販薬の市場規模は回答者自身が推定しなくてはならないが、ここはこの問題で最も難しい部分である。以下に、市場規模の推定プロセスの一例を示す。

- 米国の人口を300百万人とする。
- 健康保険に加入している人（処方薬の入手が可能な人）の割合を80％、健康保険に加入していない人（処方薬の入手ができず、市販薬を購入するしかない人）の割合を20％とする。
- 健康保険に加入している240百万人（300百万人×80％）のうち、コレステロール値に問題が見られる人の割合は約5％となる（14百万人÷240百万人＝5.8％。計算しやすいように数字を丸めて5％とする）。
- 健康保険に加入していない60百万人（300百万人×20％）のうち、コレステロール値に問題が見られる人の割合は同じく約5％とすると、3百万人（60百万人×5％）になる。しかし、健康保険に加入していない人は定期的な健康診断を受診しておらず、肥満率や心発作率が相対的に高いと考えられるので、1百万人を追加で加えることとする。

- 健康保険に加入しておらず、コレステロール値に問題があると思われる4百万人のうち、スタチン・ブルーを購入する意志がある人は、全体の25％に相当する1百万人と仮定する。健康保険に加入しない人たちは、はっきりとした効果が目に見えない薬に月15ドルを支払うよりも、ほかの出費を優先するのが大半だと考えられるからである。
- 上記の1百万人以外に、20歳から40歳の世代でスタチン・ブルーの購入対象となる人の数を加算する。これらの人たちは、現時点ではコレステロール値に問題がないとしても、両親や親戚に重症者がいる可能性がある。コレステロール障害は遺伝性があるため、仮に現在は症状が顕在化していなくても、近い将来に両親や親戚と同様の問題を抱える可能性が高く、一定数の人が未然にコレステロール低下薬を服用すると考える。
- 米国人の平均寿命は80歳で、世代ごとの人口は同じと仮定すると、20歳から40歳の人口数は75百万人（300百万人÷8世代×2）となる。
- 上記の75百万人のうち、両親や親戚に重度のコレステロール障害がある人の割合を5％と仮定すると、約4百万人（75百万人×5％＝3.75百万人。計算しやすいように数字を丸めて4百万人とする）となる。この4百万人のうち、未然防止目的でスタチン・ブルーを購入する意志がある人は、全体の25％に相当する1百万人と仮定する。
- 以上をまとめると、市販薬市場におけるスタチン・ブルーの潜在的な顧客数は、2百万人（既存症状がある1百万人＋未然防止目的で服用する1百万人）となる。

> ※注意：回答者が実際に答える数字は上記と大きく異なるかもしれないが、計算過程における仮定の置き方やロジックがしっかりしていさえすれば、数字の違い自体は問題にならない。

損益分岐点（顧客数ベース）の算定
- 処方薬市場の損益分岐点：40百万ドル（年間製造コスト）÷240ドル（患者1人当たりの年間利益）＝0.167百万人。
- 市販薬市場の損益分岐点：40百万ドル（年間製造コスト）÷60ドル（顧客1人当たりの年間利益）＝0.67百万人。

期待利益の算定

- 処方薬市場の期待利益：0.56百万人（想定顧客数）×240ドル（1人当たりの年間利益）＝134.4百万ドル。
- 市販薬市場の期待利益：2百万人（想定顧客数）×60ドル（1人当たりの年間利益）＝120百万ドル。

参入市場の決定

　上記の分析プロセスを経た後で、回答者は処方薬市場に参入するのか、市販薬市場に参入するのかの選択を行わなければならない。どちらが正しいという正解はないが、回答者は期待利益の大小だけではなく、その他の要因も総合的に考慮して参入する市場を決定する必要がある。

まとめ表の作成

　分析のプロセスを見やすい形で整理したまとめ表を作成することは、非常に重要である。ケースが出題された時点で、先の議論を見通して論点を並べたまとめ表のフォーマットをメモ用紙に書きとめれば、ほかの志願者より優位に立つことができる。複数の戦略的な選択肢を同じ指標で比較するようなケースの場合には、問題が出された直後にまとめ表のフォーマットを作成すべきである。回答者は、数字の計算や考慮すべきポイントをまとめながら、この表を埋めていく。

　まとめ表は、回答者の答えを図示化したものであると同時に、面接官が回答者の思考プロセスをたどりやすくする役割も果たす。表が完成したら、回答者はそれを面接官に示しながら、自分の考えを整理して説明する。この説明こそが、この問題に対する回答者の結論となる。一言で言うと、まとめ表は、実際に戦略コンサルタントがクライアントにプレゼンテーションを行う際の、最後のスライドに相当するものである。

　以下に、このケースが出題された時点で作成すべきまとめ表のフォーマットと、最終的に作成されたまとめ表の例を示す。

出題された時点のまとめ表フォーマット

	処方薬市場	市販薬市場
市場規模		
損益分岐点 （顧客数ベース）		
期待利益		
参入市場		

最終的に作成されたまとめ表

	処方薬市場	市販薬市場
市場規模	全体：14百万人 想定顧客数：56万人	全体：300百万人 想定顧客数：200万人
損益分岐点 （顧客数ベース）	約17万人	約67万人
期待利益	134.4百万ドル	120百万ドル
参入市場	○	

▶ 結論のまとめ

　ケースの最終段階で、回答者に結論のまとめを求める。回答者は、ここで沈黙の間をつくらずに、自分の考えを整理しながらスラスラと述べる必要がある。良い結論は、議論したことのすべてを繰り返すようなものではなく、問題の要点と、面接官に伝えたい重要なポイントを2つか3つ抽出して、1分から1分半でまとめられたものである。

　回答者がこの問題で良い評価を得るためには、以下の点が満たされている必要がある。

- 最初に問題の要点をまとめるとともに、問題で触れられていること以外にクライアントの目的や目標がないかを確認している。
- 数字の計算を正確に行っている。
- 分析内容をまとめた表を作成している。
- 合理的な仮説を立てながら、論理的に市場規模を推定している。
- 面接官との議論をスムーズに行っている。
- 重要な情報を見やすく整理したメモを取っている。
- 最も重要なポイントを抽出して簡潔に結論をまとめている。

✤ **筆者コメント：**
- 回答者がまとめ表を作成しているかどうかのほかに、私が主にチェックしているのは、以下のポイントである。
  - 回答者は、クライアントが参入した場合の、競合からの対抗策についても検討したか？
  - 両方の市場に参入する、という可能性についても検討したか？　この場合、どちらの市場へ先に参入すべきかも検討したか？
  - シナジー効果についての分析を行ったか？（考えられるシナジー効果＝既存の製造工場や流通・販売網を活用できる）

※回答者が重要な情報を整理して見やすいメモを取っているかは、特に注意して見てほしい。少なくとも、回答者は処方薬市場と市販薬市場に分けて、それぞれに関連する項目を整理する形（メモ用紙の真ん中に線を引いて分けたり、それぞれ別のメモ用紙に書きとめるなど）でメモを取るべきである。

飲料メーカー
—— ペットボトルを内製化すべきか否かの決定

▶ 昨年、米国では40億ガロン（約151億リットル。1ガロン＝約3.785リットル）のミネラルウォーターが購入された。われわれのクライアントは、1本0.5リットルサイズ換算で、10億本分の天然水を販売した飲料メーカーである。クライアントはこれまで、すべてのペットボトルをE社から1本5セント（1ドル＝100セント）で購入してきた。このペットボトルは、天然ガスと石油の合成物である、ポリエチレン・テレフタレート（PET）から製造されている。

▶ ここにきて、E社がペットボトルの価格を、1本当たり1セント値上げすると通知してきた。これは、クライアントにとって年間10百万ドルのコスト増を意味する（10億本×0.01ドル）。この通知を受けて、クライアントはペットボトルを自社で製造すること（内製化）を検討しはじめた。現時点で、クライアントはペットボトルを製造するために必要な経営資源（生産設備、人材、ノウハウ等）をまったく持っていない。クライアントのCFO（最高財務責任者）は、ペットボトルを内製化すべきか否かの分析と決定をわれわれに求めている。なお、クライアントが社内で定めているルールでは、新規投資に伴うコストメリットを2年以内に達成する必要がある。

▶ また、ペットボトルを内製化すべきか否かの決定と併せて、ミネラルウォーター市場におけるクライアントのマーケットシェアも計算してほしい（簡便化のために、1ガロン＝4リットルとして計算すること）。

▶パートナーへのガイダンス

　回答者が最初に問題の要点を整理して、クライアントの目的（ペットボトルを内製化すべきか否かの決定）を確認しているかをチェックする。また、回答者は、問題文に明記されていること以外に、クライアントの目的や目標がないかも確認すべきである（この場合、面接官からは、「いいえ、ありません」と答える）。この確認が終わった後に、回答者はクライアントのマーケットシェアを計算する段取りとなる。

マーケットシェアの計算

- **総市場（販売量ベース）**：40億ガロン×4リットル/ガロン＝160億リットル
- **クライアントの年間販売量**：0.5リットル/本×10億本＝5億リットル
- **クライアントのマーケットシェア**：5億÷160億＝0.03125＝約3％

内製化のメリットとデメリット

　回答者がマーケットシェアを計算し終わった後で、ペットボトルを内製化することのメリットとデメリットを聞くこと。回答者は、以下のような表を作成することが望ましい。

メリット	デメリット
コストを削減できる可能性がある。	失敗した場合のリスクが高い。
自社自身でコントロールしやすくなる。	必要な経営資源を持っていない。
ペットボトルを他社に販売できる可能性がある。	巨額の初期投資が必要となる。
	経済環境に大きく左右される。

　もし回答者がこれら項目のすべてを列挙しなくても、それを指摘する必要はない。ここで、次の表を回答者に見せる（本書の巻末に、回答者へ提示するときに用いる表をまとめて載せておくので、活用してほしい）。

年間コスト（初年度）	E社	内製化
購入費用・製造原価	60百万ドル	？
建物	－	6百万ドル
機械設備	－	4百万ドル
人件費	－	？
水道光熱費	－	0.04百万ドル
輸送費	－	？
一般管理費	－	1百万ドル
1本当たりコスト	0.06ドル	？

　表を見せながら、以下を回答者に説明する。

- 左の列には、ペットボトルの購入または製造に必要なコスト項目が並んでいる。
- 中央の列は、Ｅ社からペットボトルを購入する場合の費用である（6セント×10億本＝60百万ドル）。
- 右の列は、ペットボトルを内製化する場合の費用である。いくつかの費用項目には金額が記載されているが、「？」となっている費用項目は、これから提示するデータに基づいて計算する必要がある。

▶関連データ

製造原価に関するデータ

- ペットボトルの製造原価は、1ガロン（4リットル）当たり0.4ドル。
- クライアントのペットボトルは1本0.5リットルなので、1本当たりの製造原価は0.4ドル×（0.5÷4）＝0.05ドル。
- ペットボトルの年間製造原価＝0.05ドル/本×10億本＝50百万ドル。

人件費に関するデータ

- 製造に必要な労働者数は20人。
- 1人当たりの月間人件費は4,000ドル。
- 年間人件費＝20人×4,000ドル/月×12か月＝0.96百万ドル。
- 水道光熱費の0.04百万ドルと足し合わせるとちょうど1百万ドルになるので、この数字は丸めないことにする。

輸送費に関するデータ

- ペットボトル1本当たりの輸送費は0.005ドル。
- 年間輸送費＝0.005ドル×10億本＝5百万ドル

これらをまとめると、次の表が完成する。

年間コスト（初年度）	E社	内製化
購入費用・製造原価	60百万ドル	50百万ドル
建物	–	6百万ドル
機械設備	–	4百万ドル
人件費	–	0.96百万ドル
水道光熱費	–	0.04百万ドル
輸送費	–	5百万ドル
一般管理費	–	1百万ドル
1本当たりコスト	0.06ドル	0.067ドル

1本当たり製造コストの計算

- 年間製造コスト＝67百万ドル
- 1本当たり製造コスト＝67百万ドル÷10億本＝0.067ドル/本。

以上の計算から、初年度においては、内製化のほうが総コストは7百万ドル、1本当たりの製造コストは0.007ドル高くなる。

ここで、第2年度に想定される変化（以下）を回答者へ伝える。

- 年間の販売数量（＝購入・生産数量と仮定する）は5％増加して、10.5億本になる。
- E社からの購入単価と、内製化の1本当たり製造原価は変わらない。
- 建物と機械設備への投資は初年度のみにかかる費用なので、第2年度はゼロになる。
- 輸送費は5％増加する。
- 人件費、水道光熱費、一般管理費は初年度と変わらない。

これらをまとめると、第2年度における製造コストは以下のようになる。

年間コスト（第2年度）	E社	内製化
購入費用・製造原価	63百万ドル	52.5百万ドル
建物	–	–
機械設備	–	–
人件費	–	0.96百万ドル
水道光熱費	–	0.04百万ドル
輸送費	–	5.25百万ドル
一般管理費	–	1百万ドル
1本当たりコスト	0.06ドル	0.057ドル

　第2年度における内製化の年間製造コストは59.75百万ドル（52.5百万＋0.96百万＋0.04百万＋5.25百万＋1百万）となり、これを年間生産数量の10.5億本で割ると、内製化の1本当たり製造コストは0.057ドルになる。つまり、第2年度においては、内製化のほうが総コストは3.25百万ドル、1本当たり製造コストは0.003ドル低くなる。

　ここまでを整理すると、初年度は内製化のほうがコストは7百万ドル高く、第2年度は3.25百万ドル低くなり、内製化後2年間のコストメリットは3.75百万ドルのマイナスとなる。つまり、クライアントの社内で定めている、投資後2年以内にコストメリットを達成する（コストメリットがプラスになる）というルールは満たさない。

　ここで、第3年度のコスト比較では、内製化のほうが総コストは4.3百万ドル低くなることが想定されていることを、回答者に伝える。この場合、クライアントは投資後3年で累計のコストメリットを達成できることとなる（4.3百万ドル－3.75百万ドル＝0.55百万ドル）。

　第3年度の情報を回答者に伝えてから、クライアントはペットボトルの内製化をすべきか否かの選択を回答者に求める。多くの回答者は、第3年度にコストメリットを達成するとしても、社内ルールを満たすことにはならない、という点を

指摘すると予想されるが、ここで、以下の情報を回答者に提示する。

- クライアントのCFOは、社内ルールどおり、投資後2年以内にコストメリットを達成することを望んでいる。
- コストメリットを2年以内に達成するための対応策として、収入をもっと増やすか、コストをもっと減らす方法を検討する必要があると考えている。

この情報を提示した後で、回答者に収入を増やす方法と、コストを減らす方法を説明するように求める。以下に考えられる例を挙げておく。

- **収入を増やす方法の例**：他社にもペットボトルを販売して、生産数量を増やす。
- **コストを減らす方法の例**：建物と機械設備を自社保有とせずに、リースで借りる。

▶ 結論のまとめ

ケースの最終段階で、回答者に結論のまとめを求める。回答者は、ここで沈黙の間をつくらずに、自分の考えを整理しながらスラスラと述べる必要がある。良い結論は、議論したことのすべてを繰り返すようなものではなく、問題の要点と、面接官に伝えたい重要なポイントを2つか3つ抽出して、1分から1分半でまとめられたものである。

回答者がこの問題で良い評価を得るためには、以下の点が満たされている必要がある。

- 最初に問題の要点をまとめるとともに、問題文で触れられていること以外に、クライアントの目的や目標がないかを確認している。
- 数字の計算を正確に行っている。
- 重要な情報を見やすく整理したメモを取っている。
- 最も重要なポイントを抽出して、簡潔に結論をまとめている。

✦ 筆者コメント：

● この問題で私が学生たちに求めている理想的な回答は以下となるが、実際にこのような回答を行った人は今までいない。

　「もし今の状態でクライアントのCFOと打ち合わせをするのであれば、内製化によるコストメリットを2年以内に達成することはできないと言わざるを得ず、CFOを落胆させる結果となります。したがって、CFOと会う前に、2年以内でコストメリットを達成するための方法を考えるべきです。その後でCFOと会えば、私は自信を持ってCFOに良い提案をすることができます」

　　このような、クライアントの反応も考慮した細かい配慮や、何とかして目的を達成しようとする姿勢は、どんな戦略コンサルタントでも高く評価するだろう。

スポーツ・エンターテイメント企業
── コストと配当方針に関する分析

▶ クライアントのＳ社は、株式市場に上場しているスポーツ・エンターテイメント企業である。Ｓ社は非常に人気のあるプロレスの興行に成功し、世界中で熱狂的なファンを獲得している。彼らは、自分たちが企画するプロレス番組を、テレビやインターネットを通して世界各地で放送するとともに、DVDなどのデジタル・メディアや、さまざまな関連グッズを販売している。

▶ Ｓ社の昨年度の業績は、売上高が526.5百万ドル、営業利益が70.3百万ドル、純利益（税引後利益）が45.4百万ドルだった。Ｓ社が発行している株式数は72.85百万株であり、年間に１株当たり1.44ドルの配当金を株主に支払っている。Ｓ社はここまで順調な成長を遂げて、世界中で事業を展開する国際的企業にまで拡大した。実際、過去数年間におけるＳ社の海外売上高の成長率は、国内売上高の成長率の２倍に相当している。Ｓ社には、600名弱の従業員のほかに、専属契約を締結しているプロレスラーが約150名いる。

▶ ある日、Ｓ社の社長がわれわれにアドバイスを求めにきた。大半の株式アナリストは、Ｓ社が潤沢なキャッシュフローを創出しており、無借金経営を行っていることや、売上高が順調に伸びており、十分な配当金を支払っていることなどを称賛しているが、一方で少数のアナリストが、売上高の伸び率に比べて営業費用（売上原価＋販売費・一般管理費）が増えすぎていることを指摘しているというのである。社長は、今後もＳ社が事業基盤を拡大していくためには戦略的な投資を次々と展開していくことが必要であり、そのためには、できる限り効率的な経営を行わなければならないと認識している。

▶ Ｓ社の社長は、今までと同様の積極的な事業拡大を望んでいるが、どの事業分野でどのような手を打っていくかは、冷静に判断する必要があると考えている。斬新なアイデアを取り入れた結果、それが失敗すれば大きな痛手となる。しかし、あまりに保守的で様変わりのしない経営を続けていれば、世界中のファンはほかへ流れてしまうだろう。

▶ Ｓ社の社長は、われわれに次の５つの項目についての分析と、アドバイスを求めている。

　1.　Ｓ社の営業費用は、売上高の成長に比して、本当に増えすぎているのか？

　2.　少数のアナリストによる、営業費用の増加に関する指摘は妥当と言えるのか？

　3.　より適切なコスト管理を行うために、Ｓ社の社長は何をすべきか？

4. S社は、必要なコストをどのように割り当てていくべきか？
5. 現在、S社が株主に支払っている配当金は妥当な金額か？

▶パートナーへのガイダンス

　回答者が最初に問題の要点を整理して、クライアントの目的を確認しているかをチェックする。また、回答者は、問題文に明記されていること以外に、クライアントの目的や目標がないかも確認すべきである（この場合、面接官からは、「いいえ、ありません」と答える）。この確認が終わった後に、項目1から5まで順々に議論を行っていく。

項目1／項目2

- 回答者に図表1を見せて、分析する時間を与える（この問題で用いる図表1から図表5はP.344〜P.346に掲載している）。
- 回答者が項目1に答えるためには、図表1の数字を使って、売上高と費用の年間増減率を計算する必要がある。
- 回答者がより詳細な情報を求めてきた場合は、必要に応じて図表2（利益率の推移）、図表3（従業員数の推移）、図表4（売上構成の推移）、図表5（販管費の明細）を回答者に提示する。
- 図表1から、回答者は売上高と費用の年間増減率を整理した、以下のような表を作成すべきである。

売上高・費用の年間増減率

	2016〜2017	2017〜2018
売上高の増減率	17.0%	8.4%
営業費用の増減率	19.6%	8.6%
売上原価の増減率	22.0%	4.4%
販管費の増減率	13.5%	20.3%

これらの図表の分析結果として、回答者は以下のポイントを指摘することが望ましい。

- 図表1には売上高やコストの細かい内訳が書かれていないので、これだけでは詳細な分析まではできない（より細かく分析するためには図表2から図表5までのデータが必要となる）。
- 売上高と営業費用の増減率は、概ね同じような割合で推移している。しかし、営業費用を売上原価と販管費（販売費・一般管理費の呼称）に分けて細かく分析すると、2017年から2018年にかけての販管費が売上高の増減率（8.4%）に比して大幅に増えている（20.3%）ことがわかる。この点を踏まえると、直近で少数のアナ

〈図表1〉S社の損益計算書（単位：百万ドル）

	2016	2017	2018
売上高	415.3	485.7	526.5
売上原価	244.9	298.8	311.8
販売費・一般管理費	96.1	109.1	131.3
減価償却費	8.7	9.4	13.1
営業利益	65.6	68.4	70.3
営業外損益	9.8	8.0	−1.0
税引前利益	75.4	76.4	69.3
法人税等	26.6	24.3	23.9
実効税率	35%	32%	34%
純利益	48.8	52.1	45.4
1株当たり利益（EPS）	$0.67	$0.72	$0.62
EBITDA	74.3	77.8	83.4
EBITDAマージン	18%	16%	16%

※ EBITDA＝利払前・税引前・償却前利益

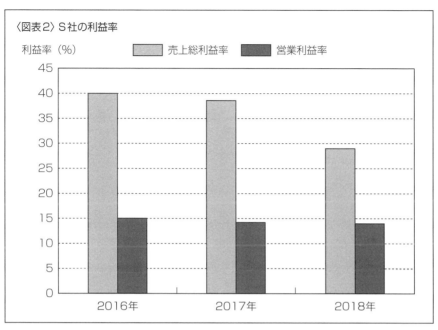

〈図表2〉S社の利益率

利益率（%）　　□ 売上総利益率　　■ 営業利益率

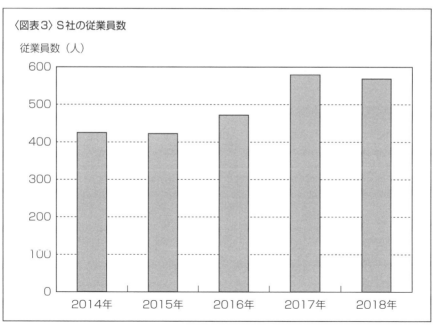

〈図表3〉S社の従業員数

従業員数（人）

〈図表4〉S社の売上構成（単位：百万ドル）

	2016	2017	2018
事業セグメント			
TV・インターネット放送	292.2	316.8	331.5
グッズ販売	95.0	118.1	135.7
デジタル・メディア	28.1	34.8	34.8
スタジオ経営	0.0	16.0	24.5
売上高計	415.3	485.7	526.5

〈図表5〉S社の販管費明細（単位：百万ドル）

	2016	2017	2018
人件費	44.7	50.3	55.2
外部委託費（会計・法務等）	10.9	14.0	16.6
株式報酬費用	4.7	7.8	8.0
広告宣伝費	5.2	5.4	11.6
貸倒引当金	0.5	0.1	2.5
その他経費	30.1	31.5	37.4
販売費・一般管理費計	96.1	109.1	131.3
販管費/売上高	23%	22%	25%

リストが営業費用の不均等な増加を指摘していることには、一定の妥当性がある
と考えられる。これらのアナリストは、今後も売上高の伸び率を上回るペースで
販管費が増えていくことを懸念しており、S社は販管費の膨張を抑制する計画を
立てる必要がある、と考えているのかもしれない。

● 図表3を見ると、2017年から2018年にかけて、S社の従業員数はわずかに減
っているにもかかわらず、図表5からは同時期に人件費が約10％増えていること

が読み取れる。

- 図表5の販管費明細における「その他経費」は、ひとくくりでまとめるには金額が大きすぎるので、より細かく分析するためには、その他経費の内訳も知る必要がある。回答者がこのポイントを挙げた場合には、非常に良い指摘であることを伝える一方で、この明細まではわからない（回答に大きな影響はない）と答える。

- 図表5を見ると、2017年から2018年にかけて、広告宣伝費が倍以上に増えていることがわかる。

- 図表4の売上構成を見ると、2017年からスタジオ経営の収益が計上され始めて、2017年から2018年にかけて、50％以上もの伸び率を示していることがわかる。2017年から2018年における広告宣伝費の急激な増加は、この新しい事業に向けて拠出されたものではないかという仮説が考えられる。

- 図表5を見ると、2018年に貸倒引当金（回収不能な不良債権の金額に対して計上される会計上の処理）が増加していることがわかる。Ｓ社は不良債権の発生を防ぐために、客先の選別を厳格化する必要があるかもしれない。一方で、2018年における貸倒引当金の増加は、客先管理の怠慢によって新しい不良債権が増えたからではなく、より保守的な会計方針を採用することにしたため、という理由も考えられる。

項目3

- 与えられた図表からは、事業セグメント別のコストや、各費用項目の詳しい内容まではわからないので、具体的なコスト削減方法をＳ社の社長に提示することは難しい。

- Ｓ社の社長が行うべきことへのアドバイスとして考えられるのは、事業セグメント別のコストがどうなっているのかを調べるとともに、ほかに比べてコストの増加率が高い広告宣伝費、貸倒引当金、その他経費をより詳細に調べることである。

- もし回答者が、比較対象として競合のコスト構造がどうなっているかを質問してきたら、ボーナスポイントを与える。競合のコストに関する情報は、通常は比較的容易に入手できるが、このケースにおいては、そのようなデータは手元にないと回答者に答えるとともに、質問自体は非常に良いということを伝える。

- コストは必ずしも悪ではなく、企業が成長を遂げるために必要な投資であるとい

うことを、回答者は理解する必要がある。Ｓ社の経営陣、株式アナリスト、株主は、Ｓ社が将来の成長に貢献する分野にコストを適切に投じている、ということの確証を求めている。

項目4

- Ｓ社は、将来的に高い成長が見込まれる事業セグメントと、高成長は期待できない事業セグメントに分けて、コストの配分を考えるべきである。

- 新しい事業は、立ち上げ段階で多額の初期投資を要するのが通常であり、当初１～２年は赤字が避けられない場合もあることは、考慮に入れる必要がある。

- 事業セグメントが成長していようがいまいが、コストを厳格に管理する必要があることに変わりはない。高成長を遂げているからといって、コストを際限なく使っていくことは、あってはならない。

- 各事業セグメントの成長度合いを判断する指標としては、ROI（投下資本利益率：利益÷投下資本額）を用いるのが一般的である。ROIが高い事業セグメントに対しては優先的にコストを割り当てて、ROIが低い事業セグメントではコストの削減を検討すべきである。

項目5

- 現在、Ｓ社は利益を大きく上回る金額の配当金を株主に支払っており（１株当たり利益の0.6〜0.7ドルに対して、1.44ドルの配当金を支払っているため）、これは長期的に持続可能な配当方針ではない。

- Ｓ社は株主に対して高配当を還元しているが、一般的には、高成長期にある企業は配当金をまったく支払わず、事業から得た資金を成長事業への追加投資に充てるケースが多い。

- 配当金は株主への価値を高めるための重要な手段ではあるが、Ｓ社はなぜここまでの高配当を株主に支払っているのか、理由を知る必要がある。考えられる理由としては、Ｓ社のビジネス領域は通常の事業会社とは少し異なっており、その価値を一般株主に理解してもらうことは難しいので、高配当という目に見える形で自社の魅力をアピールし、株主の獲得と株価の向上に努めているのかもしれない。

▶結論のまとめ

ケースの最終段階で、回答者に結論のまとめを求める。回答者は、ここで沈黙の間をつくらずに、自分の考えを整理しながらスラスラと述べる必要がある。良い結論は、議論したことのすべてを繰り返すようなものではなく、問題の要点と、面接官に伝えたい重要なポイントを2つか3つ抽出して、1分から1分半でまとめられたものである。

回答者がこの問題で良い評価を得るためには、以下の点が満たされている必要がある。

- 最初に問題の要点をまとめるとともに、問題で触れられていること以外にクライアントの目的や目標がないかを確認している。
- 図表に掲載されたデータをもとに、定量的な視点から分析を行っている。
- 数字の計算を正確に行っている。
- 重要な情報を見やすく整理したメモを取っている。
- 最も重要なポイントを抽出して、簡潔に結論をまとめている。

✤筆者コメント：
- この問題は非常にタフである。かなり長い問題を出題されて、回答者がひるんでしまうのか、それとも目を輝かせて前向きに取り組もうとする姿勢を見せるのかを、私はチェックしている。
- 図表1のデータだけでは不十分な分析しかできないことを理解して、より詳細なデータの提示を求めてきたかも、重要なポイントだ。多くの人が情報量の多さに圧倒されがちな問題であり、冷静さを保って考え抜く姿勢を示すだけでも、高い評価に値する。

物流会社
—— 顧客サービスの改善策

▶ われわれのクライアントＴ社は、FedExと同様の事業を展開している物流会社である。Ｔ社の年商は約400億ドルで、年間25億箱の荷物を輸送している。顧客１人当たりの平均出荷数は、年間５箱である。

▶ 顧客満足度に関する市場調査によると、Ｔ社はほぼすべての項目で高い評価を得たが、唯一、荷物紛失時の補償サービスに対しては、満足度が低いという結果が得られた。顧客から寄せられた主な不満は、以下のとおりである。

- 荷物をいつ、どこで紛失したのかを教えてくれない。
- 補償を受けるまでに必要な手続きが煩雑で、時間もかかる。
- 補償手続きが承認されてから、実際に補償金が支払われるまでに４週間もかかる。

▶ 荷物の紛失と粗末な補償サービスが、Ｔ社にどれくらいのコスト負担となっているかを調べるとともに、補償サービスの内容をどのように改善すべきかを説明してほしい。

▶ パートナーへのガイダンス

　回答者が最初に問題の要点を整理して、クライアントの目的（荷物の紛失と粗末な補償サービスによるコスト負担の算定、補償サービスの改善方法）を確認しているかをチェックする。また、回答者は、問題文に明記されていること以外に、クライアントの目的や目標がないかも確認すべきである（この場合、面接官からは、「いいえ、ありません」と答える）。

　この問題は、大きく２つのパートに分かれており、大まかに言うと、コストに関する分析と、サービスに関する分析である。コストに関する分析では、以下の３つの数字を知る必要がある。

　⑴荷物の紛失に対する補償の支払費用
　⑵粗末な補償サービスによって失う商売機会（機会損失）

(3)荷物を紛失したためにかかってくる事務処理費用

　サービスに関する分析では、補償請求手続きを効率化するための方法を主に見ていく。

▶関連データ

コスト負担の算定

　回答者は、T社が年間どれくらいの荷物を紛失しており、荷物の紛失によってどれくらいの費用負担が生じているかを知る必要がある。回答者には、以下の情報を提示する。

- T社の荷物紛失率：3％
- 100ドル以上の価値がある荷物が補償の対象となり、これは紛失される荷物の80％に当たる。残りの20％は補償の対象とならないので、T社にコスト負担は生じない。
- この問題においては、補償対象となる荷物の価値はすべて100ドルと仮定する。補償によるT社の支払額も100ドルとなる。
- 補償対象となる荷物を紛失された顧客は、全員が補償請求を申請するが、そのうち20％の人は必要な手続きがあまりに煩雑すぎることを理由として、途中で補償請求をやめる（最終的に補償金を受け取らない）。
- 途中で補償請求手続きをやめた顧客のうち、25％の人はT社との取引をやめて、ほかの物流会社へ乗り換える。
- 顧客からの補償請求手続きに対応するための事務処理コスト（人件費等）は、1回の請求当たり4ドルかかる（顧客が途中で補償手続きをやめた場合も、コストは同じと仮定する）。

〈回答〉

(1)荷物の紛失に対する補償の支払費用
- T社が1年間で紛失する荷物の数量：25億箱×3％＝75百万箱
- 補償の対象となる荷物（価値＝100ドル）の数量：75百万箱×80％＝60百万箱

- 補償の対象となる荷物のうち、顧客が途中で補償請求手続きをやめる数量：60百万箱×20％＝12百万箱
- 補償請求によるＴ社の支払額：48百万箱×100ドル/箱＝48億ドル ……（A）

⑵粗末な補償サービスによって失う商売機会（機会損失）
- 他社へ乗り換える顧客の人数：12百万人×25％＝3百万人
- 荷物1箱当たりの売上高：400億ドル÷25億箱＝16ドル
- 顧客1人当たりの年間平均出荷数：5箱
- 顧客が他社へ乗り換えることによって失われる売上高：3百万人×16ドル/箱×5箱/人＝240百万ドル＝2.4億ドル……（B）

⑶荷物を紛失したためにかかってくる事務処理費用
- 顧客からの年間補償請求数：60百万回
- 補償請求に対応する際の事務処理費用：補償請求1回当たり4ドル
- 荷物の紛失に伴う事務処理費用：60百万回×4ドル/回＝240百万ドル＝2.4億ドル……（C）

　以上をまとめると、荷物の紛失と粗末な補償サービスによって、Ｔ社は50.4億ドル（A＋C）のコストを実際に支払っていることに加えて、年間2.4億ドル（B）の売上高に相当するビジネスを失っていることになる。

　ここで、（A）（B）（C）を合計した52.8億ドルが、Ｔ社の売上高の何％に相当するかを回答者に質問すること（答え：52.8÷400＝13.2％）。この質問をする前に、回答者自身で売上高に対する割合を説明したら、ボーナスポイントを与える。

　このコスト分析では、回答者がメモ用紙に次の図のような形で情報を整理していることが望ましい。

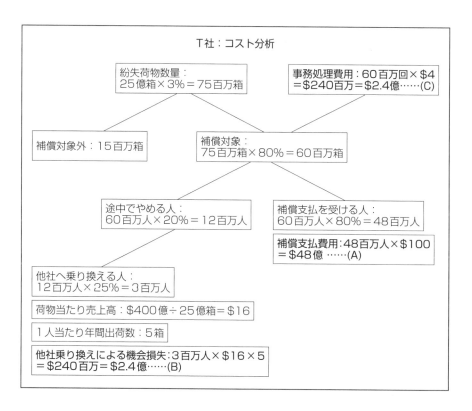

T社：コスト分析

紛失荷物数量：
25億箱×3％＝75百万箱

事務処理費用：60百万回×$4
＝$240百万＝$2.4億……(C)

補償対象外：15百万箱

補償対象：
75百万箱×80％＝60百万箱

途中でやめる人：
60百万人×20％＝12百万人

補償支払を受ける人：
60百万人×80％＝48百万人

補償支払費用：48百万人×$100
＝$48億 ……(A)

他社へ乗り換える人：
12百万人×25％＝3百万人

荷物当たり売上高：$400億÷25億箱＝$16

1人当たり年間出荷数：5箱

他社乗り換えによる機会損失：3百万人×$16×5
＝$240百万＝$2.4億……(B)

　回答者が、メモ用紙にどのような形で情報を整理しているかは、非常に重要なポイントである。この問題で回答者が計算ミスを犯す最大の原因は、情報をメモ用紙にわかりやすく整理していないことからくる。上の例のように、樹形図形式で情報をまとめれば、きれいでわかりやすく、必要な情報を簡単に見つけることができる。もし回答者がメモ用紙に樹形図を書いていなければ、ケースが終わった後に上の図を見せてほしい。

補償サービス内容の改善

　回答者に以下の情報を伝えること。

- T社は、補償サービスの内容を改善するためのタスクフォースを組成し、われわれと共に顧客の補償請求手続きを効率化するための諸施策を導入した。新しい補

償サービスを導入した後の結果は、以下のとおりである。

- 荷物の紛失に伴うＴ社の事務処理費用（補償請求１回当たり）は、従来の４ドルから１ドルへと減少した。
- Ｔ社の補償サービスに不満を持って他社へ乗り換える顧客がいなくなった。
- 顧客満足度調査において、Ｔ社は荷物紛失時の補償サービスでも非常に高い評価を得た。
- 補償対象となる紛失荷物のうち、実際に補償金を受け取る人の割合は、従来の80%から100%となった。

上の情報を与えた後で、回答者に以下の２つの質問をすること。

質問１：新しい補償サービスの導入結果からは、どのようなことがわかるか？
〈回答〉

- 荷物の紛失に伴う年間の事務処理費用が、従来の240百万ドルから60百万ドルへ180百万ドル削減された。
- 補償サービス内容の改善により、年間240百万ドルの商売機会を失わずにすむようになった。
- 顧客満足度調査において、ほかの項目に対する顧客からの評価が変わらないと仮定すると、Ｔ社はすべての項目で高い評価を得られるようになった。
- 補償の支払費用は、従来の48億ドルから60億ドルへ12億ドル増加した。

質問２：Ｔ社が補償の支払費用を減らすためには、どのような方法が考えられるか？
〈回答〉

- 荷物の紛失を減らす。
- 紛失荷物１箱当たりの補償金支払額を100ドル（満額補償）から50ドル（50%補償）へ減らす。これにより、30億ドルの費用削減が可能となる。荷物の価値は、出荷依頼時に顧客が自分自身で記入するものだが、実際にすべての荷物が100ドル以上の価値を持っているわけではない。
- 補償を現金で支払うのではなく、次回以降の出荷時に利用できるポイント付与形式とする。これによって、以下の効果が期待できる。

- 顧客を囲い込むことができる。
- 現金の支出を防ぐことができる（キャッシュフローのプラス効果）。
- ポイントに一定の有効期限を設けることで、有効期限内にポイントを利用しない顧客もいる（この場合、Ｔ社の実質負担はゼロとなる）。

▶結論のまとめ

ケースの最終段階で、回答者に結論のまとめを求める。回答者は、ここで沈黙の間をつくらずに、自分の考えを整理しながらスラスラと述べる必要がある。良い結論は、議論したことのすべてを繰り返すようなものではなく、問題の要点と、面接官に伝えたい重要なポイントを２つか３つ抽出して、１分から１分半でまとめられたものである。望ましい結論の例を以下に示す。

結論の例

クライアントのＴ社は、紛失した荷物の補償サービスに関して、顧客から低い評価を受けていました。また、荷物の紛失と粗末な補償サービスによって、売上高の約13％に相当する費用負担や機会損失が生じていました。Ｔ社はわれわれと共に、顧客の補償請求手続きを効率化するための諸施策を導入し、その結果として、補償サービスに対する顧客の評価は高いものへと変わりました。一方で、この新しい施策を導入したことにより、荷物の紛失とその後の補償に伴うＴ社の出費額は、著しく増えることとなりました。この出費を削減するための方法としてわれわれが考えたのは、荷物の紛失を減らすこと、紛失した荷物に対する１箱当たりの補償金支払額を100ドルから50ドルへ減らすこと、補償を現金の支出ではなくポイント付与の形式で行うこと、の３つです。これら３つの方法により、Ｔ社は荷物の紛失と補償に伴う出費額を、大幅に削減できることが期待されます。

回答者がこの問題で良い評価を得るためには、以下の点が満たされている必要がある。

- 最初に問題の要点をまとめるとともに、問題で触れられていること以外にクライアントの目的や目標がないかを確認している。

- 数字の計算を正確に行っている。
- 重要な情報を見やすく整理したメモを取っている。
- 最も重要なポイントを抽出して、簡潔に結論をまとめている。

✦ **筆者コメント：**
- 私がこの問題で主にチェックしているのは、以下のポイントである。
- 補償サービスの内容を改善し、実際に補償金を受け取る顧客の割合が80%から100%へ上がることによって、Ｔ社の補償支払費用が増加することをすぐに理解しているか？
- Ｔ社は補償金の支払いをなるべく減らすように、意図的に補償請求手続きを煩雑にしていたのかもしれない、という可能性を指摘したか？
- 補償を現金の拠出ではなく、ポイントの付与で行うというアイデアを挙げたか？　このアイデアに気づく学生はきわめて少ないので、もし回答者がこの案を出したら、大きなボーナスポイントを与えてほしい。

資料：パートナー・ケースの図表

ケース 4-7　飲料メーカー

年間コスト（初年度）	E社	内製化
購入費用・製造原価	60百万ドル	?
建物	−	6百万ドル
機械設備	−	4百万ドル
人件費	−	?
水道光熱費	−	0.04百万ドル
輸送費	−	?
一般管理費	−	1百万ドル

1本当たりコスト	0.06ドル	?

ケース4-8　スポーツ・エンターテイメント企業

〈図表1〉S社の損益計算書（単位：百万ドル）

	2016	2017	2018
売上高	415.3	485.7	526.5
売上原価	244.9	298.8	311.8
販売費・一般管理費	96.1	109.1	131.3
減価償却費	8.7	9.4	13.1
営業利益	65.6	68.4	70.3
営業外損益	9.8	8.0	− 1.0
税引前利益	75.4	76.4	69.3
法人税等	26.6	24.3	23.9
実効税率	35%	32%	34%
純利益	48.8	52.1	45.4
1株当たり利益（EPS）	$0.67	$0.72	$0.62
EBITDA	74.3	77.8	83.4
EBITDAマージン	18%	16%	16%

※ EBITDA＝利払前・税引前・償却前利益

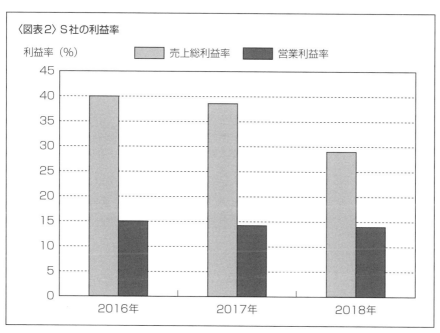

〈図表2〉S社の利益率

利益率（％）

■ 売上総利益率　■ 営業利益率

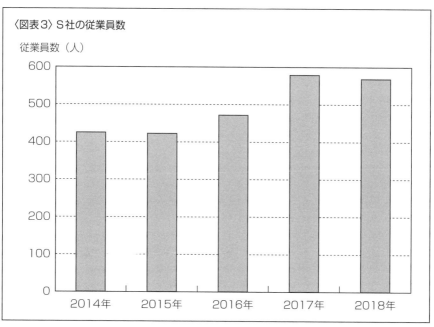

〈図表3〉S社の従業員数

従業員数（人）

〈図表4〉 S社の売上構成（単位：百万ドル）

事業セグメント	2016	2017	2018
TV・インターネット放送	292.2	316.8	331.5
グッズ販売	95.0	118.1	135.7
デジタル・メディア	28.1	34.8	34.8
スタジオ経営	0.0	16.0	24.5
売上高計	415.3	485.7	526.5

〈図表5〉 S社の販管費明細（単位：百万ドル）

	2016	2017	2018
人件費	44.7	50.3	55.2
外部委託費（会計・法務等）	10.9	14.0	16.6
株式報酬費用	4.7	7.8	8.0
広告宣伝費	5.2	5.4	11.6
貸倒引当金	0.5	0.1	2.5
その他経費	30.1	31.5	37.4
販売費・一般管理費計	96.1	109.1	131.3
販管費/売上高	23%	22%	25%

おわりに

　私からの最後のアドバイスは、そのほとんどが心理的な面に関するものである。面接を受けるあなたにとって最大の味方となるのは、適度な自信と自尊心、そして十分な睡眠である。戦略コンサルティング・ファームの面接プロセスは非常に厳しく、面接官は往々にしてあなたに心理的なプレッシャーを与え、面接会場には緊張した空気がピンと張り詰めている。しかし、あなたが前向きで自信に満ちたオーラを身にまといさえすれば、これらの逆境を瞬時にして跳ねのけることができる。つまるところ、重要なのは、あなたの回答が正しいか間違っているかということではなく、あなたが自らの人間性や、自分がいつも考えていることについて、いかにうまく相手にプレゼンテーションできるかということなのである。この人間性こそが、戦略コンサルティング・ファームにとって貴重な財産となるのであり、面接という、けっして完全とは言えないプロセスの中で、彼らが探し求めているものなのだ。

　最終的に、ケースという難敵に立ち向かうのはあなた自身であり、私があなたと一緒にケース・インタビューを受けることはできない。しかし、私は本書を通じて、あなたがケースに自信を持って取り組めるためのツールを与えたつもりである。もし、あなたがケースに取り組むことを心から楽しんでいるのであれば、あなたは自分に適した職業を選ぼうとしていることになる。もし、あなたがこの本を読んだ後でもケースを恐れているのであれば、もう一度自分のキャリアを考え直したほうがよいかもしれない。ウィンストン・チャーチルは、自分の子供が職業を選ぶに際して、次のようなアドバイスを与えている。「自分の好きなことをやれ。そして、自分がする仕事を好きになれ」。チャーチルが言っていることは、「仕事を楽しむ」ということに尽きるのである。

　面接を受ける前には、十分な練習を積むこと。どんな一流アスリートでも、試合の前には必ず入念なウォーミングアップを行う。これは、戦略コンサルティング・ファームの面接に挑むあなたにも、同様に当てはまることであり、正しい心

構えで臨む必要がある。本書に載っているケース以外でも、ウェブサイトなどでマーケット・サイジング問題やビジネス・ケースの例題を探して、それに取り組んでみよう。十分な練習を積まずに、ぶっつけ本番でケース・インタビューを乗り切ることは、非常に難しい。ケースの数をこなしていくにつれて、だんだんと勘所のようなものが身についてくるはずだ。たとえ、初めて取り組むケースのほうが難易度的にやさしくても、2つめ、3つめに取り組むケースのほうが、あなたの出来はどんどん良くなってくる。本番の面接には、ゾーンに入った状態で臨めるように、準備を怠らないこと。また、面接当日の朝には、あなたが今まで取り組んだケースを読み返して、本番で出題される問題が、その日に初めて取り組むケースとならないようにしよう。

　私たちがしばしば忘れてしまいがちなのは、コンサルティング・ファームは、あなたに能力があること自体はわかっている、ということである。もし、あなたに戦略コンサルタントとして成功する資質があると思っていなければ、彼らはそもそも、あなたを面接に呼ばないのだ。今こそ、彼らの判断が正しかったことを、証明しようではないか。

　これにて、ケース終了！

　もっと多くのケースに取り組みたいと思う読者は、http://www.casequestions.comの「CQ Interactive」をチェックしよう（英語サイト）。

訳者あとがき

ビジネスに唯一絶対の答えなどないように、ケース・インタビューにも正解というものは存在しない。ただし、いずれの場合でも、より良い結果を得る可能性を高める「適切な意思決定プロセス」は存在する。戦略コンサルティング・ファームの面接で出題されるケース・インタビューでは、まさにこのプロセスを評価されていると言ってもよい。そして、多種多彩なケースに対応する体系的な思考プロセスを習得するために絶大な効果を発揮するのが、本書で紹介されているアイビー・ケース・システムである。

アイビー・ケース・システムは、ケース・インタビューを克服するためにいちばん重要な基礎土台を築くものとして位置づけられており、完璧にマスターする必要がある。読者のみなさんがまず目標とすべきは、何回も自分の頭と手を働かせながら「5つのステップ」と、「4つの頻出ケース・シナリオ」が頭の中にパッと浮かんでくるようにすることだ。また、本書で紹介されている数多くのケース例題を使って練習を積む際は、一度読み通すだけで終えてしまうのではなく、一定の時間をおいてから何度も繰り返し取り組んでほしい。

誤解を恐れずに言えば、本書で紹介されている回答例は決して完璧なものではなく（そもそも、ケース・インタビューに完璧な回答などない）、一部には物足りなささえ感じるものが含まれているのも事実である。あなたがアイビー・ケース・システムの習熟度を高めていき、ケースの例題に取り組む回数が増えるにつれて、「自分だったらこう考えるのに」「ここは、こういう考えを示したほうがいいのに」と思う部分が必ず出てくるはずである。そして、自分が疑問を感じたり、改善を要すると思った点は本書にどんどん上書きしていき、自分自身でより優れた回答例を作成していくとよいだろう。

さらに高いレベルを目指すためには、アイビー・ケース・システムで習得した思考法を、実際の事例に当てはめて考える練習を積むことを強くお勧めする。題材はあなたの周りにいくらでも転がっている。新聞やビジネス誌で目を引いた記

事に対して、自分がもしそれらの企業のコンサルタントとして雇われた場合、どのようなアドバイスを与えるかを考えることは、思考訓練に大きく役立つだろう。たとえば、ある企業の買収が記事になっていれば、「この買収はうまくいくだろうか？」、新商品の発売を紹介する記事があれば、「自分だったら、この商品の価格をいくらに設定するだろうか？」を考えるのだ。また、もっと身近な例で言えば、自分がよく通っている店（近所のコンビニなど）や、利用している製品・サービス（携帯電話など）を取り上げて、「この店／商品の売上高と利益を伸ばすためには、どのような方法が考えられるだろうか？」というようなロールプレイングだってできる。

　数多くの仮想事例で訓練を積むにつれて、あなたはどのようなケースが出題されても一瞬で思考停止に陥ってしまうようなことはなくなり、要所を押さえた議論を展開し、論理的根拠に支えられた自分なりの結論を提示することができるようになるだろう。読者が本書をフル活用して、戦略コンサルタントとしての一歩を踏み出してくれることを、私は願ってやまない。

　本書の旧版が出版されたのは、実に2008年9月までさかのぼる。そこから現在に至るまでの間、私生活では6年間のシンガポール駐在を経験するなど仕事の面でも多くの変化があったが、なんといっても最大の、そして最も幸せな変化は、3人の子どもが新しく家族に加わったことである。多忙な日々の中で常に私の心の支えとなり、かけがえのない幸福な時間を与えてくれる妻と子どもたちに対して、この場を借りて感謝の意を伝えたい。実穂、萌々果、優真、咲彩へ、いつも本当にありがとう。

　2021年9月

辻谷一美

[著者]

マーク・コゼンティーノ Marc P. Cosentino

CaseQuestions.comのCEO

ハーバード大学の就職課を皮切りに過去30年間にわたり10万人以上の学生に対してケース・インタビューの指導を行い、ケース・インタビューや戦略コンサルティングに関する書物を多数執筆。主著『Case in Point』は世界4か国語で出版されている。ウォール・ストリート・ジャーナルからは「MBAのバイブル」との高評価を得ており、戦略コンサルティング分野では過去10年以上、世界でもっとも売れ続けた本である。米国内外を含めて年間45校を訪問し、学生に対してケース・インタビュー対策のワークショップを開催したり、就職課の職員に対する指導訓練プログラムを担当している他、民間企業、政府系機関、非営利団体のコンサルティング業務も行っている。デンバー大学で経営管理学士号、ハーバード大学大学院で行政学修士号を取得。

[訳者]

辻谷一美（つじたに　かずみ）

1972年東京都生まれ。1995年東京大学経済学部卒業。同年、伊藤忠商事（株）に入社。2004年米国コロンビア大学経営学修士（MBA）。現在、伊藤忠商事（株）にて、リスク管理・投資管理業務に従事。訳書に『外資系企業がほしがる脳ミソ』（共訳）『兵法三十六計の戦略思考』、『競争戦略の謎を解く』（いずれもダイヤモンド社）がある。

戦略コンサルティング・ファームの面接試験 新版
──難関突破のための傾向と対策

2008年9月19日	第1版第1刷発行	
2021年11月30日	新版第1刷発行	
2024年7月25日	新版第3刷発行	

著　者──マーク・コゼンティーノ
訳　者──辻谷一美
発行所──ダイヤモンド社
　　　　　〒150-8409　東京都渋谷区神宮前6-12-17
　　　　　https://www.diamond.co.jp/
　　　　　電話／03·5778·7233（編集）　03·5778·7240（販売）
装丁────重原隆
ＤＴＰ────中西成嘉
製作進行──ダイヤモンド・グラフィック社
印刷／製本──三松堂
編集担当──木山政行